主办单位　中国社会科学院应用伦理研究中心　西南大学应用伦理研究所　重庆市伦理学学会

第4辑

应用伦理研究
STUDIES IN APPLIED ETHICS

崔延强　甘绍平　主　编
任　丑　龚　颖　执行主编

社会科学文献出版社
SOCIAL SCIENCES ACADEMIC PRESS (CHINA)

重庆市哲学社会科学领军人才特殊支持计划项目资助

重庆市应用伦理学研究生导师团队项目资助

西南大学中央高校基本科研业务费创新团队项目
"脆弱性视域的中国传统德性与当代伦理重构"
（项目编号：SWU1709111）资助

编辑委员会

主　　编　崔延强　甘绍平
执行主编　任　丑　龚　颖
编　　委　（按姓氏拼音排序）
　　　　　崔延强　甘绍平　高秀昌　龚　颖　黎　松
　　　　　李　凯　刘阿斯　卢冬霜　马凤鸣　毛兴贵
　　　　　邱德胜　任　丑　孙春晨　谭志敏　王官成
　　　　　王俊杰　王延光　吴祖刚　徐艳东　姚　城
　　　　　苑立强　杨通进　余　涌　杨玉辉　杨子路
　　　　　岳　跃　张爱林　张永义　张　雨　邹顺康
　　　　　（台北）潘小慧（辅仁大学，《哲学与文化月刊》杂志社）
　　　　　（台北）尤煌杰（辅仁大学，《哲学与文化月刊》杂志社）
　　　　　（澳门）罗世范（S. Rothlin，澳门利氏学社）
　　　　　〔日本〕丸山敏秋（伦理研究所）
　　　　　〔德国〕Philippe Brunozzi（柏林自由大学）

目 录

伦理学基础理论

祛弱权伦理学探究 …………………………………… 任　丑 / 003

交易伦理研究
　　——义务论与功利论的视域 ………………………… 李欣隆 / 009

正义与善的契合
　　——考察罗尔斯《正义论》中正义与善的一致性论证 …… 张　博 / 018

中国伦理思想

"责任"视域下的"心"与"物"
　　——王阳明"心外无物"新解 ……………………… 黄　瑶 / 037

道德自发性与道德行动的缘起、辨析与联结
　　——基于王阳明良知与见闻之知的视角 …………… 季轩民 / 048

唐君毅境界伦理思想刍议 ……………………………… 张海龙 / 059

从"自然"到"逍遥"
　　——庄子生命自由体系构建 ………………………… 王萍萍 / 073

西方伦理思想

人的尊严与人的权利
　　…………… 马库斯·杜威尔（Marcus Düwell）著，李亚月译 / 091

关于道德所要求的自由
　　——帕菲特对康德的批判 ………………………… 周碧雯 / 108
功利主义诚信的合理正当 …………………………… 王　娟 / 119
亚里士多德理智观下的人类增强 …………………… 陈　旭 / 129
费希特关于学者品质的探析对当代学术伦理的探照 ……… 李慧琳 / 137

应用伦理学

新媒体算法应用的伦理风险及其对策 ……………… 刘芮彤 / 157
人工智能传播中的伦理风险及其治理 ……………… 杜盼盼 / 170
隐私伦理的技术维度 ………………………………… 焦　阳 / 182
基于生命伦理原则对"基因编辑婴儿"的审视
　　与反思 …………………………………………… 吴兆梅 / 193

书　评

处境伦理是一种人性的关怀
　　——评成海鹰著《处境伦理研究》 ……………… 罗彦毅 / 205

伦理学基础理论

祛弱权伦理学探究

任 丑[*]

祛弱权伦理学的基本使命在于，从探索伦理学实践中具有权利冲突性质的重大现实问题入手，提炼、总结以祛弱权为价值基准的伦理学的总体架构，从祛弱权的全新视角反思、审视伦理学视域中的重大现实问题，试图为相关问题的解答方案提供新的尝试、新的方法，为伦理相关领域法律法规的订立与完善提供新的哲学论证和法理依据，为伦理学研究开启全新的面向。

根本说来，伦理学直面的各种价值冲突均体现为权利之间的颉颃。然而，当下的伦理学领域应当以何种权利为其价值基准并未达成共识，甚至引发了激烈的学术争论和现实矛盾。结果，伦理相对主义几乎成为伦理学自身发展的瓶颈。祛弱权伦理学正是伦理学突破自身瓶颈的学术尝试。

一 祛弱权的论证

祛弱权是人人享有其脆弱性，可不受侵害并得到尊重、帮助和扶持的正当诉求。没有一个人始终处在坚韧性状态，每一个人都不可避免地会处在脆弱性状态。因此，祛除普遍的脆弱性的价值诉求在道德实践中就转化为作为人权的祛弱权。人都是脆弱的，并非全知全能全善的有限的理性存在者。从这个意义上讲，祛除普遍的脆弱性的价值诉求在道德实践中就转化为具有规范性意义的作为人权的祛弱权。就是说，描述性的脆弱性自身的价值决定了每个作为个体的人都内在地需要他者或某一主管对脆弱性的

---

[*] 任丑（1969~），哲学博士，西南大学应用伦理研究所、西南大学中华传统伦理文化研究中心教授，博士生导师。

肯定、尊重、帮助和扶持或者通过某种方式得以保障，这种要求或主张为所有的人平等享有，不受当事人的国家归属、社会地位、行为能力与努力程度的限制，它就是作为人权的祛弱权。婴儿、重病人等尚没有或者丧失了行为能力的主体不因无能力表达权利要求而丧失祛弱权。相反，他们正因为处在非同一般的极度脆弱状态而无条件地享有祛弱权。对于主体来讲，这是一种绝对优先的基本权利。其实质是出自人性并合乎人性的道德法则——因为人性应当是坚韧性扬弃脆弱性的过程。这合乎理性的实践运用的逻辑一贯性，因此，祛弱权是普遍有效的人权。

伦理学以祛弱权为人权基础，也就成了有坚实的价值根基的伦理学。脆弱性是伦理学的基础，与脆弱性密切相关的祛弱权问题应当成为伦理学的核心理念和理论基础。祛弱权伦理学探讨的话题是以研究人的脆弱性、坚韧性为基点，确定集脆弱性与坚韧性于一体的人的地位和权利，最终辨明处于这一地位的人如何被置于直面脆弱、造福人类这一崇高的伦理事业的目标之下。这就决定了伦理学所直面的各种价值冲突引发的问题，应当具体体现为祛弱权之间的冲突。因而，深入探究祛弱权，确立祛弱权在伦理学中的基础地位，从祛弱权的全新视角反思、审视、研究伦理学视域中的冲突问题，将为伦理学的研究提供新的尝试、新的方法，为相关问题如人工智能、纳米技术、食品安全、基因编辑、人类增强等方面的立法提供新的哲学论证和法理依据。

祛弱权伦理学就是研究以祛弱权为价值基准的各种伦理问题的伦理学。祛弱权的伦理问题复杂繁多，我们既不可能穷尽所有问题，也没必要涉及每个问题。总体上看，伦理学的基本范围涵纳伦理原则问题、自然生命伦理问题、人造生命伦理问题以及发展问题。因此，祛弱权的伦理原则、自然生命伦理、人造生命伦理以及发展伦理构成祛弱权伦理学研究的基本层面。

二 祛弱权的自律伦理原则

在国际生命伦理学领域，"欧洲四原则"（自律、尊严、完整性和脆弱性）和美国"乔治敦四原则"（自律、无害、仁爱、公正）成为相互颉颃、并驾齐驱的两大经典范式。不难发现，二者的分歧中蕴含着明显的共识：自律原则。而且，自律原则在医学领域业已转化为具有特定含义的自律的具体形式——知情同意,并被大量运用于各种国际生命伦理和科技伦理的文献条款中。虽然有关生命伦理原则的问题争论不休,但是自律原则得到了共同认可。

自律原则在医疗实践中具体化为病人的知情同意。遗憾的是,病人的知情同意常常成为医务人员推卸责任、剥夺病人权利的"正当"借口。祛弱权视域的自律原则主张,病人是脆弱性存在者,医生则是坚韧性存在者。所以,个体自律应当包括医生的知情同意。如果说个体自律的基础是坚韧性,程序自律的基础则是脆弱性。程序自律必须在尊重文化多样性和公共价值基础的前提下,寻求一套公平正义的伦理价值体系,在此基础上建构公正民主的伦理程序,以弥补个体自律的有限性,纠正个体自律存在的问题,化解或缓解个体自律之间的矛盾冲突,保障并促成自由的道德选择。也就是说,程序自律在正义原则的价值基础上,构建民主管理和责任追究相结合的自律运行机制。融个体自律和程序自律为一体的自律原则,开启平等对话的民主商谈路径,彰显了生命伦理学的实践特质。这就把自律原则奠定在祛弱权的价值基础之上。

奠定在坚韧性基础上的(病人、医生)个体自律与奠定在脆弱性基础上的程序自律,把道德个体的自我管理和伦理实体的自我管理融为一体,把个体实践理性与公共伦理程序有机结合,铸就了生命伦理视域的自律原则。此自律原则蕴含着伦理领域的民主商谈对话的平等精神,为知情同意的自律原则摆脱困境开启了一条切实可行的伦理路径。

三 祛弱权的自然生命伦理

祛弱权的自然生命伦理问题依然是杂多的。大致来说,在人类自然生命延续和终止的历史进程中,生育、食物、身体与伦理之间的关系是人类自然生命延续的基本伦理关系,死亡与伦理之间的关系则是人类自然生命终止的基本伦理关系。是故,祛弱权的自然生命伦理问题集中在生殖伦理、食物伦理、身体伦理和死亡伦理四个基本层面。

1. 祛弱权的生殖伦理

在自然生殖的范畴内,对于没有生育能力的人来说,其生育权利和相应的生育责任失去了真正的道德价值和实在意义。生殖技术的发展突破了自然生殖方式的传统藩篱,给生育权利和生育责任带来了前所未有的道德冲击和伦理挑战。生育责任源自行动者完成事件的因果属性，这意味着生育技术主体必须对其行为后果做出回应。这种回应主要有三大层面：人类实存律令赋予生殖技术的责任、生育技术自身蕴含的责任以及生殖技术应用的责任。

2. 祛弱权的食物伦理

一般而论，生命伦理学并不研究食物伦理问题。其实，食物作为生命要素的伦理问题是生命伦理学不可或缺的基本内容。不过，生命伦理学仅仅限于探究祛弱权视域的食物伦理律令以及当下食物伦理冲突与和解问题，或者说，主要反思作为生命要素的食物或食品的基本伦理问题。这与食品伦理学致力于全面系统地研究食品伦理的规则体系不同。

食物不仅仅是人类食用的自然之物，更是人类在其能力范围内超越自然的必然限制并自由地创造好（善）的生活的精神之物。食物以其特有的方式彰显着饥饿驱使下所产生的人与自然、人与人之间对抗颉颃与重叠共生的密切联系。在此联系中，食物自身蕴含着深刻的伦理关系。针对食品伦理冲突问题，必须秉持生命权之绝对命令，保障免于饥饿的权利，基此提升生活质量、实践善的生命目的。食物伦理的根本法则或食物伦理的总律令就是食物伦理的自由法则。

3. 祛弱权的身体伦理

健康、疾病和伦理之间的关系是一个古老而又全新的身体伦理的基本问题。围绕"健康、疾病是否和伦理有关"的问题，当代哲学在相互辩论中形成了三种基本理论范式：规范主义、自然主义和功能主义。身体各种功能的健全、完善就是身体的德性即健康。作为身体的德性，健康既是医学逻各斯的伦理法则，又是正价值的归约性概念；而疾病则与之相反。如果说健康是身体脆弱性和坚韧性的谐和常态，疾病则是身体脆弱性对坚韧性具有相对优势的非常态的脆弱状态。因此，健康关爱权也就可能成为祛弱权的另一具体形式。形式层面的健康关爱权（作为人人享有的共同权利）不但具有其存在的历史根据，而且源自社会公正的本质规定，植根于人性尊严的正当诉求。质料层面的健康关爱权包括消极健康关爱权和积极健康关爱权。人类应当且必须确立健康关爱权的价值基础地位，保障人人享有健康关爱权的正当诉求。

4. 祛弱权的死亡伦理

正常的自然死亡几乎与死亡权即对死亡的正当诉求没有太大关系，与死亡权的诉求相关的实践路径是争论纷纭的安乐死立法问题。为此，我们主要研究的死亡伦理就是祛弱权视域的与安乐死立法相关的死亡权及其论证问题。质疑安乐死立法的滑坡论证主要有逻辑滑坡论证、实证滑坡论证和价值滑坡论证三种基本类型。安乐死立法举步维艰的根基性问题是"死亡权"（a right to die）的伦理确证。只有死亡权得到确证，安乐死立法才有可能。其实，死亡是生命的内在本质，死亡权是生命权的应有之义。因此，死亡权是安乐死立法的价值基础。值得注意的是，只有生命面临无法挽回的临终状态时，死亡权才具有真正的实践价值。在死亡权的前提下，安乐死立法的磐路论证试图通过苦难（事实基础）、自律（价值根据）、伦理委员会（安乐死实践的权衡机制）、临终关怀（安乐死的缓冲机制）等几大要素（磐石）构成安乐死立法目的的磐石之路（rocky road）。这就在价值根据和理论论证两个层面反驳了滑坡论证。

如果说生育权、食物权、健康关爱权是祛弱权在人类生存境遇中的具体化，那么死亡权则是人类死亡境遇中祛弱权的终极形式或终极诉求。

不过，生而脆弱却又孜孜追求祛弱权的人类也是坚韧性的自由存在，人类的坚韧性总是试图不断地超越否定自己的脆弱性。一旦人类试图运用生物科学技术干预或谋划自然生命的孕育和生产过程，甚至不能遏制自己充当造物主（上帝）的内在冲动，就可能出现祛弱权的极端危机——人造生命的伦理困境。

四　祛弱权的人造生命伦理

自然生命与人造生命的差异和联系决定着当下伦理问题与人造生命伦理问题的表面对立与内在关联。人类自己设计并合成生命的理念肇始了一种全新的生命概念和革命化的生物技术，同时提出了全新的伦理问题。人造生命可能引发的主要问题包括身体伦理问题、优生伦理问题、自然生态伦理问题、国际正义问题、人权尊严和伦理责任等六大层面。这些问题强劲地撼动着当下伦理学的藩篱。

当下伦理学主要以自然物或自然人为研究对象，人造生命引发的伦理问题则渴求把人造生命也作为伦理学的研究对象。如果说伦理学主要是奠定在自然生成的研究对象基础上的"自然"伦理学，那么奠定在人工建造的研究对象（人造生命）基础上的"人工"伦理学也是祛弱权伦理学研究的领域。就此看来，祛弱权伦理学有望在突破有机和无机、人工和自然、必然和自由等界限的基础上，突破已有伦理学的藩篱，为伦理学注入全新的要素和价值观念，担负起催生新型伦理学的历史使命。

五 祛弱权的发展伦理

发展是关乎人类命运的大事，它直接关涉每个人，间接涉及人类赖以生存的地球乃至宇宙。如果说脆弱性是发展的必要性规定，坚韧性是发展的可能性的规定，那么祛弱权则是发展的伦理价值根据。在人类历史的绵延中，发展总体上呈现出自在发展、自觉发展、可持续发展的逻辑进程。发展的逻辑进程彰显出其内在本质：人类通过尽物之性扬弃自然之性，以达成自由之性。换言之，发展是人类历史的本然属性持续地自我否定，进而逐步实现其自由属性的宏大进程。有鉴于此，当今世界没有也不可能有一个实现可持续发展的简单方法。不过，我们依然可以把握发展的"尽其性"本质，综合运用各种方法路径，尽可能地推进可持续发展，以维系人类历史生生不息、绵延不绝。

发展是人类历史持续自我否定，进而逐步实现其自由精神的过程。这一过程内在地要求发展的伦理法则、伦理律令与相应的伦理义务与之相配套。发展的伦理法则扬弃功利与道义之冲突，把人类历史的绵延作为绝对命令。为此，它内含三大发展律令：消极律令、积极律令与主动律令。发展的伦理律令把人类提升为对人类历史负责的伦理主体，要求人类始终如一地承担维系人类历史绵延的伦理义务。可见，发展的伦理诉求亦是人类自由精神的彰显，更是祛弱权伦理学的本质诉求。

小 结

祛弱权伦理学是以祛弱权为价值基准，涵纳自律原则、生育伦理、食品伦理、身体伦理、死亡伦理、人造生命伦理和发展伦理于一体的伦理学系统，也是试图超越既有伦理视域、接受批判且无限敞开的伦理学。

交易伦理研究
——义务论与功利论的视域

李欣隆*

摘　要　市场经济不仅是利益经济，而且是道德经济。市场经济行为既具有逐利的价值诉求，也具有伦理道德的规约性。交易是重要的市场经济行为，交易经济关系内蕴伦理道德要求。在西方的规范伦理学中，有义务论的定言令式和功利论的假言令式。绝对命令的定言令式与古典功利主义的假言令式是两种对交易伦理的阐释与分析的不同框架。系统分析与比较定言令式与假言令式的交易伦理思想，是交易伦理学研究深化的需要。

关键词　交易　伦理　定言令式　假言令式　义务论　功利论

　　交易是重要的市场经济行为，不仅具有利益互换的经济价值追求，而且具有诚实守信等道德价值诉求。在规范伦理学视域下，对交易伦理的分析，有定言令式与假言令式两种不同理论学说。以康德为代表的义务论，推崇道德的定言令式，认为交易主体的诚信行为是出于对客观必然律令的无条件服从，以边沁和穆勒为代表的古典功利主义，主张道德的假言令式，认为交易主体的诚信行为是出于增进交易效益的目的。对规范伦理学两种令式的系统研究，有助于推进交易伦理的深化研究。

一　交易何以具有伦理性

　　"交易"在一般意义上泛指一切人的包含产权互换与价值索求的社会

---

* 李欣隆（1990~），男，中国人民大学哲学院博士研究生。

交往活动，亦可指具体的交易行为，其中"交"表明了社会交往性与商品的互换性，"易"则侧重于交换的规律性与规则性。"伦理"是指人们之间的辈分、次第等关系，"理"原指玉石的纹理，后演进为人际交往内蕴的规律、规则、规范等。由之，"交易伦理"是交易经济活动中内蕴的条理、秩序与规则。

交易不仅是一种利益互换的经济行为，具有鲜明的利益性，而且是一种道德选择行为，具有鲜明的道德性。交易是生产力发展与社会分工的产物。生产力的发展产生产品剩余，为交易提供了物质基础，而社会分工则促进了生产的专一化，使人的需求无法全部自给自足，由此产生了与他人进行交易的需要。交易作为社会交往的重要行为，遵循价值规律的等价交换原则，具有利人与利己相统一的道德要求，且利人具有对利己的优先性。基于价值规律的要求，交易一方只有提供了用以满足他人需求的产品或服务才能获得交易的"入场券"与参与资质。一方面，人们在交易活动中不同的道德选择方式，会产生利人与利己的不同结果。如果交易主体遵守市场经济规律的等价交换原则、诚实守信、公平买卖，就会产生人我互惠互利的行为结果，相反，如果交易主体背离市场经济的等价交换原则，虚假失信、制假贩假、坑蒙拐骗，就会产生损人利己的行为结果。另一方面，交易是主体自知、自愿、自主的行为。交易是为了实现对主体需求的满足，目的明确，行为自主自愿。在交易活动中，人们可以自主地选择交易对象、价格、时间与方式，而非外力胁迫。正如马克思所说："为了使这些物品彼此发生关系，商品的江湖人必须作为有自己的意志体现在这些物中的人彼此发生关系，因此，一方只有符合另一方的意志，就是说每一方只有通过双方共同一致的意志行为，才能让渡自己的商品，占有别人的商品。"① 正是由于交易行为是双方意志合意性的自主选择，因而，人们对交易负有道德责任。

二 交易伦理：定言令式

何谓令式？罗素在《西方哲学史》中，把"令式"界定为"理性的生物按照规律的理念而行动，即一种凭借意志而行动的能力，客观原则的

---

① 马克思：《资本论》第1卷，人民出版社，2004，第103页。

这种理念对理性的个体具有强制的约束，称作理性命令，而这种命令的程式即令式"①。令式可分为两类，即假言令式和定言令式。前者是指为了达到某种目的而采取某种行动。换言之，行为的动机在于达到某种目的，是外在附加于道德本身的条件，是偶然的。后者是指行为并非出于某种目的，而是仅仅出于客观必然的应当。康德的绝对命令是一种定言令式。定言令式的特征为道德原则的普遍性、道德动机的纯洁性、对客观必然之应当执行的绝对性和无条件性。

第一，道德法则具有普遍性。康德出于人的理性特征，提出了绝对命令——一种定言令式。这种定言令式将一切感性经验排除在外，同时视道德法则为理性原则，并认为出于理性的定言令式与道德主体的个人偏好、兴趣和利益欲求以及与道德主体所处的具体情境无关，且适用性也不附加任何外界利好的因素，因此，基于理性所建立的道德法则是适合一切时间、一切地点、普遍有效、人人当行与遵守的道德法则与规范。

第二，道德动机具有纯洁性。康德认为，人的道德行为仅仅是出于对客观必然性应当的遵守，是一种定言令式。道德行为本身就是目的所在而与道德法则的本真以外的其他目的无关。康德强调行为的道德价值，是出于善良意志，即出于道德自身而非其他功利目的。善良意志不因快乐而善、不因幸福而善、不因出于某种功利性目的。因此，在康德看来，出于商业目的的动机而诚信的行为，是与定言令式相悖的，不具有道德价值，因为"作为出发点的意志，必须来自常人道德生活的特殊意志，同时又必须超越常人的特殊意志就是所谓的善良意志"②。

第三，道德践行具有绝对性。在康德看来，人们对定言令式的执行不以是否获得预期效果为条件。"就它自身来看，它自为地就是无比高贵。任何为了产生一种爱好而产生的东西，甚至所有爱好的总和，都不能望其项背。如果由于生不逢时，或者由于无情自然的苛待，这样的意志完全丧失了实现其意图的能力；（在这样的情况下）如果他竭尽自己最大的力量，仍然一无所得，所剩下的只是善良意志（当然不是单纯的愿望，而是用尽了一切力所能及的办法），（那么，）它仍然如一颗宝石一样，自身就发射着耀目的光芒，自身之内就具有价值"③，因此，"道德法则作为理性原则，

---

① 〔英〕罗素：《西方哲学史》，何兆武、李约瑟译，商务印书馆，1982，第227页。
② 〔德〕康德：《道德形而上学原理》，上海人民出版社，1986，第42页。
③ 〔德〕康德：《道德形而上学原理》，上海人民出版社，1986，第43页。

必须排除一切感性经验，排除道德主体的偏好、兴趣和利益欲求"。① 概言之，定言令式可定义为人们必须服从一种普遍的立法原理和最高的道德准则。绝对命令要求道德本身与外在目的有清晰的界限，强调道德本身的纯粹性和独立性，外在目的对道德不能有丝毫的干涉。康德认为，手段的善是偶然的善，只有因其自身而被追求的善才是最高的善，因为它纯乎于客观必然的应当，与行为结果产生的目的、功利无关。除了本身所包含的本质的、普遍的、必然的联系外，只有准则和与此规律保持一致的必要性和规律的一般普遍性。

康德的定言令式强调交易伦理的义务之责。在义务论视域下，交易的道德义务是必行的。交易行为不是个体的、偶然的经济行为，而是社会的、普遍的经济互换活动，因此，唯有出于义务与责任的交易才具有道德价值。以交易中的诚实守信为例，定言令式的诚实守信与外在经济效益因素无关，而仅仅是交易主体对诚实守信道德法则的普遍遵循，因此诚实守信不是"愿望道德"，而是一种"义务道德"。交易伦理是一种共同体的责任规约。德国历史学家兼社会学家滕尼斯认为："共同体是人的意志完善的统一体，是持久和真正的具有道德性的共同生活。现代社会从共同体走出。"② 利益共同体的维系以互惠互利为前提。交易主体自发的互惠互利行为具有偶然性、条件性与不稳定性，加之人趋乐避苦的本性与投机钻营的冲动性，因此，这类出于功利的自发调节常常缺乏稳定的行为预期，不利于人们交往关系的维系。人们只有出于义务与责任，自觉遵守交易伦理法则，才能摒弃外在经济利益的诱惑而坚守道德，从而塑造诚实守信的道德品格，形成良好的道德习惯与思维。事实上，交易中任何一方的行为变化都会影响其他相关者的命运。一方的失信行为会破坏固有的道德信任，迫使另一方采取相应反制措施，重新评估继续交易的必要性。由于交易具有自主自愿性，任何一方一旦认为交易的必要性缺失则可以随时终止交易或退出交易。不论己方的道德意愿如何，交易主体都必须接受这个残酷的现实，退出交易。因此，维系命运共同体单靠利益互惠是不充分的，只有将诚实守信的行为内化为人们心中的道德信念，形成道德习惯与品德，才能最大限度地维系交易伦理的秩序。

---

① 宋希仁：《西方伦理思想史》，中国人民大学出版社，2004，第333页。
② 龚浩宇、龚长宇：《道德共同体的现代建构——基于滕尼斯〈共同体与社会〉的阐释》，《道德与文明》2017年第6期。

康德的定言令式强调交易伦理法则的绝对性。在康德看来，行为出于绝对命令所形成的道德法则，具有两大特征。第一，不因利益而守德。基于绝对命令，交易主体的诚实守信行为与外在利益无关，而仅仅是理性对普遍、必然的道德法则的无条件服从而执着坚守。因此，在康德看来，在交易中，以改进盈利状况为目的的诚信行为是不具有道德价值的。交易的本质是交换，而交换是由人类社会的交往演变而来的。与其他人类交往活动相比，交易具有互利互惠的特殊性，但利益纽带的根基是对诚实守信道德原则的恪守与坚持。换而言之，如果参与交易的社会个人或组织不考虑他人的权益，为一己之利违约失信，不仅利益的纽带会断裂，而且交易主体的交换意愿与积极性也会受到打击，最终导致无法成交。事实上，交易的维系不在于得利的多寡，而在于对诚实守信道德法则执着的坚守，因为没有后者的保障，任何诱人的利益许诺都是无法兑现的空头支票。第二，反对选择性守法。与法律的事后规定与制裁不同，绝对命令是一种先验综合判断，它是道德主体为自身立下的法则，不论法律是否将某种不道德行为上升为违法或法律的具体规定，交易主体都始终恪守诚实守信的道德法则。不论不道德行为是否达到法律入罪的基本要件，只要行为本身与恪守的道德法则相悖或存在相互抵触的地方，则这类行为就不可取，也不应当做。以交易为例，并非所有的不诚信交易行为都在法律中有所规定或满足量刑的法定条件，但秉持义务论的交易主体则不考虑法律的规定与内容，只做合乎道德法则的正确行为。第三，恪尽职守，善始善终。对于诚实守信道德法则的坚守不是一时之事，而是交易主体终其一生都必须坚守的道德要求，涵盖交易前、交易中与交易后全过程。一旦交易过程中存在与诚实守信的道德规则相抵触的行为，则交易主体不为利益所诱，具有道德自律精神，自觉抵制不道德的交易行为。

三 交易伦理：假言令式

以边沁和穆勒为代表的功利主义道德理论推崇假言定式。古典功利主义以感性为基础，由人趋乐避苦的本性，建构了苦乐原理，并由此提出了最大多数人的最大幸福原则，作为评判行为的根据。一切能带来快乐的就是善的，反之则为恶，即一切有利于改进行为主体福利的行为是善的，反之则为恶。与定言令式不同，假言令式是指行为结果对道德主体的满足，并以此为衡量行为是否具有道德价值的尺度，即行为结果是否达到预期，或切实改进行为主体的功利。假言令式的行为不需要考虑行为动机是否为善，而只需看实际情形下其结果对人们福利、快乐、幸福等功利外在因素的影响。假言令式具有三个特征：其一，假言令式的道德行为选择是具体的、特殊的；其二，假言令式的行为选择是有条件的，强调道德主体的行为结果是否改善了自身的福利、功利、效率；其三，假言令式行为选择的目的与行为动机无关，出于恶的动机只要其结果为善，则为善举。假言令式由于行为条件的目的与行为本身相分离，并把该行为是否改善了行为实施者的福祉为评判根据，因此其道德动机并非出于客观必然的应当的，而完全出于行为结果对改进福祉的贡献，故而实施道德行为是有条件的。此外，假言令式将道德行为的评判与主体的偏好、欲求、兴趣休戚相关，而不同道德主体在上述几个方面各不相同，因而道德评价会出现利益主宰的条件判断。此外，在执行方面，假言令式又呈现出有选择性、偶然性的基本特征，因为只有条件被满足，人们才会去执行。总之，功利主义的假言令式强调行为实施的结果对个人功利或幸福的满足。

交易伦理的功利之益。在功利论视域下，伦理对交易具有积极的促进作用，具有功利之益。首先，交易行为是主体实施的有意识、有目的的能动性行为，交易的本质通过交换实现需求互补与利益获取。其次，利益是保障交易主体具有应激性的重要因素之一。只有交易主体彼此的利益都得到了满足，交易主体才有激情与欲望推进、实施交易。再次，交易起始于交易意愿。交易意愿包括互需与互惠的利益价值诉求。互需意愿是指，不同交易主体间相互需要，具有需求与供给的对等性。互惠意愿则是指，除需求对接外，交易价格等由交易主体间平等地协商议定，而不是由某一方单独定价或寡头垄断。即交易主体自愿以某一价格进行交易，实现人我两利，利益互惠。最后，合理合法的交易包括明晰对交易主体合理利益诉求的匡正，即具有利益获取的正当性与利益占有的应得性。

假言令式的交易道德原则。与义务论不同，功利论的道德原则具有偶然性、条件性、利益性三大特征。它主要包括有条件地遵守道德原则、法律原则、个体工具性而非目的性原则。在功利论的视域下，诚实守信不能上升为一种客观的道德原则，除非在遵循这一道德原则时，交易主体都能获益或达到既定的功利目标而获得满足感。换而言之，一旦对这一道德法则的遵守不能带来更多的收益或反而成为交易主体的成本"累赘"，则交易主体会放弃对诚实守信的道德原则的坚守,转而寻求遵守能有助于实现更大利益的道德原则,或为了获得更大的利益,不惜突破道德底线,铤而走险。正如马克思所言:"当利润达到10%的时候,他们将蠢蠢欲动;当利润达到50%的时候,他们将铤而走险;当利润达到100%的时候,他们敢于践踏人间的一切法律;当利润达到300%的时候,他们敢于冒绞刑的危险。"[①] 法律作为重要的社会规范,不仅清晰界定违法行为的法定要件,而且对不同情节、性质、社会危害程度的违法行为依法进行相应处罚。守法就意味着不受处罚,成本降低,利益增加,因此,守法是功利论视域下的重要道德原则。义务论肯定人的主体性,将人本身作为目的而非手段,而功利论则与义务论不同,将人作为实现功利原则的手段。在功利论视域下,强调人我两利、互利互惠、信以利导、利得守信、守信激励等。

四 交易伦理:定言令式和假言令式的契合

定言令式与假言令式作为规范伦理学视域下的两种具有差异性的道德哲学理论,在交易伦理的阐释中,具有互补性。

其一,定言令式与假言令式的结合,有利于促进行为动机与结果的统一。义务论与功利论两种理论各有优劣,二者具有一定的互补性。定言令式侧重行为的良好动机,即要求人们出于客观必然的应当进行行为选择,是对行为原始出发点的良性规定;功利论侧重良好的行为效果,或曰功效,是行为的终点。欲使交易行为取得良好的收效,不仅要有明确的努力方向,而且需要在实践过程中坚定正确的道德原则,受道德约束,不为追求和占有利欲偏离正确的方向,同时,注重功利论对后果的考虑。交易伦理主张守德谋利。

其二,定言令式与假言令式的结合,有利于交易行为的义利统一。定言令式确立了善良动机在道德行为中的核心地位,主张唯有行为出于对客观必然应当的绝对、无条件服从才具有道德价值。其不足之处在于忽略了合理的行为功利成分,尤其是经济活动领域的交易行为,其本身就是一种利益行为。企业并非公益组织,盈利是企业生存和发展的必要条件之一,因此,企业在交易中,考虑利益得失是正常的,只是反对见利忘义的唯利

---

① 马克思:《资本论》第1卷,人民出版社,2004,第871页。

是图的行为。如果企业纯粹出于善良的动机,而不考虑这种行为潜在的价值增值属性,那么,企业的生存就会受到挑战。与定言令式相比,假言令式的优势是肯定行为功利的道德价值,不足之处在于善良动机的缺失。因此,完整意义上的交易伦理行为,是定言令式和假言令式的有机结合。一方面,善良动机是交易伦理行为的前提条件,它指引人们沿着道德普遍法则轨道前行,强化交易主体责任,而规避利益诱惑的违背市场经济规律的行为。另一方面,把合乎道德法则之应有之义的功利因素彻底与善良动机割裂是不切实际的。人是理性的存在物,因此,人们在进行道德行为评判时不仅考虑动机的纯洁性,而且会对道德行为对行为主体的实际贡献审慎分析、权衡考量。如果一个行为只具有善良的动机,而并未有助于行为主体功利的改进,甚至使相关情形恶化,那么作为理性的存在物的人,并不会认同这类行为是完整意义上的道德善。尤其是交易活动,既要保障企业的应有利益,又要使交易主体遵法守德,使利益与道德共存。如果诚实守信的企业并未在银行信贷、许可证审批、税费减免等方面享受合理的政策优惠,反而与背信弃义的企业受到同等的待遇,则守信的企业只能从内部精简生产成本,最终迫使企业为了短期的生存与发展对道德法则让步。随着交易的不断发展,交易的内容与方式更为丰富,交易与伦理的关系也更加紧密。交易的复杂性与非即付性使主体的行为变得诡异多变、难以预测,伦理对交易的调节与制约也由最初的道德自觉、品德情操、习俗约定、誓言、口头承诺等自律约束逐渐演变为以契约、法律与监管为主的他律伦理规约与社会规范。进入市场经济以后,交易的内涵更加丰富、种类更加多样,交易主体行权履责的行为变得更加不确定,蕴含机会主义行为与道德风险。交易伦理不仅需要人们把道德内化为内心的法则,形成"心中的道德律令",而且需要守德获利的社会激励。

其三,定言令式与假言令式的结合,有利于对不同道德境界交易主体的道德引导。义务论的定言令式与功利论的假言令式对交易伦理提出了不同的道德要求。义务论主张交易出于道德,强调交易伦理道德规则的普遍适用性及其遵守的绝对性,它更适合具有较高道德素养的交易主体;功利论主张交易合乎道德,重视交易后果的利益性,它更适合缺乏道德自觉但具有法治观念的交易主体。因之,义务论与功利论两种不同的令式,为不同道德素养的交易主体构建提供了理论分析框架。定言令式与假言令式也涉及道德应然与道德实然问题。"是"与"应该"是西方著名哲学家休谟提出的重要理论。在休谟看来,"是"与"不是"属于事实命题,而"应当"与"不应当"属于价值命题。换而言之,"是"推不出"应该"。对于交易行为而言,道德主体应当诚实守信与事实上他或她实际上的诚实守信状况是两个不同的概念。具有道德信仰的主体,只能形成道德应然意义上的行为预期。一旦行为主体在践行诚信道德过程中,发现难以获得应然的收益,交易主体就会产生坚守道德信念的动摇,易于导致行为主体中途放弃对道德法则的坚守,转而选择具有更高收益的行为方案。即使行为主体未中途调整,也可能由于激励机制的缺乏,越来越多的行为主体难以履行道德责任,或交易中的诚实守信原则仅仅停留在道德的应然状态。显然,交易伦理行为,既需要义务论的定言令式的道德律令,也需要功利论的假言令式的利益激励,从而实现道德信念与利益驱动的有机结合。

上述分析表明,在新时代的社会主义市场经济条件下,我们不仅要加强社会主义道德体系建设,让广大社会成员知德、敬德、践德,使道德规则成为人们普遍遵守和无条件绝对服从的行为准则,强调行为动机的善良意志,充分发挥定言令式的优势,并将其看作首要条件,而且要对以功利为目的的假言令式进行扬弃,在肯定以功利为目的的道德行为的同时,扬弃其利导行为的价值相对主义,不仅塑造有责任、有担当、立场坚定的交易主体,而且要对信德遵法的交易主体所实施的道德行为给予合理的道德回馈,使其保持诚实守信的积极性,并努力带动其他交易主体共同诚实守信,营造诚实守信切实可行的市场交易氛围,强化人们的道德义务与责任,形成以义导利、以义制利的行为方式。

正义与善的契合

——考察罗尔斯《正义论》中正义与善的一致性论证

张 博[*]

摘 要 在《正义论》前两编中，罗尔斯完成了对正义原则和正义制度的选择与建构，在最后一编中罗尔斯对其正义论的最终目的——良序社会进行考察。良序社会的构想是否具有稳定性和有效性取决于一致性论证是否成立，即在良序社会中以正义原则为行动的调节因素是否有益于个人和社会共同体的善的实现。罗尔斯的一致性论证受到来自自由主义阵营内部的攻击和以社群主义为代表的外部挑战。对此，本文立足罗尔斯理论全局，试图证明罗尔斯在《正义论》中已经阐明的正义原则对多元善追求的兼容性，对自由的优先性的维护，划清罗尔斯的道德主体理论与形而上学的抽象人性观之间的本质区别，使正义理论脱离完备性学说的指责。尝试在回应对一致性论证的主要批评的基础上，重申为正义与善的一致性论证辩护的必要性和可能性。

关键词 正义 善 一致性论证 良序社会

前 言

罗尔斯的《正义论》自出版起便引起巨大关注，一方面是因为罗尔斯提出的作为公平的正义理论有力地反驳了功利主义，打破后者在道德领域长期占统治地位的局面；另一方面，它改造了传统的社会契约学说，使其更加普遍化并擢升至一种更高的抽象层次，这种对于正义的系统解释相较

---

[*] 张博（1992~），女，布鲁塞尔自由大学哲学系博士研究生，研究方向为政治哲学与女性主义理论。

其他传统道德观念，更加切近我们所考虑的正义确信，可以此作为民主社会制度的恰当基础。①《正义论》与罗尔斯后继对正义理论的不断补充和完善，充实了自由主义学说的内容，由其引发的广泛讨论使政治哲学呈现复兴之势。《正义论》前两编完成了正义原则的选择和正义制度的建构，其中诸如原初状态、无知之幕、按照词典式排列的正义原则等理论创见早已成为政治哲学中的重要术语而广为人知。但是，仅有正义的原则和制度的考量对于构建一个完整的、具有现实观照意义的正义理论明显不足。在《正义论》第三编中，罗尔斯对伦理学的另一个核心概念——善理念——进行阐述，通过论证正义和善的契合性关系，证明"良序社会"的有效性和稳定性。罗尔斯曾说过，《正义论》第三章是他最喜欢的一章②，不考察这一编就有误解正义论的危险。但是，罗尔斯对正义和善的契合关系的论证引发了诸多争论。本文尝试在梳理正义和善的契合关系的具体论证过程的基础上，对具有代表性的批评意见进行分析和回应，立足罗尔斯正义理论全局化解由误解罗尔斯本意导致的批评和指责，重申正义与善的一致性论证的必要性和合理性。

一 罗尔斯对正义和善的关系问题的提出

按照罗尔斯的界说，"正义"和"善"是伦理学中两个至关重要的概念，将优先性赋予何者，决定了这种正义观念的基本理论形态。③ 从上文对罗尔斯正义理论的介绍来看，他的理论显然是义务论的，就正义和善的优先性问题而言，作为公平的正义的两条基本原则都是人们在独立于特殊的"善"概念的情况下做出的选择，"正义"独立并且优先于"善"。虽然在制定正义原则时引入了"基本善"（primary goods）的观念来解释在原初状态选择正义原则的"理性"这一概念，但是罗尔斯强调这种基本善从本质上区别于特殊善。基本善是每个有理性的人都想要的东西，这种善不论一个人的合理生活计划是什么，一般都对其有用，无关个体的特殊偏

---

① 〔美〕约翰·罗尔斯：《政治自由主义》，万俊人译，译林出版社，2000，第4页。
② 〔美〕约翰·罗尔斯：《我的教学工作》（1993年未公开发表），转引自黄芳、张国清《正义感与成员利益：罗尔斯良序社会理论之考查》，《浙江社会科学》2014年第2期。
③ 邱少明：《何谓正义原则：马克思和罗尔斯之比较》，《新乡学院学报》（社会科学版）2008年第5期。

好。罗尔斯从分配这种基本善出发制定了基本的社会正义原则和结构。但是，仅仅阐述正义的原则，按照罗尔斯自己对伦理学的界说，显然不能构成一个完整的伦理学说，罗尔斯必须阐释自己的善观念，以便建构一个包容善和正当概念的完整的伦理学说，并且提供一种具有现实可能性的理想的社会形态。所以，在完成对正义原则的界定之后，罗尔斯在第三编转而阐释一种更具综合性的善理论。第三编可能是罗尔斯《正义论》中最为复杂的一个部分，交杂了多个互相关联的主题与意向。

当然，在诸多任务中更为重要的是政治哲学的意向。在确立了两个正义原则，并将其分别应用于制度之后，罗尔斯的任务是维持按照其正义原则建构的制度的稳定性。政治制度的稳定性问题当然是政治哲学的一个重要问题，甚至被视为霍布斯的思想中最为核心的问题，完全压倒了对制度正义性的关注。但罗尔斯强调稳定性，并不表明他在稳定性问题上的考量是与霍布斯一致的。在罗尔斯的理论中，稳定性论证明显从属于他的正义论框架。所以，我们或许应当在一种更为广泛的意义上理解其稳定性问题，即将其理解为按照正义原则建构的制度，或者说其正义原则指向的社会理想的现实可能性问题。如此，我们也就能更好地理解第三编的核心主题与章节安排。事实上，就其政治哲学的理想而言，第三编的真正的统摄性主题是良序社会及其现实可能性问题，也就是说，在目的的题名下，罗尔斯最终试图勾勒他的社会理念：良序社会。当一个社会不仅旨在推进它的成员的利益，而且有效地受一种公共的正义观念调节，它就是良序社会（well-ordered society）①。具体而言，良序社会内的每一位成员都接受，也知道别人接受同样的正义原则，并且社会的基本制度的安排普遍地满足、普遍地为人所知地满足这些原则。② 在预设了良序社会一定程度实现的条件下，罗尔斯认为正义原则与善的追求是相互契合的，公平的正义观念在心理上适合于人类的倾向；而且，正义感也是一项合理生活计划的调节性因素，以此论证做正义的事是我们的善的一部分③，为正义社会的持存提供动力。

---

① 王大鹏：《罗尔斯"正义国家"理论初探》，《安徽工业大学学报》（社会科学版）2002年第5期。
② 王大鹏：《罗尔斯"正义国家"理论初探》，《安徽工业大学学报》（社会科学版）2002年第5期。
③ 〔美〕约翰·罗尔斯：《正义论》（摘要和索引），何怀宏等译，中国社会科学出版社，2009，第406页。

二 罗尔斯对正义与善的一致性的论证

罗尔斯分别从社会层面和个人层面考察了正义感和善的契合性关系。从社会制度层面而言，良序社会作为一种社会联合的形式将我们引向一种人类共同体的观念，当一种正义的宪法秩序与日常生活中的较小社会联合体相结合时，就会为许多交往提供一个框架性保障，在其中产生所有人类活动中最复杂、最富于变化的活动，使我们见证了潜能的果实和人性的完整。良序社会作为一种社会联合的形式被看作人们共同分享的最终目的，这就意味着良序社会中的各方都认为他们身处的制度和活动本身就是善的。对于此点的论证与个体层面对正当和善的契合性的论证思路是相通的。首先，共同合作是实现个人目的的有效方式。其次，按照康德式解释，只有按照正义原则行动才能体现人之追求自由、平等的本质欲望，他们的道德人的本性就在个别和集体层面最充分地实现了，由此达成个人和集体的善追求。再次，亚里士多德主义原则不仅适用于个人的活动，也适用于制度的形式。正义宪法程序为社会中的多种社团交往提供一个框架，产生并支持最复杂、最富于变化的人类活动，在其中实现人的潜能。同时，美德在良序社会中的公共生活中表现出来，人们欣赏并受益于这些美德。最后，一个良序社会维护人们的尊严，避免了劳动分工带来的异化和羞耻，良序社会的成员作为完整的人存在于良序社会中。总而言之，良序社会以一种兼容多元主张的个人要求和社团活动的方式，在正义的集体活动中实现了人类卓越的善，每个人都享受着共同生活带来的更大的丰富性和差异性。

从个人层面而言，正义感与个体的善是契合的。罗尔斯在论证个体层面的正义与善的契合关系时提出了两种进路：一方面，正义感符合道德心理学的发展原则，从而能够产生自我支持的力量，那么正义感就比个体可能具有的其他观念更稳定；另一方面，个体按照正义感行动能够谋求合理生活计划的实现，这种善追求的达成为人们践行和坚持正义感提供动力支持。具体而言，就个体的道德心理而言，正义感是基于我们的内在理性和情感能力的自然倾向而自由发展出来的，由于我们对他人的自然的同情和对伙伴情感与自身所产生的快乐的内在敏感性，我们的本能力量就提供着形成正义感的情感基础。就个人对好生活的追求而言，不正义的代价过大，且被不正义所伤害的对象具有不确定性，不排除会侵害行不正义者所关心的人的利益，以在良序社会中由不正义的行为代价之大反证正义感的善。并且随着心理和生理上的成熟，人的能力与日俱增，只有建立一种保证每个成员自由、平等的正义制度，才能维系有效的社会联合，每个人才能有机会发展自己的潜能，并且与其他成员分享实现的天赋才能的总和。①此外罗尔斯继承了康德的道德理论，认为正义感作为一种道德情操展现着人格本身，维系着人的尊严和真正的自由。最后，罗尔斯认为正义感与爱相近，良序社会的成员不因可能的损失而放弃这种道德情操。至此，罗尔斯分别从社会层面和个人层面考察了正义感和善的契合性关系。

三 对一致性论证的评价

罗尔斯对于正义和善的契合关系的论证阐明了良序社会的有效性和稳定性基础，正义和善的一致性论证纳入了对现实的关切，这是完整的正义理论不可或缺的部分。但是，一致性论证也遭到了诸多批评，这些论证从一致性论证的动机、具体理由、逻辑性等方面批判罗尔斯对正义与善的关系的论述。

（一）布莱恩·巴利：良心学说抑或一致性论证？

布莱恩·巴利认为一致性论证的出发点就是错误的。他指出罗尔斯之所以执着于论证一致性问题，是因为他对纯粹凭良心行动的学说的误解。巴利认为这种努力是多余且误入歧途的②，对一致性论证他提出两种反对意见，罗尔斯论证中的第一个困难表现为坚持一致性论证是非常反直觉的：当正义的要求和个人的利益相冲突的时候，我不能就此得出结论说我无法做那些对我好的事情。相反，我必须修正对自身善的内容的理解，巴利认为这明显违反直觉判断。第二个困难在于一致性的证明似乎要依附于一种对人的明显的康德式理解（因而明显是形而上学的），按照这种理解，我们在本性上是自由且平等的理性存在者。进而，罗尔斯就能借此宣称树立并且采用正义感作为一种调节性欲望是在表达人的本性，因此正义就是

---

① 〔美〕约翰·罗尔斯:《正义论》，何怀宏等译，中国社会科学出版社，2009，第 452 页。
② Brian Barry, "John Rawls and the Search for Stability," *Ethics* 105 (1995): 875.

实现我们的善的一种方式（事实上是唯一方式）。然而，这种论证只能适用于那些同意将他们自己视为本质上是自由且平等的理性存在者的人，以这种方式理解人就是在支持一种完备且极具争议性的善概念。

布莱恩·巴利反对理由中的第一点是由于他没有真正理解罗尔斯论证正义和善的契合性关系的意图，罗尔斯并不否认人们可能纯粹出于道德感而行动，他反对的是良心学说将正义感理解为一种道德直觉，这种学说认为："正当感是对于一种独特的（和不可分析的）对象的欲望，因为一种独特的（和不可分析的）性质构成了我们的义务行为的特点。其他在道德上有价值的欲望，不是对正当本身的欲望，而是对与正当之事有必然联系的事物的欲望。但是，按照这种解释，正义感就失去了任何显明的理由，它就像喜欢茶而不喜欢咖啡的偏爱。"① 罗尔斯认为以强调某事是正当的作为动机是一种单薄的理由，必须证明的是正义作为动机的机会可以胜过任何其他与之竞争的倾向。如果要求正义感较其他倾向提供的动机更有力，那么一定要对正义地行动的动机进行合理的、有说服力的解释，而非基于"独特的、不可分析的"直觉。在罗尔斯看来，最稳定的动机性解释的内容一定是在说明正义是与主体自身的善相一致的。因此，罗尔斯对正义和善的契合关系的说明要保证的是在纯粹良心作为动机之外，存在更加有力的、稳定的正义行动的动机问题。布莱恩·巴利的第二点批评指向的是罗尔斯在论证个人层面的正义感和善的一致性时提供的理由，他认为罗尔斯引入康德对于人性的定义并将其作为人必须维护的善的做法，有将罗尔斯的善理论变为一种完备性理论的危险倾向。质疑罗尔斯将康德对于人性的定义作为一致性论证的依据的做法的评论者不只是布莱恩·巴利，对此问题更为系统的说明表现在桑德尔对于罗尔斯的批评中，因此对布莱恩·巴利的第二点批评也将在分析桑德尔的质疑时一并回应。

（二）桑德尔：个体主义的自我观无法确立正义原则和共同体的善

对罗尔斯正义理论更为系统的批评出现在桑德尔所著的《自由主义与正义的局限》中，桑德尔认为"相形于其它与社会共同体更具内在相关性

---

① 武书静：《罗尔斯正义理论中的稳定性问题研究》，硕士学位论文，浙江财经学院，2012，第23页。

的价值比如仁爱，罗尔斯所强调的正义既没有奠基意义上的优先性，也没有价值意义上的优先性。就此而言，桑德尔的批评可以被恰切地视为从共同体主义立场出发对自由主义政治哲学批评的典例"①。除了指责罗尔斯的正义优先性主张外，桑德尔将批评的火力集中于罗尔斯的自我观上，桑德尔认为罗尔斯的自我观是不一致的，罗尔斯的论证中同时预设了个人主义的自我观和主体际性的自我观。我们知道罗尔斯在论证正义与善的一致性时，始终将正义的优先性作为处理两者关系时不可动摇的前提，而且一致性论证中具有"终结性条件"的理由是正义感是我们作为自由平等的理性存在物的本性的最生动的体现，桑德尔的批评直指一致性论证中的优先性和人性观问题，如果其批驳成立，将不可避免地威胁到一致性论证的有效性，对此本文有必要具体分析桑德尔的论述，并依据罗尔斯的本意对此进行反驳，借此澄清罗尔斯的自我观，使其摆脱长久以来背负的抽象的、形上学的、个人主义的自我观的恶名。罗尔斯在论证正义与善的契合性关系时从个体和共同体两个层面进行阐释，桑德尔大体上也是按照这一论证思路展开对罗尔斯的批评的。

1. 个体层面的一致性论证的问题

桑德尔对罗尔斯从个体层面做出的一致性论证的批判从质疑罗尔斯的"抽象"的个体观念开始②：作为自由而独立的自我的、不受任何先在之道德联系约束的个人概念是如何成为可能的？这种个体能否选择出恰当的正义原则？以这种个人主义的自我观为基础的良序社会是如何实现的？桑德尔认为罗尔斯将自我置于超越经验的地位，使之变得无懈可击，"我"独立于我所拥有的价值之外，这种道德个人的公共身份不受时间的影响。但是，这种彻底独立的自我排除了"我"与"善"或"恶"联系的可能性，而一旦排除了这种与价值的依附关系，人的身份就会空洞无物；同时它也排除了一种公共生活的可能性，在这种生活中，参与者的身份与利益或好或坏都是至关重要的，但是罗尔斯的"我"不可能具有公共身份，伴随而来的就是它排除了共享成果的可能性。因此，离开对个体所处的环境和特殊的善观念的参考，那种抽象的个体即使选出正义原则也无法证明其合理性。

---

① 孙小玲：《罗尔斯〈正义论〉中的主体际性维度》，《哲学研究》2008年第5期。
② 〔美〕迈克尔·J.桑德尔：《自由主义与正义的局限》，万俊人等译，译林出版社，2004，第216~217页。

桑德尔在攻击罗尔斯超验自我观之外，对一致性论证中正当和善的关系也提出异议。桑德尔指出，罗尔斯对正义独立并优先于善观念的论证，存在一个严重的逻辑问题。罗尔斯指出人在正义行动过程中体现的道德性具有一种高于、独立于其他欲望的地位，我们应该以此为规导个人欲求和行动的准则。可以肯定的是正义感是一种欲望和需要，但是桑德尔认为罗尔斯无法证明正义感体现了人的根本价值，也就无法确立其独立性和优先性。桑德尔对罗尔斯在排除对善理论的考虑的情况下选择的正义原则的合理性存疑，而且将正义原则置于独立于并优先于善概念的位置，善的内涵将受到极大的限制。

同时，桑德尔指责罗尔斯的善观念忽略了个体之间的善追求的差异性，不能容纳多元的善观念。罗尔斯将人的善等同于目标的实现，但是桑德尔认为罗尔斯在不对个体与善观念进行任何匹配的情况下将不同个体的善概念合并到一个抽象的人的概念之中，这种合并欲望的安排使这种善理论对于每个人而言都是偶然的、外在的，同时也表明我们无法据此对个体的善进行具体的安排，不能承认他们之间的质的差别，抹杀了个人选择和社会选择之间的差别，也不符合经验的个体化善观念。讽刺的是，这种为了实现善的最大值而忽视个体及其善追求的差异正是罗尔斯批判功利主义的理由之一。所以桑德尔认为，功利主义的错误也是公平的正义理论的错误，功利主义没有严肃认真地对待人与人之间的差别，而罗尔斯在脱离个体特殊性的条件下确定善的内容只是这种错误的一个更严重的表现。[①] 总之，桑德尔在正义与个体的善观念的关系问题上的结论是，善优先与正义，在制定正义原则的过程中必须对多元完备性学说持开放的宽容态度。正义原则蕴含在善观念之中，因此，罗尔斯在正义原则的独立性和优先性的基础上论证的正义和善的契合关系不成立，无法兼容多元的善观念。

综上，桑德尔认为不考虑特殊善的原初状态的个人是空洞的，是形而上学的，这种主体构选出的正义原则及其对善的优先性无法得到承认。就后者所言的对正义的优先性的不满可以归结于共同体主义者与自由主义者的阵营之争，内容复杂，对此本文只提供简明的回应。罗尔斯拒斥一切以某种支配性善为最终目的的伦理-政治哲学，保障公民自由的优先性已经

---

① 〔美〕迈克尔·J. 桑德尔：《自由主义与正义的局限》，万俊人等译，译林出版社，2004，第181~182页。

是一种善,甚至可以说是超越一切具体善的善。① 在罗尔斯看来,已知自身特殊善偏好在制定社会原则过程中造成的不公平的恶劣影响已经压倒了考虑具体善所提供的信息时的好处,并且不是不考虑多元善追求,而是以激烈冲突的善追求中的正义为调节原则,以求更好地处理社会中的多元善问题。

2. 共同体层面的一致性论证的问题

罗尔斯论证正义与善的契合性的一个重要目的在于为良序社会的有效性和现实性提供证明,考察良序社会能否实现共同体的价值。正义原则是在无知之幕下选择的,所以具有客观性和普遍性,具有从私人领域的准则过渡到评价公共制度时需要的阿基米德支点,个人层面的正义的善可以拓展到正义共同体的善。桑德尔的观点与其针锋相对。桑德尔认为,罗尔斯如果要论证良序社会的个体可以通过合作实现互惠,必须借助一种交互性的主体观以及一种构成型共同体观念,但这是罗尔斯那种强调个体自由独立的本性和以正义为先的良序社会所无法兼容的原则。在本质上隐含地承诺了交互主体性概念,这是罗尔斯自己所否认、所反对的,也就是说罗尔斯的理论无法融贯。②

就此而言,我们有必要考察罗尔斯构造其自我观的过程。罗尔斯将人视为理性和道德的存在,人是自在的目的,不因任何善的考量牺牲个体的自由,就此而言罗尔斯明显地承继了康德的道义论传统。就康德自身对道德主体的特征的论证而言,道德主体将自己视为一种平等、自由、自律的存在这种意识本身就直接导向一个与此相关的、富有成效的概念,即目的王国的概念;也就是康德的自我观中已经蕴含了一种实现目的王国这一伦理政治共同体所标示的主体际性或社会性要素。③ 与此类似,罗尔斯在将康德的绝对命令进行程序性构造的过程中,也展示出道德自由蕴含的社会性维度,即罗尔斯所说的交互性维度,无知之幕下每个人在做出理性选择的同时也在为所有人的利益考虑,"我"的选择就蕴含着为所有人选择出普遍的客观原则,践行普遍的正义原则的行为表现了人的自律本性,而且指向一个由自由存在者所构成的共同体。在康德那里,这一共同体是目的

---

① 孙小玲:《罗尔斯〈正义论〉中的主体际性维度》,《哲学研究》2008 年第 5 期。
② 刘敬鲁:《论桑德尔和罗尔斯在正义与善问题上的对立以及批判式融合的可能性》,《道德与文明》2015 年第 2 期。
③ 孙小玲:《罗尔斯〈正义论〉中的主体际性维度》,《哲学研究》2008 年第 5 期。

王国，在罗尔斯那里是更具实现可能性的良序社会，不变的是两种共同体的成员之间具有的深刻的交互性。"所以不仅差异原则，而且平等的自由原则，都已经具有一种主体际性的维度……就此而言，罗尔斯的论证从根本上既不依赖于一个纯经验性的个体概念，也不依赖于一个先验的主体概念。"① 由此，罗尔斯根本不需要桑德尔的那种共同体主义的自我观，正如上文对良序社会层面的正义与善的契合的描述所示，罗尔斯理论中的道德主体在保有自由、平等权利的前提下同样是在"相互分担命运"，通过合作互惠实现桑德尔所说的那种"构成性共同体"的价值。

四　重拾正义与善的一致性论证的可能性

在一致性论证遭到理性多元论的挑战的情况下，在《政治自由主义》中，罗尔斯将良序社会的稳定性建立在对正义制度的重叠共识中，但是公共理性和重叠共识等理念的有效性仍有待确证。面对诸种批评采用罗尔斯在《政治自由主义》中提供的存在更多漏洞的论证是不恰切的，当然这不是说《政治自由主义》没有任何价值，它更多是解决正义原则在现实的政治实践中遇到的诸种问题。回应对罗尔斯一致性论证批评的更为合适的方法是回到《正义论》本身，结合完整融贯的正义理论自身的内容，为一致性论证提供可能的辩护。

（一）正义原则与多元善观念的兼容

首先，一致性论证中的善观念是多元的善观念。正当与善的一致性论证表现为正当与独立的、多元的善的契合，而非证明正义感是最高的、唯一的善。正义是一种调节性（regulative）的而不是建构性（constitutive）的善，也就是说，正义之善实现于对其他诸种善的公正与有效的调节，如果这一调节成功，则各种善（与追求各种善的人们）都能彼此和谐共存，并且相辅相成。必须消除那种把正义当成一种构成性的善或者作为最终目的（final end）的误解。正义与善处于不同的论域，如果一致性论证成立，那么正义感因其作为一种合理的调节原则而成为一种善，而不是要取代、压制其他的善。这种将正义感理解为一种建构性的善可能使正义作

---

① 孙小玲：《罗尔斯〈正义论〉中的主体际性维度》，《哲学研究》2008年第5期。

为一种至善存在而与其他人平等的善追求相矛盾，甚至以共同体的最大善为名义压制其他合理的善，这是功利主义才有的弊病。

对善的多元性的考量贯穿罗尔斯正义理论的始末，罗尔斯从差异和冲突中出发构建正义的社会制度，他在论证正义感的善时经常诉诸原初状态的情境，原初状态中的各方都知道自己处于正义的环境之中，每个人在实际情境中都有自己的善观念，所以正义制度就是一种互惠的合作冒险。罗尔斯明确指出，正义理论并不惧怕冲突，正义原则能够适应的利益之争越尖锐，正义理论就可能越具有综合性。因而，正义理论在建构之初就假定一种深刻的利益对立，为了寻求有效的公平合作，我们必须力求客观、力求从一种共有观点出发构建制度和道德判断，尽管在宪法问题以及许多政策问题上人们的一致意见可能经常有破裂的危险，但是公民们仍然确信对方能够秉持正义感，正当和正义原则的接受锻造着公民友谊的纽带。① 因此，良序社会不是建立在否定多元的善追求的错误前提之上的。

罗尔斯对于善的多样性的考虑在正当和善的对比中表达得更加清晰，在上文中讨论一致性论证的特点时对两者的区别已经逐一讨论，这里只强调其中对善的多样性的肯定。罗尔斯认为个人的善观念相互之间有明显的区别是一件好事，并且不存在就善的问题达成的一项公认的判断的紧迫性，没有必要把一致性加于善理论的所有标准之上，否则就会与公平的制度组织中确保个人和团体享有的选择自由相矛盾。罗尔斯认为正义原则必须跟广泛的人类利益的推进有合理的联系，各方的理性和原初状态的处境使制定的伦理原则具有这种普遍性。② 在良序社会中，善观念中的这种多元性对成员们的合理生活计划的要求是不同的。同时，罗尔斯承认实际生活中个人的善的追求是复杂多变的，所以他不否认一个人的合理生活计划可能会存在不确定性。罗尔斯对善观念的多元性、不确定性的认知和肯定，在一定程度上回应了称其善理论是"贫困的善"的批评。

（二）罗尔斯在《正义论》中对支配性的善的拒斥

罗尔斯论证正义原则与多元善的兼容性并不意味着他肯定所有特殊的

---

① 〔美〕约翰·罗尔斯：《正义论》，何怀宏等译，中国社会科学出版社，2009，第409页。
② 〔美〕约翰·罗尔斯：《正义论》，何怀宏等译，中国社会科学出版社，2009，第116页。

善观念都是道德上可容许的，或者都具有肯定的道德意义。① 也正因此，我们需要正义法则在诸多善观念之间做出仲裁，在此意义上，正如罗尔斯一再强调的那样，作为善观念之最终的调解性（supremely regulative）原则，正义具有对善的优先性。但是，这并不意味着罗尔斯就此设定了一种凌驾于所有善概念之上的善，毋宁说，正义原则的目的是设置一个可以让诸善有条件地和谐共存的框架，其所体现的因而是对多元的善的尊重，最终也是对作为道德人的个体的尊重。②

罗尔斯在论证正义与善的契合性时，强调正义不是作为一种支配性的善存在，而是具体地表现为善中的调节因素，罗尔斯对于支配性目的及其典型代表完善论一直都持一种警惕、谨慎的态度。所谓支配性目的，即当事人为做出一项合理抉择能永远遵循的选择方法，存在三个条件：一个第一人称程序，这个程序是可应用的，并且保证达到最佳效果。支配性目的在不同的理论中内容不同，教徒认为服务上帝是平衡从属性目标的唯一标准，政治家认为荣誉是最高的行为导向。对此，罗尔斯早已将作为一种调节原则的正义所体现的善与支配性目的划清界限，罗尔斯指出当支配性目的明确地指获得某种诸如政治权力或物质财富等客观目标时，它的潜在狂热和非人性就当然地表现出来。人的善是异质的，因为自我的目标是异质的。虽然使我们的全部目标从属于一个目的严格来说并不违反合理选择原则（至少不违反计算原则），它对我们来说仍然是不合理的，或更恰当地说是疯狂的。出于体系的原因，自我被损害了，而且被置于服务于它的一个目的的地位。③

至善论作为极端的支配性目的学说遭到罗尔斯毫不留情的驳斥，罗尔斯清醒地看到我们的能力和志趣因人而异，此之蜜糖乃彼之砒霜。良序社会为人们提供了一个政治生活的制式（module），为持不同完备性学说的个人、团体提供了一个宽松的、合乎他们期待的政治环境。并且在任何场合，作为公民，我们都应当反对把完善标准作为一条政治原则，而且为了正义的目的，应当避免对彼此的生活方式的相对价值做出任何评价。因

---

① 孙小玲：《互尊和自尊的伦理学——从罗尔斯的"相互冷淡"谈起》，《复旦学报》（社会科学版）2012年第1期。

② 孙小玲：《互尊和自尊的伦理学——从罗尔斯的"相互冷淡"谈起》，《复旦学报》（社会科学版）2012年第1期。

③ 贾中海：《社会价值的分配正义》，博士学位论文，吉林大学，2004，第38页。

此，不论是就其正义理论本身而言，还是对于良序社会的制度实践而言，无论如何都没有一种对完善原则的明显需要。① 罗尔斯明确表示自己对于完善论学说的拒斥态度，并提出不应该对多元的善追求做出价值上的高下评判，这一方面是对公民自由选择的保护，另一方面也是对不同社团中的人的自尊的保护。

具体到特定的问题，正义原则能否兼容宗教信仰的自由问题一直是罗尔斯的正义理论被质疑的一个典型事例，对此罗尔斯早在《正义论》中就给出了解释：正义原则虽然是社会制度的调节原则，享有优先性的地位，但它本身不是也不设立一种支配性的目的，所以它既不偏向于施行宗教信条，也不会要求所有个人或社团的目标必须服从国家权力或特权，对于道德判断它保持中立和宽容。正义原则与其说规定了善的内容，不如说是保护了各种平等的自由。良心自由是正义原则尤其重视的问题②，只是采取了一种消极的形式，但这也防止了厚此薄彼。对于宗教、道德和哲学兴趣等公民自由，国家既无权力也无义务去阻抑或者推广它们，政府的责任仅限于提供保证平等的道德和宗教自由的政治环境。

（三）道德主体理论与康德式的人性观的区别

对正义与善的契合性关系论证的最致命的批评就是指责这一论证过程中引入了康德的自我观，使善观念失去道德判断的中立性，使正义理论沦为一种完备性学说（comprehensive theory）。对此，我们必须通过比较罗尔斯和康德的人性观，澄清罗尔斯并未依赖于一种强意义的康德人性观。康德认为至少在理念意义上，每一个意志都是普遍的立法者，而罗尔斯预设了道德人格的弱假设，即我们有正义感和善观念两种能力。我们可能按照一种正义原则行动，但并不意味着单个人就可以成为立法者，在独立于他人与共同体的情况下达到一种可以公正地调节各种不同的善与利益追求的法则。只有在良序社会这种共同体中，在彼此的交互关系中，个人才是立法者，这也是良序社会作为共同体的制度背景的重要性所在。因此，必须强调的是，如果我们没有正义感和善观念这两种道德能力，那么任何正义法则都不可能，也无所谓良序社会。另外，如果没有良序社会理念引导的

---

① 〔美〕约翰·罗尔斯：《正义论》，何怀宏等译，中国社会科学出版社，2009，第260页。
② 〔美〕约翰·罗尔斯：《正义论》，何怀宏等译，中国社会科学出版社，2009，第161页。

社会关系，人们彼此无法得到权利的认可，那么，我们也不能成为自律的，也即不能参与共同立法，并在这一立法中肯定自己是自律与自由的存在者。所以罗尔斯的道德主体理念与良序社会共存，个人如果脱离与他人、社会的关系，无法作为一种道德的人存在。

这与康德的人性观有本质的区别。奥利弗·约翰逊在犀利地指出罗尔斯的个体观念是非康德式的，因为罗尔斯所使用的理性概念是一种工具理性，这恰恰是康德的道德理性概念的对立面，也就是说罗尔斯的起点是任意性（虽然无知之幕屏蔽了这种特殊性），而非作为康德道德理论基石的善良意志①；只有后者才直接地、从根本上体现了意志的自由，即道德的自律，前者仍然有他律的倾向，因为其构成性动机是欲望而非纯粹理性的原则自身。所以，罗尔斯虽然指出人是一种平等的自由的理性存在物，但从本质上区别于康德的纯粹道德意义上的人性观，可以将罗尔斯的主体观视为一种弱意义上的康德式的人性观。

在《正义论》最后一节中罗尔斯对证明进行总结，他没有概括正义理论的内容，而是以一些对他的论证的评价和他对此的回应作为全书的结束。与本文讨论的主题直接相关的批评是罗尔斯的正义理论中的"人"是一种形而上学的、孤立的人。② 罗尔斯认为，这种批评是误解了"相互冷淡"这一假设造成的偏见，所谓相互冷淡是指在原初状态中人们被假定为对相互利益不感兴趣的状态，这种预设是为了排除利他主义作为行动动机的可能，但这也并不意味着这种个人观就是利己主义的。相互冷淡与无知之幕的结合达到了跟慈善一样的结果，因为这种条件的结合迫使身处无知之幕中的各方出于理性的慎思在保障自身善的同时也蕴含着对其他所有成员的利益的考量。③ 所以，这种相互冷淡的预设不但不会引出在日常生活中人们同样互不关心的结论，而且兼顾了各方的多元的善要求，由此批评罗尔斯的"人"的观念是孤立的、抽象的观点就失去了适切性。

以上，本文分别从罗尔斯在《正义论》中已经论述过的对多元善的兼容、对完善论的拒斥、与抽象人性观的区别等方面回应对罗尔斯所主张的正义与善的契合关系的批驳，重申为正义与善的一致性论证辩护的必要性和可能性。

---

① Oliver A. Johnson, "The Kantian Interpretation," Ethics 85 (1974): 64.
② 〔美〕约翰·罗尔斯：《正义论》，何怀宏等译，中国社会科学出版社，2009，第462页。
③ 〔美〕约翰·罗尔斯：《正义论》，何怀宏等译，中国社会科学出版社，2009，第115页。

结　语

正义与善的概念及其关系问题一直都是伦理学家们所关注的焦点，由此可以区分出义务论和目的论两种不同的理论形态，但是不论何者，都将正义与善分离开来进行考察。与之相比，罗尔斯的正义理论更进一步，他首先肯定了正当的优先性，同时纳入了对善观念的全面考量。把握正义与善的这种一致性关系对于良序社会的稳定持存具有重要意义。本文从罗尔斯的正义和善的一致性论证的原因、前提条件、论证过程、批评及辩护等步骤分析了正义与善的契合性关系。就罗尔斯的理论体系而言，一致性论证的保留对于构建完整的正义理论而言是不可或缺的部分，并且基于一致性论证成立的良序社会的稳定性的证成保证了罗尔斯正义理论的实践意义。就政治哲学整体而言，罗尔斯对正义与善的一致性论证的系统阐释才真正说明了两者在良序社会的背景下的契合性关系。正义作为调节原则，对于实现个体的善与共同体的价值具有正向的促进作用。由此得证在良序社会的背景下，正义与善是一致的。虽然，罗尔斯的一致性论证遭到多方批评，但是正如本文所示，从罗尔斯的正义理论中可以找到应对这些批评的有力辩护，从而达到本文保留一致性论证的研究目的。

按照罗尔斯的说法，他的理论主要是理想性质的，一致性论证的范围仅限于一种良序社会的环境中，因此被称为一种乌托邦理想。但这并不是那种只能存在于任意的幻想中的乌托邦理论，而是一种证明方法和标准。他的这种理想的正义观念为非理想的正义理论提供构建和实践的依据，指导我们应对现实的不正义。[①] 虽然一致性论证是在良序社会这种有限的、理论层面上对正义与善的契合性的说明，但是这种契合性的成立却为一种正义社会存在的可能性和稳定性提供了最为合理坚实的基础。

罗尔斯在第三编对善观念的说明和对正义与善的一致性的论证，使罗尔斯的正义理论得以从那种冷冰冰的思辨中抽身，将思想的力量投注到紧迫的现实道德问题上，以求妥善处理多元的善理念并存的社会事实，为公平的正义社会提供一个合适的、能最广泛地为人接受的道德基础，发掘社

[①] 何怀宏：《公平的正义——解读罗尔斯〈正义论〉》，山东人民出版社，2002，第13～14页。

会的活力。罗尔斯的公平的正义理论中表现出的全面性和综合性的倾向，使他的理论具有很强的伸缩性和巨大的回旋余地，成为20世纪政治理论的高峰。① 罗尔斯所关心的"一个因各种互不相容但却合乎理性的宗教学说、哲学学说和道德学说而产生深刻分化的"社会，不是已逝的世界，也不是未来的生活，恰是你我所身处的社会。罗尔斯在一致性论证中证明的正义与善的契合性，为那些迷失于多元的完备性学说之间的人提供了调节自己的合理生活计划和建构良序社会的依据与方法，使其肩负起政治哲学的时代使命。

---

① 何怀宏：《公平的正义——解读罗尔斯〈正义论〉》，山东人民出版社，2002，第2页。

中国伦理思想

"责任"视域下的"心"与"物"

——王阳明"心外无物"新解

黄 瑶*

摘 要 "心外无物"是王阳明哲学里的重要命题。在"责任"视域之下,"心"指的是具有主体自觉性的道德本心,"物"指的是生发于道德本心之上的"道德行为",主动担当的道德行为必然能够搭建起自我与他者的桥梁,构筑自我之于他者的责任,"心"与"物"在责任的黏合下交融贯通,最终形成和谐的道德关系。

关键词 心外无物 心 物 责任

"心外无物"学说在阳明哲学中有着至关重要的地位,学界对"心外无物"的讨论层见叠出。李瑞全、周琬琳认为,"阳明之提出心外无物,是良知教的理论上所蕴含的一个论题,但它的证成也可以说是阳明学,以至正统儒学,是否合理或有违常识的一块试金石"。① 可见"心外无物"命题的重要性。但是目前学界对"心外无物"的诠释主要集中在两个方面:一是以"心外无物"为依据批判王阳明的主观唯心主义倾向;二是将这一命题与现象学的意向性构造相提并论。这样的做法未免陷入简单化流弊,造成对"心外无物"命题的误读。事实上,阳明的"心外无物"说较之其他宋明儒学的进展,正在于将心物交融贯注于自我对他者的责任之中。本文力求回归"心外无物"的原初内涵,深挖阳明思想中以仁爱关怀为主旨、以天下兴亡为己任的责任担当意识。

---

* 黄瑶(1988~),女,南京师范大学公共管理学院中国哲学专业博士研究生。
① 李瑞全、周琬琳:《王阳明心外无物之旨——当代新儒学与江华学派之诠释》,《鹅湖月刊》总第418期,第3页。

一　心：自觉承担

要想全面地把握"心外无物"命题，首先需要对"心"的内涵做出准确的界定。

《说文解字》对"心"是这样描述的："人心，土藏，在身之中。象形。博士说以为火藏。凡心之属皆从心。""心"的本义虽是心脏，但由于其处于身躯的中央位置，古人多将"心"引申为思维的器官，把思想、感情、意念、性情、谋划、思虑等都说成"心"。儒家哲学沿用了"心"的这种引申含义，其对"心"的考察可以追溯到孟子的"四端说"。孟子指出："恻隐之心，仁之端也；羞恶之心，义之端也；辞让之心，礼之端也；是非之心，智之端也。"[1] 在这里，孟子认为"仁""义""礼""智"都是由"心"生发构成的，"心"被赋予了本体论意义，成为德性生发的源泉。同时，孟子进一步指出："仁，人心也；义，人路也。舍其路而弗由，放其心而不知求，哀哉！人有鸡犬放，则知求之；有放心，而不知求。学问之道无他，求其放心而已矣。"[2] 所谓"放心"就是要把丢失的善心找回来。在孟子看来，人们在现实世界往往会迷失自己的道德本心，"求放心"的过程就好比将蒙尘的玻璃擦拭干净，是一种修心的工夫。这种修心的工夫发展到陆九渊那里就是"悟"。陆九渊曾自述其学术渊源，称"因读《孟子》而自得之"[3]。"心即理"的命题最早就是由陆九渊提出来的。陆九渊说："盖心，一心也，理，一理也，至当归一，精义无二，此心此理，实不容有二。故夫子曰：'吾道一以贯之。'孟子曰：'夫道一而已矣。'又曰：'道二，仁与不仁而已矣。'如是则仁，反是则为不仁。仁即此心也，此理也。"陆九渊还说："四端者，即此心也，天之所以与我者，即此心也。人皆有是心，心皆具是理，心即理也。"[4] 显然，陆九渊的"心即理"，从根本上把一切道德原则与价值建立在道德本心之上，"心"是"理"的本体。他认为人们只要"切己自反"就可以获得先天的道德本心。他说："女耳自聪，目自明，事父自能知孝，事兄自能知弟，本无欠阙，不必他

---

[1] 《孟子》，弘丰译，中国文联出版社，2016，第68页。
[2] 《孟子》，弘丰译，中国文联出版社，2016，第261页。
[3] 《陆九渊集》，中华书局，1980，第471页。
[4] 《陆九渊集》，中华书局，1980，第4~5页。

求,在自立而已。"① 在陆象山看来,人人皆有与理同一之心,即所谓"本心",只要秉持本心,就自然能够分辨是非善恶。当"本心"被遮蔽,象山主张采取类似于禅宗"顿悟"的方式回归"本心"。正如《宋元学案》所记载的:陆象山至富阳,夜集双明阁,象山数提"本心"二字。先生问:"何谓本心?"象山曰:"君今日所听扇讼,彼讼扇者,必有一是,有一非。若见得孰是孰非,即决定为某甲是,某乙非,非本心而何?"先生闻之,忽觉此心澄然清明,亟问曰:"止如斯耶?"象山厉声答曰:"更何有也?"先生退,拱坐达旦,质明纳拜,遂称弟子。② 在拱坐达旦之间,陆象山完成了领悟本心的过程。这种极简的"顿悟"方式是朱子极力反对的。

与陆九渊"切己自反"的内寻路径不同,朱熹主张通过读书等穷理的工夫来实现"心"的回归。朱子说:"人之一身,知觉运用莫非心之所为。"③ "心者人之知觉,主于身而应事物者也。"④ 在这里,朱子将"心"与"知觉"等同起来,使"心"在朱子哲学中丧失了本体上的意义,成为形而下的经验范畴。正因此,陈来才会认为朱子对"心"的论述"全面继承了中国古代哲学,特别是荀子关于心的见解"。⑤ 荀子是这样描述"心"的:"心者,形之君也,而神明之主也;出令而无所受令。自禁也,自使也;自夺也,自取也;自行也,自止也。故口可劫而使墨云,形可劫而使诎申,心不可劫而使易意。是之则受,非之则辞。故曰:'心容,其择也无禁,必自见,其物也杂博,其情之至也,不贰。'"⑥ 可见,荀子的"心"被赋予了认识论的功能,"心"就是"认知心",它可以认识一切事物,并且对所认识的事物进行"自夺"与"自取",这与朱子所主张的"心"是不谋而合的。这样的诠释虽然能够避免像陆九渊一样将道德本心简单化,却容易将"心"引入片面寻求认知工夫的旋涡。对外在穷理的强调让富含认知意义的"心"脱离主体意志的自主选择。外在的知识与规范变成了"心"的桎梏,"心"不再能自发地选择道德行为,而只能头戴

---

① 《陆九渊集》,中华书局,1980,第399页。
② 黄宗羲、全祖望等:《宋元学案》,中华书局,1986,第74页。
③ 《朱子全书》,上海古籍出版社、安徽教育出版社,2002,第1419页。
④ 《朱子全书》,上海古籍出版社、安徽教育出版社,2002,第3108页。
⑤ 陈来:《朱子哲学研究》,三联书店,2010,第257页。
⑥ 王先谦:《荀子集解》,中华书局,1988,第398页。

"知识"的紧箍咒模仿自认为正当的道德行为。当一种行为不是源于内心的选择,那么它就仅仅是一种伪装和假面,行为本身也就丧失了真正的道德价值。事实上,朱子对"心"的这种解释,也正是朱子后学中产生以认知工夫代替道德修养倾向的原因。

如果说陆九渊以"悟"归"心"的方式过于简单,朱熹以"认知"释"心"的理解流于片面,那么王阳明对"心"的诠释恰恰是博采众长,择善而从。阳明心学的形成,是在王阳明经历了"读书学圣贤""庭前格竹""龙场悟道"等百死千难之后的有感而发,当时朱子学定于一尊,象山心学日渐式微,由于对程朱理学格物致知的失望,"龙场悟道"之后王阳明提出:"知圣人之道,吾性自足,向之求理于事物者误也。"① 至此,奠定了王阳明"心即理"的心学宗旨,正如《传习录》里所记载的:"澄问:'仁、义、礼、智之名,因已发而有?'曰:'然。'他日,澄曰:'恻隐、羞恶、辞让、是非,是性之表德邪?'曰:'仁、义、礼、智也是表德。性一而已;自其形体也谓之天,主宰也谓之帝,流行也谓之命,赋于人也谓之性,主于身也谓之心。心之发也,遇父便谓之孝,遇君便谓之忠,自此以往,名至于无穷,只一性而已。犹人一而已;对父谓之子,对子谓之父,自此以往,至于无穷,只一人而已。'"② 由此看出,在王阳明眼里,"心"指的是先天的道德本心,德性的散发是自然而为的,所谓"遇父便谓之孝,遇君便谓之忠"正是这个道理。这与朱子的"认知心"完全不同,可以说"心即理"的提出有力地冲击了程朱理学"析心与理为二"的观点,标志着王阳明与程朱理学的分道扬镳。如此,王阳明将"圣人之学,心学也"作为对儒家道统的本质理解时,才会将陆九渊置入其中,而将朱子排除在外。

虽然阳明与象山都主张"心即理",认同"心"的本体论意义,坚持人人具有先天的道德本心,但是由于对修心工夫的认知不同,阳明之"心"与象山之"心"最终也大相径庭。象山认同以"静悟"的方式实现心理合一,虽然这在一定程度上能够克服逐外寻理的弊端,但是终会"流入空虚,为脱落新奇之论"。为了避免陷入释老之学,王阳明提出了"致良知",所谓"良知"便是道德本心,而"致"与陆九渊的"顿悟"不

---

① 《王阳明全集》,上海古籍出版社,1992,第 1228 页。
② 《王阳明全集》,上海古籍出版社,1992,第 17~18 页。

同，它是一种渐进扩充的修养工夫。王阳明指出，"良知之在人心，不但圣贤，虽常人亦无不如此"①，只是"常人不能无私意障碍，所以须用致知格物之功胜私复理"②。可见，阳明认为人人皆有良知，但常人的良知总是被私意所蒙蔽，所以我们必须运用"致"的工夫追寻良知。他认为"致良知"的工夫"只是各随分限所及。今日良知见在如此，只随今日所知扩充到底；明日良知又有开悟，便从明日所知扩充到底"。③ "致吾心之良知于事事物物"，当"良知"充盈圆满之时，那么便能够使"事事物物各得其理"④，这便是"致知格物"。可见，阳明所主张的"致"是向内追寻本有之良知，这与朱熹的"格物致知"主张"求理于外"有本质的不同。

综上所述，王阳明完成了"心"的本体论转向，"心"的内涵在阳明哲学里摆脱了外寻认识的偶发性，扩充进了丰富的责任意蕴。在王阳明眼里，"心"既不是朱熹的认识论意义上的认知心，也不再是陆九渊哲学里单纯靠"悟"就可以获得的先天自得。一方面，王阳明肯定了作为道德本心的"心"的本体论意义，认为人人皆有良知，这就为德性的生发提供了可能。人们先天具有道德本心，才能为道德行为提供有力抓手，才能让主体责任拥有萌芽的温床，最终实现德性的回归。另一方面，王阳明改变了以往以外物寻理的实践方式，主张人们把道德实践用功的地方从"外"转向"内"，在自我的身心上用功，这样的做法，能够有效地树立人们在道德实践中的主体性与自觉性，从而为主动担当提供理论保障。可以说，王阳明在前人的基础上完成了"心"的重构，"心"成为责任的发源地，自觉承担的责任观在"心"的加持下成为可能。

二 物：连接他者

如果说对"心"的内涵的重构为阳明哲学里的责任伦理生发提供了必要条件，那么对"心外无物"的进一步阐释便为阳明责任观的树立提供了充分条件。上文我们已经对"心"的含义进行了全面的把握，所以想要进一步理解"心外无物"，就要准确理解阳明所述之"物"。

---

① 《王阳明全集》，上海古籍出版社，1992，第69页。
② 《王阳明全集》，上海古籍出版社，1992，第6页。
③ 《王阳明全集》，上海古籍出版社，1992，第96页。
④ 《王阳明全集》，上海古籍出版社，1992，第45页。

阳明最初提出"心外无物"的命题是在他与徐爱的一段对话中。

> 爱昨晓思"格物"的"物"字即是"事"字，皆从心上说。先生曰："然。身之主宰便是心，心之所发便是意，意之本体便是知，意之所在便是物。如意用在于事亲，即事亲便是一物；意在于事君，即事君便是一物；意在于仁民爱物，即仁民爱物便是一物；意在于视听言动，即视听言动便是一物。所以某说无心外之理，无心外之物。"①

从中我们可以看到，王阳明认为"物"就是"事"，那么何谓"事"？在《答顾东桥书》中，阳明曾将"事"与"意"联系起来。

> 心者身之主也，而心之虚灵明觉，即所谓本然之良知也。其虚灵明觉之良知，应感而动者谓之意。有知而后有意，无知则无意矣。知非意之体乎？意之所用，必有其物，物即事也。如意用于事亲，即事亲为一物；意用于治民，即治民为一物；意用于读书，即读书为一物；意用于听讼，即听讼为一物：凡意之所用无有无物者，有是意即有是物；无是意即无是物矣。②

可见阳明认为体现"意"的地方就是"事"，在这里"意"便具有了至关重要的作用，因为在阳明看来，只有包含"意"的"事"才能被称为"物"，因此，要想知道"事"的含义就必须对"意"进行把握。在这里，阳明认为"心之所发便是意"，那么"意"必然是一个已发的范畴，是在先天道德本心的发端下的经验之"意"，它生发于德心善性，又体现着德性的光辉，正如阳明所说："《中庸》言'不诚无物'，《大学》'明明德'之功，只是个诚意，诚意之功，只是个格物。"③ 由此看出，阳明所阐发的"意"便是正心诚意，这与《大学》里"欲修其身者，先正其心；欲正其心者，先诚其意；欲诚其意者，先致其知；致知在格物"④ 是相互契合的。

---

① 《王阳明全集》，上海古籍出版社，1992，第6~7页。
② 《王阳明全集》，上海古籍出版社，1992，第53~54页。
③ 《王阳明全集》，上海古籍出版社，1992，第7页。
④ 《大学·中庸》，高山译注，中国文联出版社，2016，第11页。

既然"意"指的是"诚意",那么在阳明看来,体现诚意之事便是物,所以阳明才会说:"如意用在于事亲,即事亲便是一物;意在于事君,即事君便是一物;意在于仁民爱物,即仁民爱物便是一物;意在于视听言动,即视听言动便是一物。"① 在这里,"事亲""事君""仁民爱物""视听言动"都指的是道德行为,所以"事"必然具有"道德行为"这一内涵,如上文所述,阳明认为"物"等同于"事",所以,阳明眼中的"物"便是指真心诚意、毫无矫饰的"道德行为"。这种饱含"诚意"的道德行为当然不是信手拈来、随意生发的,这样的道德行为在阳明看来必然是萌芽产生于良心善性之上的。也就是说,所谓"心外无物"其根本来说就是强调"心"在道德实践中的自觉,任何具体的道德实践都不能脱离道德主体的道德本心而单独存在,这也就明确了人在道德实践中的主体性,人们必须为自己所发动的道德行为负责。

由此我们可以知道,"心外无物"之"物"在阳明眼里包含着"意"和"事"这两层意蕴,这样的"物"既不是我们通常所说的自在之物,也不是作为道德行为的对象之物,而是指由道德本心发动而来的,诸如"事父""事君""治民"等道德实践的行为之"物"。我们都知道,在现实世界中,自我与他者构成了意义的主体,但如果这里的自我与他者是相互孤立的,仅仅构成一幅"鸡犬之声相闻,老死不相往来"的图景,那么这样的世界一定是死气沉沉、没有活力的,意义的进入必定是在自我与他者发生关系之后才会发生的,正如杨国荣教授所说:"意之在物既是一个意向(意指向对象)的过程,又是主体赋予对象以意义的过程。"② 林丹教授也认为:"'心外无物'之说,我们首先可以注意到,它并不是要论述到底有无'客观存在'的'外物'、'对象',它的思想意义首先在于要求我们不执着于没有真切意义的'外物';而一个真正的'意义世界'必是与吾心切己相关的、相互交融、相生互构之中的世界。"③ 在这样的"意义世界"里,当人们感悟自我的道德本心,自然能够触动悲天悯人的情怀,从而主动为他者承担道德责任,最终建立起自我与他者紧密的道德关系。正因为如此,"心外无物"之"物"便构成了连接自我与他者的黏合剂,在道德

---

① 《王阳明全集》,上海古籍出版社,1992,第 54 页。
② 杨国荣:《心学之思——王阳明哲学的阐释》,中国人民大学出版社,2009,第 72 页。
③ 林丹:《境域之中的"心"与"物"——王阳明心物关系说的现象学分析》,《江苏社会科学》2010 年第 2 期。

践履之中实现责任的担当。

在这里,我们看到,"物"的含义被进一步扩充了,当自我以道德行为的方式作用于对象之物,自我与对象之物的道德关系也随即确立,"物"被赋予了第二层含义——"关系之物"。杨国荣教授就曾指出,王阳明在构造其宇宙图景时是以"人与对象的关系为出发点"①的,因此,阳明"心外无物"命题的宗旨反映的就是在道德实践中作为主体的自我与对象之间的道德关系。在这样的关系之中,阳明所关注的不是道德对象的自然存在,而是道德对象之于道德主体的道德关系的存在。就道德意义来说,阳明通过"心外无物"告诉我们的是,自我与对象之间是"关联性"的存在,脱离了这种道德之"事"的关联性,自我与对象在意义上就成为"不存在"之物了。"物"在这个过程中不仅是行为的过程,更是主体赋予道德对象以意义的过程,正如当我们无作为地面对"亲(父母)""君""民"时,"亲""君""民"仅仅是有别于自我的无差别的他者,只有当心体指向这些对象时,他们才能作为伦理关系上的道德对象呈现于主体面前,亦即对主体来说,这些对象才能真正获得"亲""君""民"的意义。当然,就以事父、事君、治民来讨论"心外无物"来说,阳明的对象之物是与自我同类的"他者",架构的是自我与他者之间的道德关系,这样的道德关系的建立彰显了阳明强烈的道德意识和责任担当,成为联结自我与他者的桥梁。

三 心与物一:为他者负责

通过对"心外无物"里的"心"与"物"进行分析,我们可以看到,王阳明一方面赋予了"心"以本体论意义,肯定了"心"的主体性与自觉性;另一方面认为"物"是由"心"所自然发动的,这个"物"不是独立于"心"之外的自然之物,而是在道德本心的规范指导下生发的道德实践与道德关系。从这个意义上来说,具有自觉意识之"心"与主动承担之"物"是合二为一的,正如《传习录》所载:"良知头脑,是当去朴实用功,自会透彻。到此便是内外两忘,又何心事不合一?"②可见,阳明主张

---

① 杨国荣:《心学之思——王阳明哲学的阐释》,中国人民大学出版社,2009,第71页。
② 《王阳明全集》,上海古籍出版社,1992,第105页。

破除内外之分，物我之别，达到心体与外物的融合，那么这种融合何以实现呢？

杨国荣教授认为，"心"与"物"的融合是在意向中实现的，他说："王阳明以意向活动联结心与物，从存在的超越考察转向了意义世界的构造，其思路在某些方面与胡塞尔有相近之处。"所谓意向性是指"意识对被意指对象的自身给予或自身拥有（明见性）的目的指向性"。① 简而言之，意向活动就是将外物化为意识的过程，胡塞尔曾指出，"任何意识都是对某物的意识"②，这句话奠定了胡塞尔意向性现象学的基础。在胡塞尔看来，意识的本质就是用意识活动去消融外在之物，从而使整个外在对象变成了意识世界的存在。

如果仅仅从字面意思去理解，我们很容易将王阳明的"心外无物"与意向活动等同起来，正如很多学者在提起"心外无物"时必然想起著名的"南镇看花"：

> 先生（王阳明）游南镇，一友指岩中花树问曰："天下无心外之物，如此花树在深山中自开自落，于我心亦何相关？"先生曰："你未看此花时，此花与汝心同归于寂；你来看此花时，则此花颜色一时明白起来，便知此花不在你的心外。"③

这段文字被看作证明"心外无物"为意向活动的有力证据，但是我们仔细分析就能窥见其中端倪。山中自开自落之花是独立于主体的自在之物，就自在之物而言，山中花树自然与心体无关，但花的颜色是否明白是相对于观花主体来说的，也就是说一旦涉及此花的颜色，那么必然与心体的审美相关。正如马克思所说，"对于没有音乐感的耳朵说来，最美的音乐也毫无意义"④，因此，只有当自在之物与具有审美能力的主体相遇，自在之物才能被赋予意义。"南镇看花"是王阳明为了说明"心外无物"而引述的例子，人们很容易简单地认为其意义就在于证明阳明是所谓主观唯心主义者。但是通过以上分析，我们就会明白，阳明为了让"心外无物"

---

① 倪梁康：《胡塞尔现象学概念通释》，三联书店，2007，第79页。
② 胡塞尔：《逻辑研究》，倪梁康译，上海译文出版社，2006，第191~192页。
③ 《王阳明全集》，上海古籍出版社，1992，第107~108页。
④ 马克思：《1844年经济学哲学手稿》，人民出版社，1985，第82页。

更加浅显易懂，在这里对"心外无物"的本意进行了隐喻，"心外无物"在这个故事里构筑的是一个具有审美意义的世界，"心"与"物"建立的是审美关系，"物"并不是单纯的自在之物，也不是由自在之物幻化的意识，而是一种审美活动，这与阳明的"知行合一"也是一脉相承的。

所以，仅仅将阳明的"心外无物"看成意向活动，显然是不恰当的，这不仅背离了阳明一贯强调的"事上练"的主张，也容易流入虚禅的境地。在这条路走不通的情况下，有学者进一步提出，王阳明的"心"与"物"最终交融于道德关系之中，比如单虹泽就认为，"阳明思想的核心就是建立在主体间交往基础上的万物一体之学"①。这种交往包含着推己及人的"移情"意蕴，具有普遍的良心善性。经由上文的分析，我们知道阳明赋予了"心"以本体论意义，主张通过内寻的路径去求得先天的道德本心，在道德本心的发端之下，主体必然会主动践履道德行为，从而构建起自我与他者和谐的道德关系。似乎"心外无物"最终的落脚点便是建立起自我与他者之间的道德关系。如果隐去其他分析，仅仅认为"心外无物"最终体现的就是一种道德关系，难免会落入以偏概全的窠臼，从而忽略"心外无物"之中所体现的"心"的自觉性与"物"的实践性。

综上所述，"心"与"物"的交融必定包括两个方面的意蕴：一是体现作为道德本体之"心"的主体性和自觉性；二是蕴含作为行为之"物"的实践性和交往性。在笔者看来，同时具有这两方面含义的便是责任，是"生于忧患死于安乐"的忧患意识，是"天将降大任于斯人也"的担当情怀。

按照《说文解字》所载，"责，求也，从贝朿声"，"任，符也。从人壬声"。也就是说，"责"意为要求，"任"意为委任、担当。据此，吴先伍教授认为，责任即"将他人的要求担当起来"②。正如美国心理学家弗洛姆（Erich Fromm）所说，"责任并不是外在强加的义务，而是一件完全自觉的行动，是我另一个关心的生命愿望的答复"③。法国哲学家勒维纳斯也认为，"回应他者就是对他者负责"④。在王阳明对"心外无物"的阐释

---

① 单虹泽：《"万物一体"视域下的阳明心学主体交往理论》，《贵州师范大学学报》2018年第2期。
② 吴先伍：《超越义务：儒家责任伦理辨析》，《道德与文明》2018年第3期。
③ 弗洛姆：《爱的艺术》，李健鸣译，商务印书馆，1987，第21页。
④ 吴先伍：《超越义务：儒家责任伦理辨析》，《道德与文明》2018年第3期。

中，我们看到的正是自我对他者的主动回应，这种回应也就是自我作用于他者的"道德行为"，是"用在于事亲""用在于事君""用在于仁民爱物"等的积极担当。

对于这种责任担当，王阳明是具有自觉意识的。纵观阳明的一生，无论是"读书学圣贤"还是"庭前格竹"，无论是"谪官龙场"还是"龙场悟道"，无论是"教化讲学"还是"天泉证道"，无论是"破除贼寇"还是"平定靖乱"……阳明用自己的道德践履为责任担当作最好的注脚。在《答聂文蔚书》中，阳明写道："古之人所以能见善不啻若己出，见恶不啻若己入，视民之饥溺犹己之饥溺，而一夫不获，若己推而纳诸沟中者……仆诚赖天之灵，偶有见于良知之学，以为必由此而后天下可得而治。是以每念斯民之陷溺，则为之戚然痛心，忘其身之不肖，而思以此救之，亦不自知其量者。天下之人见其若是，遂相与非笑而诋斥之，以为是病狂丧心之人耳。呜呼！是奚足恤哉？吾方疾痛之切体，而暇计人之非笑乎！"[①] 此番肺腑之言，字字珠玑，无不展示着阳明对于百姓疾苦的关切与担忧。这种悲天悯人的情怀是道德本心的主动生发，是道德践履的自觉担当，也让我们看到，在"责任"的视域之下，"心"与"物"完美交融、合二为一。

---

① 《王阳明全集》，上海古籍出版社，1992，第90页。

道德自发性与道德行动的缘起、辨析与联结*
——基于王阳明良知与见闻之知的视角

季轩民**

摘　要　王阳明基于良知与见闻之知的本质区分，对道德自发性与道德行动的关系进行了说明，两者属于实践逻辑关系。良知具有道德自发性，见闻之知属于道德行动，通过触动良知的道德自发性来促动道德行动，从而为道德自发性与道德行动的联结奠定实践基础；由此进一步考量道德自发性与道德行动的关系，并根据"知行合一"展开讨论。王阳明"致良知"思想蕴含了道德自发性与道德行动的双向统一，道德自发性是良知的本身属性，道德行动反映了见闻之知的作用，两者联结便是"致良知"的过程。

关键词　道德自发性　道德行动　良知　见闻之知　知行合一

从伦理学及现代西方心理学来看，道德具有自发性、自律性、动机性等特征，据此研究道德本体是实现人类合乎德性发展的根本途径。本文主要以王阳明的良知（也作德性之知）和见闻之知为切入点，探究道德自发性和道德行动的缘起、辨析与联结之道。德性之知与见闻之知的分殊最早可追溯到北宋的张载，他认为见闻之知是德性之知"德盛仁熟"的结果，

---
*　项目基金：全国教育科学规划 2018 年度国家一般项目"教育现代化进程中学校变革的伦理追求与实践路径"（项目编号：BEA180113）；中央高校基本科研业务费资助（创新资助项目）"师德建设中的教师良知研究"（项目编号：2018CXZZ046）。

**　季轩民（1991~），男，华中师范大学道德教育研究所博士研究生，主要从事道德教育研究。

"见闻之知,乃物交而知,非德性所知。德性所知,不萌于见闻"①。之后,程伊川、朱子分别提出不同看法。王阳明哲学思想中对于良知与见闻之知的关系的探讨是非常重要的一部分,在其著作和语录中都可以找到论证。但在王阳明弟子及同时代学者看来,王阳明并没有解决良知与见闻之知的关系,相反,王阳明似乎想消弭两者之间的区别。这一点在瑞士学者耿宁那里得到了印证,他指出王阳明有意于将见闻之知统摄于良知之中。② 在王阳明给欧阳崇一的信中提到"良知之外,别无知矣"。③ 王阳明认为,良知导致了见闻的产生,并将良知与见闻的关系比喻为树枝与树干的关系:譬之树木,这诚孝的心便是根,许多条件便是枝叶,须先有根,然后有枝叶,不是先寻了枝叶,然后去种根。④ 故在王阳明看来,"良知"与"见闻之知"属于实践逻辑关系。

作为王阳明的弟子,欧阳崇一、王龙溪并不同意王阳明对于这一命题的解释,但王阳明的观点无疑奠基了道德自发性与道德行动的关系。因此,本文基于良知与见闻之知的视角,聚焦道德自发性与道德行动的逻辑关系研究。

一 道德自发性与道德行动的肇始之源

自发性是道德的一个重要特性,而自发性是如何产生的,这一问题可以从孟子、王阳明那里寻求答案。在传统伦理思想史上,关于道德哲学的问题都离不开对于人性的探讨。孟子基于"性善论"的观点,提出人先天具有"四心",即恻隐之心、羞恶之心、辞让之心、是非之心,并认为这"四心"是"良能良知",属于"不学而能,不学而知"的部分。孟子举"孺子将入于井"的例子,来证实人先天具有"善端"的观点。就其功能而言,善端与康德所谓的善良意志具有一致性,都是一种道德意识。但这种意识的产生并不是主体为了完成某种道德义务而产生的意志或动机,而

---

① 林乐昌:《正蒙合校集释》,中华书局,2012,第374页。
② 在耿宁看来,王阳明是把见闻之知包含在良知之中,致良知导致了见闻之知,故而说王阳明似乎要消除两者之间的差别。参见〔瑞士〕耿宁《心的现象——耿宁心性现象学研究文集》,商务印书馆,2012,第298页。
③ 王阳明:《传习录注疏》,邓艾民注,上海古籍出版社,2015,第144页。
④ 王阳明:《传习录注疏》,邓艾民注,上海古籍出版社,2015,第9页。

实质上是主体在遭遇孺子入井这一情境时自然而然、不由自主地产生的。①但前者是自发性,后者是意向性。王阳明承袭了孟子的观点,并在此基础之上形成了一套完整的关于"良知"的道德哲学体系。王阳明认为良知最先呈现的是明辨是非善恶的能力,即"是非之心不虑而知,不学而能,所谓'良知'也"②。王阳明认为良知是一种心的本体,所谓"心者,身之主也,而心之虚灵明觉,即所谓本然之良知也"③。又说:"良知者,心之本体,即前所谓恒照者也。"④ 因此,有学者将王阳明看作唯心主义者,这一点并不准确。王阳明所说的心之本体实际上指的是道德本体,而这种道德本体实际上指的就是良知。人之所以具有分辨是非善恶的能力,这一切便是出于人人皆有良知,"人人皆可为尧舜"。由此可以看出,王阳明将良知看作道德的根本,是有理性依据的。

良知的自发性是否存在,是我们研究道德自发性的起点。每个人在面临道德问题时都具有自身的是非善恶标准,以及自身的道德判断能力。虽然在今天看来,我们无法否认人的道德判断不是源于经验所得,但当没有先例或在缺乏经验的情况下,我们也不能否认这是道德判断时所存在的先天标准。所以王阳明将这一情况看作良知的自发性导致的。王阳明在《答顾东桥书》中写道:"夫舜之不告而娶,岂舜之前已有不告而娶者为之准则,故舜得以考之何典,问诸何人,而为此邪?抑亦求诸其心一念之良知,权轻重之宜,不得已而为此邪?"⑤ 王阳明通过舜、武王的例子强调这是良知的自发性作用导致的,在缺乏准则或经验的条件下,通过权衡利弊进行道德判断。在王阳明看来,良知的自发性是一种客观事实。基于此,道德同样具有自发性。

如果道德存在自发性,那是否仅仅依靠良知的自发性就可以做出正确的行动或道德行为?或者说良知自发性能否催生出道德行动或道德行为?在这里我们先区分清道德行动与道德行为。有学者认为,道德行为就是出于遵循规范而做出的,并不过多地探究伦理规范的价值是否合人性,是否

---

① 江求流:《因情以知性:朱子的性情之辨及其对人性实在性的论证》,《陕西师范大学学报》(哲学社会科学版)2018 年第 2 期。
② 王阳明:《传习录注疏》,邓艾民注,上海古籍出版社,2015,第 159 页。
③ 王阳明:《传习录注疏》,邓艾民注,上海古籍出版社,2015,第 104 页。
④ 王阳明:《传习录注疏》,邓艾民注,上海古籍出版社,2015,第 128 页。
⑤ 王阳明:《传习录注疏》,邓艾民注,上海古籍出版社,2015,第 108 页。

合生活的目的，也不过多地探究行为主体的主观动机，对规范持有的心理态度。① 而道德行动不同于此。赵汀阳从目的论的角度将人的活动划分为行动原则和行为原则。行动原则是一个质量原则，它要求的是合目的性，而目的性意味着追求卓越德性。行为原则却是一个标准化原则，它要求的是合乎规范。② 对比发现，道德行为可能仅仅是符合规范，而道德行动则是一种符合德性的活动，是一种善。

在伦理学研究中，关于道德行动的研究必然要追溯到道德行动的动机。无论是亚里士多德、康德、休谟，还是孔子、孟子、王阳明，都要为道德行动寻找一定的理由或动机。以休谟为代表的情感主义者认为，道德行动受人类的情感影响，人类先是通过自己的情感认同再做出合乎道德的行动。相反，以康德为代表人物的理性主义者则认为，道德行动的本源在于人的理性自律，正是理性克服了人类情感的冲动，规约着人类自身做出道德的行动。③ 而亚里士多德认为道德行动应属于理性与情感的统一，具体的道德行动归于行动者的品质，也就是合乎德性的行动。亚里士多德在这里指的是道德德性，即通过后天反复实践而获得的一种内在品质。在亚里士多德看来，人之所以做出道德行动，主要源于理性与情感的共同作用。

而在中国传统哲学家看来，道德行动的动机不同于西方哲学家，如孔孟、程朱等认为道德行动具有自发性，其自发性源于道德行动的内在动机。孔子、孟子基于性善论认为道德行动的内在动机是"善"，如孔子所说："见善如不及，见不善如探汤。"④ 在王阳明看来，支配道德行动的乃是源于良知存在，包括见闻之知。王阳明说："知是心之本体，心自然会知：见父自然知孝，见兄自然知弟，见孺子入井自然知恻隐，此便是'良知'，不假外求。"⑤ 欲实现孝、悌、恻隐之心，必须做出相应的道德行动。这种道德行动呈现的是一种目的与手段的关系。在王阳明看来，这种道德行动属于见闻之知，也被当作良知之用流行。

综合来看，良知与道德行动的自发性是一体的。良知具有先天的成

---

① 蔡秀梅：《走向"道德行动"》，《教育学术月刊》2013年第7期。
② 赵汀阳：《论可能生活》，中国人民大学出版社，2009。
③ 陈庆超：《道德行动理由论争与亚里士多德的选择模式》，《道德与文明》2012年第6期。
④ 金良年译注《论语译注》，上海书店出版社，2009，第147页。
⑤ 王阳明：《传习录注疏》，邓艾民注，上海古籍出版社，2015，第15页。

分，是心之本体，故而具有先天的自发性。与此同时，良知构成了道德行动的内在动机，是道德行动自发性的根本所在。虽然有追随者提出良知的不同意见："有谓良知落空，必须闻见以助发之，良知必用天理，则非空知。"① 其中王龙溪便支持这种观点。王阳明对此并不以为然，王阳明非常坚定自己的立场，强调："良知只是一个，随他发见流行处，当下具足，更无去来，不须假借。然其发见流行处，却自有轻重厚薄，毫发不容增减者，所谓'天然自有之中'也。"② 所以王阳明肯定"德性之良知非由于闻见耳"③。既然王阳明认为德性之知不需要见闻助发，也就是说道德自发性与道德行动的关系属于先与后的实践逻辑关系。虽然王阳明的这种观点没有得到普遍的认同，但王阳明强调欲求至善，亦须诉诸良知之自发性。所以，良知在传统的标准和众人意见面前表现的自发性不仅仅是个事实问题，更是进一步道德修养的必要条件，或者是道德修养自身的迫切需要。④因此，王阳明要实现良知这种"至善之德"和"天命之性"，就不能忽视良知的自发性，以及对道德行动的动机考量。

二 道德自发性与道德行动的关系之辨

从某种意义上来说，王阳明对良知与见闻做了解释，但王阳明并没有否定见闻之知。尤其是在龙场悟道之后，在修养工夫方面，王阳明思想的发展呈现一种明显的取向转变，即由初期"向内收敛"逐渐转化为"内外合一"⑤。故而王阳明对于见闻之知也有了不同的认识。王阳明指出："良知不由见闻而有，而见闻莫非良知之用，故良知不滞于见闻，而亦不离于见闻。"⑥ 也就是说王阳明依然坚持良知并非由见闻之知导致的，而见闻都是良知的作用。虽然不受见闻之知的限制，但也离不开见闻之知。良知为

---

① 四库全书存目丛书编纂委员会：《四库全书存目丛书·别集类（98集）》，齐鲁书社，1997，第7页。
② 王阳明：《传习录注疏》，邓艾民注，上海古籍出版社，2015，第168页。
③ 王阳明：《传习录注疏》，邓艾民注，上海古籍出版社，2015，第110页。
④ 耿宁、曾亦：《王阳明及其弟子关于"良知"与"见闻之知"的关系的讨论》，《时代与思潮》，学林出版社，2000。
⑤ 刘元青：《王阳明关于良知与见闻之知的分辨与联结》，《南昌大学学报》（人文社会科学版）2015年第6期。
⑥ 王阳明：《传习录注疏》，邓艾民注，上海古籍出版社，2015，第144页。

本体，见闻为发用，这与儒家的"内圣外王"思想是一脉相承的。王阳明的观点在后期之所以有所变化，主要是基于自身在龙场悟道之后的改变。王阳明初期以"静坐澄心"教授弟子，但这种方法不是所有人都行得通。王阳明也意识到了这个问题，所以后来王阳明在《与滁阳诸生书并问答语》中说："吾年来欲惩末俗之卑污，引接学者多就高明一路，以救时弊。今见学者渐有流入空虚，为脱落新奇之论，吾已悔之矣。"①

王阳明被贬龙场的几年，开始对这个问题进行更深层次的体会。正德三年戊辰，阳明谪贬至龙场，次年便于贵阳书院讲学，那时首次提出"知行合一"学说，"是年先生始论知行合一"②。王阳明提出知行合一的时候，自身的思想并不完全成熟，但知行合一对其后期致良知的提出具有促进作用。陈来认为，阳明哲学中，"知"的意义仅指意识或主观形态的知，是一种纯粹主观性的范畴；而"行"则既包括人的一切行为，也包括人的心理行为。③ 显然，王阳明所提出的"知行合一"的哲学意义不同于儒家所主张的道德知识与道德践履的关系。从道德层面来看，"知"是良知，具有道德自发性；"行"不仅仅指道德行为，还包括道德行动。尤其在王阳明与徐爱的对话中具有明显体现，王阳明指出："知是行之始，行是知之成。若会得时，只说一个知，已自有行在，只说一个行，已自有知在。"④ 从这个观点来看，王阳明肯定了知与行的一体性。两者相互包含，知与行的联结便是触动道德自发性促进道德行动的一个动态过程。

"知行合一"的学说在王阳明晚年的时候逐渐发展成为"致良知"的哲学宗旨，也逐渐形成相对完善的哲学体系。王阳明试图用"致良知"的哲学思想来涵盖良知与见闻之知的联结。在王阳明看来，良知与致良知本质意义上并不相同，见闻之知是致良知的必要条件，致良知含有对良知的扩充、发用流行之意，致良知必须通过见闻之知，如果没有见闻之知，致良知就无从谈起。王阳明说："若良知之发，更无私意障碍，即所谓'充其恻隐之心，而仁不可胜用矣'。然在常人不能无私意障碍，所以须用致知格物之功胜私复理。即心之良知更无障碍，得以充塞流行，便是致其

---

① 《王阳明全集》，上海古籍出版社，2017，第811页。
② 《王阳明全集》，上海古籍出版社，2017，第1007页。
③ 陈来：《有无之境——王阳明哲学的精神》，北京大学出版社，2017，第88页。
④ 王阳明：《传习录注疏》，邓艾民注，上海古籍出版社，2015，第11页。

知。"① 致良知是一个过程,是将良知扩充至极,王阳明举"孩提之童"之例,说:"孩提之童,无不知爱其亲,无不知敬其兄。只是这个灵能不为私欲遮隔,充拓得尽,便完全是他本体,便与天地合德。"② 这一点说明孩提之童的爱是良知的本体,但需要通过扩充方能表现出良知的全体。如果呈现这一过程便需要通过"致"这一过程。如何致?则又回到了王阳明所提出的"知行合一"的精神。同样,王阳明晚年虽然仍然提倡知行合一,但反复强调良知人人本有,只是不能致其良知,他的重点不再强调知行本体的合一,而是强调知行工夫的合一,即知之必实行之。③ 如此看来,这是王阳明晚年哲学思想中最重要的一个改变。从目的论视角来看,王阳明所提出的"致良知"的人生目的,就在于克尽人心中的"私欲",使人"心之本体"良知得到"复明",永葆"至善"的美德,即用"良知"之心来规范人的思想和行为,而使人的一切言行都自然地合乎传统伦理道德标准。④ 良知是心之本体,具有道德自发性。致良知则是通过道德行动去激发良知这个本体。致良知的过程体现了道德自发性与道德行动联结的一个过程。王阳明"致良知"的哲学思想有着特定的时代背景,旨在激发人类内心良知,激发人类的道德自发性,从而做出合乎德性的道德行动。那在王阳明看来,道德自发性与道德行动经何种途径进行联结?

三 道德自发性与道德行动的联结之道

人类活动的目的在于灵魂实现合乎德性的活动,道德教育的目的在于培养有德性的人。亚里士多德认为,幸福是一种最高的善,是灵魂的一种合于完满德性的实现活动。⑤ 儒家认为,"内圣外王"是人生所追求的最高境界。在王阳明那里,无论是合乎德性的活动,还是"内圣外王"的人生境界,最后都诉诸"致良知"的过程,而这个过程是良知与见闻之知的联结,亦是道德自发性与道德行动的联结。按照王阳明晚年的说法,人虽然不需要依赖他人即可进行道德判断,但需要通过道德行动来扩充良知,达

---

① 《王阳明全集》,上海古籍出版社,2017,第 6 页。
② 王阳明:《传习录注疏》,邓艾民注,上海古籍出版社,2015,第 78 页。
③ 陈来:《有无之境——王阳明哲学的精神》,北京大学出版社,2017,第 169 页。
④ 方国根:《王阳明"致良知"道德哲学及其精神维度》,《学术界》2014 年第 9 期。
⑤ 〔古希腊〕亚里士多德:《尼各马可伦理学》,廖申白译,商务印书馆,2016,第 32 页。

到致良知的状态。诚如王阳明在给欧阳崇一的信中写道："除却见闻酬酢，亦无良知可致矣。"① 那么，良知必须通过道德行动来触动。良知与见闻之知的联结是道德自发性与道德行动联结的前提性条件。换言之，道德自发性与道德行动联结的前提良知与见闻之知的有机统一。

对于王阳明来说："良知不由见闻而有，而见闻莫非良知之用。"前半句话意思是指良知是天赋的、内在的、先验的，是不依赖于见闻、生而具有的，后半句话指人的视听言动及种种经验活动是良知活动的必要条件，良知是通过这些经验性活动表现其作用的。② 王阳明将良知与见闻视为致良知的过程，两者缺一不可。如果单纯依靠良知，则容易导致良知的迷失，所以需"求之见闻"。如果仅仅依靠见闻，则是无源之水，无本之木。所以，王阳明虽然承认良知与见闻的分殊，但同时也认为两者不可脱离。在王阳明弟子王龙溪那里，他进一步深化了良知与见闻的关系，将见闻看作知识，同时重新论证了两者的关系，前者是"求诸己"，"不由学虑而得"，后者是"缘于外"、"资诸外"和"由学虑而得"③。之后，王龙溪进一步将两者的关系概括为："变识为知，识乃知之用。认识为知，识乃知之贼。"④ 如此，通过良知与见闻的联结发挥重要的作用。

"良知不由见闻而有，而见闻莫非良知之用"反映了道德自发性与道德行动的关系。道德自发性可不依托于道德行动即可产生的道德意识，在特定的情境中即可触动良知。同样，道德行动是通过习惯、训练得到的表现形式。按照亚里士多德的观点，道德德性是通过习惯养成的，道德德性则需要通过运用而获得。⑤ 所以，道德行动反映的是运用道德德性过程的显现。进言之，道德自发性与道德行动是相辅相成的关系，缺乏道德行动的德性，不"缘于外"则不彰显，不能说是德性。仅仅依靠道德行动，无非是拔本塞源之径。

王阳明对于良知与见闻的关系区分还表现在致知与格物的关系中，他指出："不是悬空的致知，致知在实事上格。"⑥ 致知要通过格物的方式，

---

① 王阳明：《传习录注疏》，邓艾民注，上海古籍出版社，2015，第144页。
② 陈来：《有无之境——王阳明哲学的精神》，北京大学出版社，2017，第171页。
③ 彭国翔：《良知学的展开——王龙溪与中晚明的阳明学》，生活·读书·新知三联书店，2015，第46页。
④ 王畿：《金波晤言》，载吴震编校《王畿集》，凤凰出版社，2007，第65页。
⑤ 〔古希腊〕亚里士多德：《尼各马可伦理学》，廖申白译，商务印书馆，2016，第32页。
⑥ 王阳明：《传习录注疏》，邓艾民注，上海古籍出版社，2015，第264页。

格物是致知的具体体现。王阳明在其诗《别诸生》中言:"不离日用常行内,直造先天未画前。"意思是致良知具体体现在日常生活之中,是与生俱来的习惯所造就的。

换句话说,是"随事物精察此心之天理,以致其本然之良知",故有研究者将"精察"见体与"必有事焉"作为良知与见闻的另一种联结的方式。这种联结方式在致良知体系中是知与行的关系。"致吾心之良知于事事物物"是由知而行,"随事物精察"是由行而知。① 这就是知行合一道理深邃的奥妙所在,所以阳明将其概括为:"直下承当,只此修为,直造圣域。"②

由此可以看出,王阳明"致良知"思想本身蕴含了道德自发性与道德行动的双向统一的过程,道德自发性是良知的本身属性,道德行动反映了见闻之知的作用,两者结合便是"知行合一"的过程。如何彰显道德自发性?就是通过道德行为或道德行动体现出来,反之,道德行动与道德行为体现在日常生活中的细节,"随事物精察"可直达德性本体。

事实上,在王阳明的致良知哲学体系中,基于良知与见闻的区分,道德自发性与道德行动似乎是不证自明的。所以,根据良知与见闻之知的特征,可进一步推出道德自发性与道德行动的联结途径。

其一,根据良知当下性的特点联结道德自发性与道德行动。良知的当下性与道德的自发性是紧密联系在一起的。当下性反映的是一种即时状态的综合判断能力。瑞士学者耿宁在对良知最新的定义中指出,良知是在每个意念中的内在的意识,包括对善与恶的意念的意识,是自己对自己的追求和行为的道德上的善和恶的直接的"知"或者"良心"。③ 就是说,良知具有一种直接做出判断的道德意识,是一种道德直觉的能力,可以迅速做出道德判断。王阳明将良知与见闻的关系视为体用关系,正如他在《答陆静书》中所言:"体即良知之体,用即良知之用,宁复有超然于体、用之外者乎?"④ 见闻之知即良知之用。所以,良知的当下性是道德自发性促进道德行动的一种状态。

---

① 刘元青:《王阳明关于良知与见闻之知的分辨与联结》,《南昌大学学报》(人文社会科学版) 2015 年第 6 期。
② 《王阳明全集》,上海古籍出版社,2017,第 973 页。
③ 〔瑞士〕耿宁:《心的现象——耿宁心性现象学研究文集》,商务印书馆,2012,第 182 页。
④ 王阳明:《传习录注疏》,邓艾民注,上海古籍出版社,2015,第 131 页。

其二，根据良知情境性的特点联结道德自发性与道德行动。良知的情境性意味着良知可通过见闻助发之。道德自发性可通过道德行动来触发。情境中最重要的因素是情感体验，或者说是良知的类型显现。如有学者将其概括为积极与消极两个方面，从正面看，它表现为廉耻、义愤、正义、向善、正直、诚意、责任、义务，表现出某种道德冲动和身处危难逆境中的自我平衡；从负面看，它表现为畏惧、警惕、忏悔、羞愧、内疚、自责。① 同样，一个人做了好事时，常能使人从内心产生愉快或幸福感之类的积极情绪，而在做了坏事时，常能使人从内心体验到羞愧、内疚、悔恨或有罪之类的负面情绪。② 正面积极情绪带来的情感体验往往被常人所忽略，但消极负面情绪所引发的情感体验往往会责成道德主体进一步省思，这便是一种感性的见闻，并据此追溯到良知的自发状态。这种情感体验促使道德主体觉察自己的良知，进而采取道德行动。当然，这种道德行动既具有及时性的特点，反映在事中的控制；也具有不及时性的特点，体现在事后不断的反思。由此可以看出，良知的情感体验是通过道德行动触动道德自发性的一种状态。

真正的道德教育不在于把某种来自外部的道德准则或别的知识注入学生的大脑中，而是让他觉察到自己心中本有的良知。老师的任务便是唤起学生的道德自发性。③ 唤起道德自发性的重要方式源于道德修养的方法。古人非常注重个人的道德修养。曾子主张"反躬自省"；程朱理学讲究"居敬穷理"；在王阳明看来，良知的自发性要通过静坐、慎独的工夫证得。王阳明将"戒惧""慎独"统摄于致良知的工夫论中，指出："独即所谓良知也。慎独者，所以致其良知也。戒慎恐惧，所以慎其独也。"④ 王阳明认为慎独的道德修养方法便是为善去恶的过程。工夫上，慎独即致良知。由此看来，慎独的方法可以促进良知的觉醒，即唤起道德的自发性；以唤醒良知触动道德自发性，以见闻之知促进道德行动。

道德自发性与道德行动的联结，既要觉察自己的良知，也要通过见闻触动道德的自发性。德国哲学家赫尔巴特曾说："道德普遍地被认为是人

---

① 李肃东：《中西良心论比较——兼论良知说的当代重振》，《学习与探索》1993年第3期。
② 汪凤炎、郑红：《良心新论——建构一种适合解释道德学习迁移现象的理论》，山东教育出版社，2011，第148页。
③ 〔瑞士〕耿宁：《心的现象——耿宁心性现象学研究文集》，商务印书馆，2012，第304页。
④ 陈荣捷：《王阳明传习录详注集评》，华东师范大学出版社，2009，第43页。

类最高目的,因此也是教育的最高目的。"① 道德教育的目的以人的道德为核心,而道德教育的前提便是良知的自发性。基于此,道德自发性与道德行动的联结得以成为可能。

余 论

本文主要基于王阳明的"良知"与"见闻之知"的视角,尝试探索道德自发性与道德行动的相互关系。但良知与见闻之知本身蕴含了道德情感、道德理性等多方面状态,又涉及伦理学、心理学、教育学等多门学科,故而通过良知研究道德自发性与道德行动具有一定的难度,但并不能否定道德自发性与道德行动联结的可能性。诚然,良知的蒙蔽,难以触动道德自发性,因此,觉察心中良知,唤醒其道德自发性是实现人类美德的重要途径。

道德自发性与道德行动作为王阳明致良知思想中两种内涵,道德自发性促进道德行动,道德行动触动道德自发性。前者是基于自发状态,后者是基于服从状态。良知的道德自发性促进道德行动的开展,使之向善的方面进行。如此看来,道德自发性与道德行动的联结,可以有效贯穿道德教育过程,并以其顽强的生命力来化解社会生活中的道德滑坡、道德沦丧等现象,从而维护人类最根本的道德底线。我们坚信,良知的回归必将拂去蒙蔽在心上的灰尘,使美德永葆光明。

---

① 张焕庭:《西方资产阶级教育论著选》,人民教育出版社,1964,第 260 页。

唐君毅境界伦理思想刍议

张海龙*

摘　要　唐君毅先生的伦理思想有两个重要的特点：一是其伦理思考是在人道论或人生哲学中进行的；二是他的伦理思想往往与其形上学连在一起，进而融贯在他的整个哲学体系当中。从伦理学的视角来看，唐先生的《生命存在与心灵境界》涵摄了一套复杂的境界伦理思想体系，但它并不是独立的，而是融贯在"心灵九境"的哲学架构之中。"心灵九境"既是唐君毅先生境界伦理思想的主要内容，也是一种伦理结构模式，它为重新诠释中国伦理思想和中西伦理思想的比较及会通提供了一种可能的范式。

关键词　唐君毅　境界伦理　心灵九境　伦理结构模式

境界论是中国传统哲学伦理思想的重要内容和特色，但在现代的伦理学研究中似乎并未引起足够的重视。① 20 世纪的中国现代哲学家中最早明确将"境界"作为人生哲学的重要范畴来使用的应该是冯友兰先生。冯先生在《新原人》中根据人对宇宙和人生的觉解不同，把人生分

---

* 张海龙（1980~），男，中央民族大学中国哲学专业博士研究生，研究方向为中国伦理思想史、现代新儒家哲学。
① 关于这一现象的原因，陈来先生在其新著《冯友兰的伦理思想》一书中说："从西方伦理学史来看，西方伦理学从来不讨论人的精神境界问题，虽然西方哲学史上，也有个别哲学家谈到过与境界相关的哲学精神阶段……但西方哲学始终并未把境界问题看作伦理学的一部分，只在宗教哲学中有所涉及……人生境界的讨论，属于人生哲学，'人生哲学'的概念晚近也很少提起，'人生哲学'似乎已被认为不属于哲学的领域，古代从亚里士多德到斯多葛学派认为研究人生即是伦理学，所以对人生哲学的讨论更多的是被归属于古代伦理学的讨论，而在现代伦理学中却已找不到人生哲学的地位。"陈来：《冯友兰的伦理思想》，生活·读书·新知三联书店，2018，第 108 页。

为自然境界、功利境界、道德境界、天地境界四种境界，陈来先生称其为境界伦理学，视冯友兰先生为境界伦理学的典范。① 除冯友兰先生之外，20世纪的中国哲学家中将"境界"作为重要哲学范畴的当属现代新儒家巨擘唐君毅先生（1909~1978），其晚年的鸿篇巨制《生命存在与心灵境界》就是明证，该书是一部足以与柏拉图《理想国》、康德《纯粹理想批判》、海德格尔《存在与时间》相媲美，甚至是超越其上的伟大哲学著作②，在这部著作中，唐先生以含具具体理性③的"生命存在"或"心灵主体"作为哲学思考的原始基点，遍观、反省、超升中西古今主要哲学思想，客观上成就一个哲学之哲学的庞大哲学思想体系④，这个庞大复杂的体系是唐先生一生的哲思总结，从"显教"来看，它为我们展示了形而上学、知识论、文化哲学、人道论、心灵哲学等不同的面相；从"秘义"来解读，它实际上也包含了境界伦理学的整体思考，而整个思考融贯在"心灵九境"的哲学架构之中。本文以解读唐先生的《生命存在与心灵境界》为主，兼及《哲学概论》（上、下），对唐君毅先生的境界论思想做一初步探讨。

一　伦理与人道

伦理问题始终是唐君毅先生致思和躬身实践的重要内容，伦理思想

---

① 陈来：《冯友兰的伦理思想》，生活·读书·新知三联书店，2018，第108页。
② 霍韬晦：《〈生命存在与心灵境界〉导读》，载唐君毅《生命存在与心灵境界》，中国社会科学出版社，2006，第1页。
③ 具体理性是相对于抽象理性和半具体理性而言的。唐君毅先生将人的理性大致分为三种类型：一是逻辑理性，其主要是追求思想与言说的统一；二是知识理性，其主要是追求主观思想与客观事实的统一；三是实践理性，主要是追求知与行、理想与现实的统一。"于此三者只说其一，皆抽象之理性；兼说其二，为半具体之理性；必说其全，方为具体之理性，亦即通主客、知行，通宇宙人生之全，或生命存在与心灵境界之全之形上学的理性。此理性之内在于生命存在与心灵境界，与之如如不二。"具体请参见唐君毅《生命存在与心灵境界》，中国社会科学出版社，2006，导论第19页。
④ 对唐君毅先生来说，他的哲学问题，并非来自哲学自身，而是来自生命本身，他探讨哲学问题，首先是为了解答生命问题，因此唐先生坦言并不以构建哲学体系为志业，他说："吾之为哲学，亦初是为己而非为人。"在他看来，凡欲以己之哲学囊括前人之哲学，皆为慢语，此乃哲学世界的一大杀机，本身为一种不仁之表现。唐先生崇敬东西古今一切哲学，虽对其有遍观与超越，但并无凌驾或超绝于其上之意，而是唯愿自己的哲学成为通往其他哲学的道路和桥梁。具体请参见唐君毅《生命存在与心灵境界》，中国社会科学出版社，2006，第15页。

亦是唐先生哲学思想的重要内容和组成部分，但唐先生并未明确将自己的伦理思考冠以"伦理学"的名称。究其原因恐怕是与他关于伦理、天道或伦理学、道德哲学、人生哲学与天道论这些概念、名称的看法和理解有关。

关于"伦理"和"伦理学"二词，唐君毅先生分别从中、西不同哲学语境中对其词源意义和一般的含义做了简单的考察。他指出：在中国哲学中，"伦理"一词原为"人伦"之义，语出孟子所说的："圣人，人伦之至也。"① "学则三代共之，皆所以明人伦也。"② 《礼记·乐本》曰："乐者，通伦理者也。"③ 但此处的"伦理"主要是指事物的条理。在早期中国哲学中，伦理一词主要就是指人伦，即人与人之间的关系，具体来说，伦理"可指一切人与人之间所以相待之当然的道与理，亦指一人之所以待与我有伦理关系之人之道与理"④。因此，所谓伦理学的内涵就应该含括人与人之间所行的当然之道与理，以及人在此伦理关系中应该如何成就理想人格（君子）等内容；⑤ 在西方哲学中"伦理学"（ethics）源于"ethos"，"ethos"原始意思是指"性格""风气""习俗"，后来指人在群体中的道德情操，柏拉图的弟子色诺克拉底将柏拉图哲学中有关人的意志行为方面的内容称为"伦理学"，亚里士多德将伦理学与政治学并列，二者都是关乎人的行为。伊壁鸠鲁学派将伦理学、逻辑学、物理学并列，主要是"研究道德根本原理与道德之意志行为之目标及善恶及正当不正当之标准之学"⑥，这也是一般意义上所说的"伦理学"的含义。"至道德哲学（moral philosophy）之一名，则为英国哲学家所用，义同于伦理学。"⑦ "人生哲学"（philosophy）名称"则较为德哲所喜用，乃较偏重于人在宇宙中

---

① 《孟子·离娄上》："孟子曰：规矩，方员之至也；圣人，人伦之至也。欲为君尽君道，欲为臣尽臣道：二者皆法尧、舜而已矣。"（宋）朱熹：《四书章句集注》，中华书局，2011，第259页。
② 《孟子·滕文公上》："夏曰校，殷曰序，周曰庠。学则三代共之，皆所以明人伦也。人伦明于上，小民亲于下。"（宋）朱熹：《四书章句集注》，中华书局，2011，第259页。
③ 杨天宇：《礼记译注》，上海古籍出版社，2016，第582页。
④ 唐君毅：《哲学概论》上册，中国社会科学出版社，2005，第78页。
⑤ 由此，我们也不难看出中国伦理思想的实践品质，而这一点也是唐先生颇为注意和关注的。
⑥ 唐君毅：《哲学概论》下册，中国社会科学出版社，2005，第702页。
⑦ 唐君毅：《哲学概论》上册，中国社会科学出版社，2005，第78页。

之地位及整个之人生的意义、价值、理想之反省思索"①。虽然它的内涵较一般所说的伦理学的内涵丰富，但就其实质而言，人生哲学与伦理学并无太大出入。

因此，伦理学、道德哲学、人生哲学等名称在唐先生的哲学思想中大体上是作为同等意义上的概念使用的，其区分并不是很严格，而且此三者都被收摄在"人道论"的类别下②，"人道"一词语出孔子所说的："人能弘道，非道弘人。"③ 概括地说，所谓"人道"是指人所当行之道："此道可指一德性之理想，如仁义礼智。亦可指实践此理想之行为方法或行为上工夫……亦可指一使个人之精神通至他人之各种伦理关系……亦可指一切人行为，皆能各有其合理的方式，或彼此相容不碍之一人间社会之境界……亦可指人在天地间对死者对天地鬼神之道……亦可指人法于天地之道……亦可指各种人之善或不善之行为。"④ 所以，人道或人道论是一个内涵极其丰富的概念，正因此，虽然伦理思想是唐君毅先生哲学思想的重要组成部分，但在他的整个思想体系中并未冠以"伦理学"这样明确的名目单独予以呈现，而是往往融贯在他的整个哲学体系当中，这给客观上了解他的伦理思想带来了一定的困难，但恰恰又是其伦理思考的殊胜之处，这也是唐君毅先生伦理思考的一个重要特点。

唐君毅先生伦理思考的另外一个重要特点就是其伦理思考往往是与其形上学思考连在一起的。这一特点与他对中国传统伦理主要是儒家伦理的把握和体会是相应的，唐先生指出，中国传统伦理思想具有深厚的形上学意义，伦理问题往往是和形上学融贯在一起的，这一点儒家伦理思想表现得最为明显，儒家思想家谈论伦理问题往往与心性论之形上学关涉在一起，其"尤重在已确定的为彼此所互认的伦理关系中，尽此伦理之道，而以此为人之尽心知性"⑤，其谈论道德问题亦是谈论特定关系

---

① 唐君毅：《哲学概论》上册，中国社会科学出版社，2005，第78页。
② 唐君毅先生用中国固有的哲学名词，将哲学分为四大部分：名理论、天道论、人道论、人文论。其中人道论直接涉及人的生活行为领域，含括西方哲学中的伦理学、人生哲学、一定意义上的美学、价值哲学和印度哲学中的梵行论、瑜伽行论等。（唐君毅：《哲学概论》上册，中国社会科学出版社，2005，第31~32页。）
③ 《论语·卫灵公》："子曰：'众恶之，必察焉；众好之，必察焉。'子曰：'人能弘道，非道弘人。'"（宋）朱熹：《四书章句集注》，中华书局，2011，第156页。
④ 唐君毅：《哲学概论》上册，中国社会科学出版社，2005，第78~79页。
⑤ 唐君毅：《哲学概论》下册，中国社会科学出版社，2005，第687页。

中的道德。

在此，需要指出的是，将道德限于特定的伦理关系中来谈，旨在让人在具体的伦理关系中去体认道德，而不是空谈抽象的道德，其重点也不是让人获得关于道德的认识或对具体德目的认识，而是在指涉道德的形上意义，以挺显道德的崇高、庄严，并启发人的同情共感，打通人与人之间的心灵隔阂。因此，与基督教和佛教的宗教伦理相较，儒家伦理的视界看似狭小和局促，但在唐先生看来，儒家伦理"另有一更深厚之形上学涵义，即唯在此中，乃有我与他人之心灵之真正结成一体，而有不是差别，及我之心灵之兼存在于他人之心灵之内与之外"①。

使"人之心灵真正的结成一体"正是中国传统伦理思想较之西方伦理思想的殊胜之处，这一点也是唐先生颇为重视和重点阐发的，他所说的使"人之心灵真正的结成一体"实际上就是心灵的"感通"。"特定伦理关系中的道德"随着心灵与心灵、心灵与内外诸境的感通和转合升进，而渐趋开阔和高明，同时，此伦理观关系亦随着心灵境界的提升而不断地被超升，显得更为立体。

二　伦理与境界

（一）心灵九境

"境"，《说文解字》："境，疆也。从土竟声。经典通用竟，居领切。"②"界"，段玉裁《说文解字注》："界，竟也。竟俗本作境……乐曲尽为竟，引申为凡边竟之称。界之言介也。介者，画也。画者介也。象田四界。聿所以画之。介界古今字。尔雅曰：疆界，垂也。按垂，远边也。"③所以，境界就是指田地或疆域的界限。如《诗·大雅·江汉》"于疆于理"郑玄笺："召公于有叛戾之国，则往正其境界，修其分理。"④后来，境界一般表示人之学业或道德境界所到达的程度或境地。如王国维先

---

① 唐君毅：《哲学概论》下册，中国社会科学出版社，2005，第688页。
② （汉）许慎：《说文解字》卷十三下，中华书局，1963，第290页。
③ （清）段玉裁：《说文解字注》第七篇上下，上海古籍出版社，1981，第696页。
④ （清）王先谦：《诗三家义集疏》下册，中华书局，1987，第983页。

生说:"古之成大事业、大学问者,必经过三种之境界。"① 与王国维先生及其后的冯友兰先生主要就人的道德与学问修养到达的程度言说境界的说法不同,唐君毅先生所说的"境界"不限于言人生境界,倒有几分类似佛教中所说的境界。一般而言,佛教中讲"境界",大概有三种情况。一是指疆域、界限,如《佛般尼洹经》:"佛告阿难:'从鸠夷那竭国境界,四百八十里中……'"② 二是指"六境"即色、声、香、味、触、法。如《大乘起信论》:"以能见故,境界妄现。"③ 三是指修行所达到的境地或程度。如《佛说无量寿经》:"比丘白佛,斯义弘深,非我境界。"④《大乘悲分陀利经》:"我行无上难行苦行如前所说,于境界不坠落。"⑤ 唐先生所说之"境",是一种"心灵之境",此境乃由心灵主体或生命存在主体感通内外所起,但此境含括"境中之物""物之意义""观心之心"等,凡心与外物、己心与他心相观皆有相应之境。"界",主要是说境与境之间的差别与齐限,"于境或言境界者,以境非必混然一一,境更可分别……然以境统界,则此中之界域虽分别,而可共合为一总境"⑥。所以,唐先生所说的境界与"西方之世界(World)或眼界(Horizon)之词,其义最近"⑦。唐先生在肯定人的生命是生生不息的真实存在的前提下,顺着人的生命活动的横、纵、顺三向⑧,分别起横、纵、顺三观⑨,合此三向、三观再约之

---

① 王国维:《人间词话》,徐调孚校注,中华书局,2009,第 16 页。关于王国维所说的境界之义及相关问题,可参见叶嘉莹先生《〈人间词话〉之基本理论——境界说》,第 89~125 页。
② 《佛般尼洹经》卷 2,CBETA,T01,no. 0005,p. 169,a10。
③ 《大乘起信论》卷 1,CBETA,T32,no. 1666,p. 576,a03。
④ 《佛说无量寿经》卷 1,CBETA,T12,no. 0360,p. 267,b25。
⑤ 《大乘悲分陀利经》卷 5,CBETA,T03,no. 0158,p. 265,b07。
⑥ 唐君毅:《生命存在与心灵境界》,中国社会科学出版社,2006,导论第 2 页。
⑦ 唐君毅:《生命存在与心灵境界》,中国社会科学出版社,2006,导论第 2 页。
⑧ 三向,即唐君毅先生所说的生命活动的三种方向,此处的"方向"并非一般意义上的空间方位,而是说生命活动有一定的种类、次序、层位,其"方",义同"方以类聚"之方,即朱熹所说的"事情所向"(朱熹:《周易本义》,中华书局,2009,第 221 页),重在表类;"向"重在表序。不同的种类、不同的次序形成不同的"位"。具体请参见唐君毅《生命存在与心灵境界》,中国社会科学出版社,2006,导论第 17~18 页。
⑨ 三观,即横观、纵观、顺观,三观是依人的心灵活动有种类、次序、层位的差别而成,"凡观心灵活动之体之位,要在纵观;观其相之类,要在横观;观其呈用之序,要在顺观。以空间之关系喻之,横观之并立种种,如左右之相斥、相对;顺观之种种,如前后或先后之相随相继。纵观之种种,如高下之相承相盖"(唐君毅:《生命存在与心灵境界》,中国社会科学出版社,2006,导论第 5 页)。简而言之,凡心灵活动成内外向,依类别而起之观为横观;心灵活动成高下向,依层位而起之观为纵观;心灵活动成先后向,依次序而起之观为顺观。

体、相、用三义①,遂开出心灵的九种境界,即"心灵九境"。

九境之第一境——万物散殊境(以体义为重),于此境中横观个体界。人的生命活动最初尚未对其自身有一自觉,心灵由内向外缘于物,与外物相接而形成对外物的认识,视"我"和"外物"或"非我"皆为一个个独立的个体,每一个个体之间都是独立的,各自形成自己与其自身之外的事物所对之境,此即万物散殊境。于此境中横观个体界,不同的人对"个体"的认识不同,遂有不同的"个体"观念以及与个体主义相关的知识与哲学,如古希腊的原子论、柏拉图、亚里士多德、邓·司各脱、霍布斯、牛顿、莱布尼兹、康德、费希特、黑格尔、鲍桑葵及中国古代思想家杨朱等有关"个体"或"个体主义"的哲学思想。"凡世间一切个体事物之史地知识,个人之自求生存、保其个体之欲望,皆根在此境,而一切个体主义之知识论、形上学与人生哲学,皆判归此境之哲学。"② 在万物散殊境中,人视世界为一万物散殊之个体世界,顺此进一步追问为何会万物散殊。由此反省到万物各有其类,进而进入万物散殊境之上一层位,九境之第二境——依类成化境(以相义为重)。在此境中,纵观事物之"相状",遂有了类的观念,与之相应而有了以此"类"的观念将事物类化以解释世界的生成和存在的宗教与哲学思想。如柏拉图的"理念论"、中世纪基督教哲学的上帝观、"唯名论"、生物进化论、数理逻辑中以类言数等思想。"一切以种类为本之类的知识论、类的形上学、与重人之自延其类,人之职业活动之成类,之人生哲学,皆当判归此境之哲学。"③ 由观一物之种类,再做进一步反省;顺观物之先后生起、出现,遂见物与物之间存在一定的因果联系(包括人以某物为手段达成某一特定的目的),此便进入第三境——功能序运境(以用义为重),于此境观因果界。功能序运境所涵

---

① 体、相、用,简而言之,体,即个体或实体,相,即相状,用,即功用。唐君毅先生指出,此处的体、相、用与西方哲学史上斯宾诺莎所说的体(substance)、相(mode)、用(attribute),基督教的圣父、圣子、圣灵,印度胜论派哲学的实、德、业,《大乘起信论》所说的体、相、用,中国魏晋玄学所说的"体用本迹",宋明儒所说的体用或体性及熊十力所说的体用义皆有不同,其不同主要体现在体、相、用三者之间的关系上,心灵活动的体、相、用之间的关系并不是固定的,而是随着心灵活动的不同方向互为体、互为相、互为用,但总的来说,体藉相显,相依体之用而生,有用必有相,相、用皆属于体。"故人可谓体唯是相与用之合,相唯是体之用所呈,用唯是体之相之流行。"具体请参见唐君毅《生命存在与心灵境界》,中国社会科学出版社,2006,导论第19~22页。
② 唐君毅:《生命存在与心灵境界》,中国社会科学出版社,2006,导论第22页。
③ 唐君毅:《生命存在与心灵境界》,中国社会科学出版社,2006,导论第23页。

摄的哲学思想主要是与"目的手段"或"因果联系"相关，诸如亚里士多德的"四因说"，托马斯·阿奎那的上帝理论，休谟的经验论，康德的先验观念论，黑格尔、布拉德雷、罗素、怀特海等论因果的思想，印度原有的因果论及中国《易经》中的因果思想等。"一切世间以事物之因果关系为中心，而不以种类为中心之自然科学、社会科学知识……与人之如何达其生存于自然社会之目的之应用科学知识，及人之备因致果，以手段达目的之行为与功名事业心，皆根于此境。一切专论因果之知识论，唯依此因果观念而建立之形上学与一切功利主义之人生哲学，皆当判归此境。"①

以上三境为客观三境，说其为客观，是相对于生命存在或心灵主体而言的，在此三境中，心灵主体尚处于觉他阶段，即心向外求，对所观世界有一认识，但尚未自觉此所观世界实际上内在于能观的心灵之中，视他人他物之世界为外在于心灵主体的客观世界。

心灵主体除由内向外觉他之外，尚有一由外返内，反观自照之功能与历程，即自觉之历程，由此便有九境之第四境——感觉互摄境（以体义为重）。究其实质，此境是对客观三境之万物散殊境的转化，经此转化，万物散殊之个体世界不再是与心灵主体相对的纯客观世界，而是与心灵主体相即不离之世界，在此境中，心灵主体之活动，由外转内，通过反省察知个体事物之相内在心灵主体之感觉，而感觉本身就是心灵主体的一种活动。除此之外，在唐先生看来，个体事物之相赖以存在的时空原本就内在于具有自觉能力的心灵之内②。所以，从这个意义上来说，一切存在之物都是"主体"，不同的主体既散殊，又互摄（互相呈现），但皆不离心灵主体，心灵主体能够统摄一切散殊之主体于己之内，就此而言，"一切关于心身关系、感觉、记忆、想象与时空关系之知识论、心身二元论，或唯身论、泛心论之形上学，与一切重人与其感觉境相适应，以求生存之人生哲学，皆当判归此境"③。九境之第五境——观照凌虚境（以相义为重），此境是对客观三境之依类成化境的转化。在感觉互摄境中，心灵主体对其感觉到的物相及其所依附的客体逐渐超升，以观其纯意义之相，并对其加以反省，遂成观照凌虚境，"哲学中对宇宙人生之'意义'之知，与人之纯

---

① 唐君毅：《生命存在与心灵境界》，中国社会科学出版社，2006，导论第 23 页。
② 关于时空与心灵主体的关系，唐君毅先生有过专门的论证，具体请参见唐君毅《生命存在与心灵境界》，中国社会科学出版社，2006，第 211~245 页。
③ 唐君毅：《生命存在与心灵境界》，中国社会科学出版社，2006，导论第 24 页。

欣赏观照之生活态度，皆根在此境。而哲学中之重此对纯相、纯意义之直观之现象学的知识论，与论此纯相之存在地位之形上学，如柏拉图哲学之核心义与审美主义之人生哲学，皆当判归此境"①。九境之第六境——道德实践境（以用义为重），此境是对客观三境之功能序运境的转化。

以上三境是主观三境，皆以主摄客，是心灵主体的自觉之境。心灵主体循此主观三境，继续转进，即辩证地综合而成超主客三境。

九境之第七境——归向一神境。西方哲学中各种关于上帝存在证明的思想皆属此境，归向一神境"要在论一神教所言之超主客而统主客之神境，此神，乃以其为居高位之实体义为主者"②。整体上来看，归向一神境是一种纵观，由下界（位）之主客对立的世界逐渐超升至超越主客（或主客统一）之上界（位）的神境，此境以基督宗教为代表。九境之第八境——我法二空境，此境以佛教为代表。整体上来看，此境是从横观开始，即由破除人对主客世界之种种情执开始，以大其心，再以顺观③来观照（次第）对治由情执而起的种种烦恼，实现人生的解脱，最终成佛。九境之第九境——天德流行境或尽性立命境，此境以儒教为代表。天德流行境顺人之生命活动的次第展开与世界的次第展现以观性命界。此境"要在论儒教之尽主观之性，以立客观之天命，而通主客，以成此性命之用之流行之大序，而使此性德之流行为天德之流行，而通主客、天人、物我，以超主客之分者"④。由于此境可通于主观三境之道德实践境，所以又被称为至极之道德实践境或立人极之境。

以上是超主客三境。

总的来说，心灵九境可从分别和感通（贯通）两方面来看。就分别一面来说，九境自有类别、次序、层位之不同：依类，境境不同，自有齐限；依层位，后境为上（高），前境为下（低）；依序，九境之生起有先有

---

① 唐君毅：《生命存在与心灵境界》，中国社会科学出版社，2006，导论第24页。
② 唐君毅：《生命存在与心灵境界》，中国社会科学出版社，2006，导论第25页。
③ 唐君毅先生的弟子霍韬晦先生指出，我法二空境是自上而下之横观。参见霍韬晦《〈生命存在与心灵境界〉导读》，载唐君毅《生命存在与心灵境界》，中国社会科学出版社，2006，第2页。笔者认为，我法二空境，显然是指大乘佛教，大乘佛教（包括小乘佛教）倡导解行并重的修行体系，就解之一面来看，各种情执使人自限于分别计度当中，从而与他人、自己之身与心皆处于一对立状态，此处确以横观为主，但从行之一面看，佛教主张随缘断惑，依烦恼生起之序，遂起遂断，就此而言则以顺观为主。
④ 唐君毅：《生命存在与心灵境界》，中国社会科学出版社，2006，导论第25页。

后。就感通（贯通）一面而言，"一念之转，即可有此九境之观"①。九境平等无别，皆可销归天德流行境之一境，而天德流行境也并非超绝于心灵主体之上，而是显现于人之当下一念之仁。此一念之仁充塞于人之日用伦常之中，因此，人在日常生活中就可随处体认宇宙造化之妙与人之道德生命生生不息。就此而言，"心灵九境"亦是唐君毅先生境界伦理学思想的重要内容。

（二）九境与伦理

人的心灵活动的九种境界，实际上也是人的道德生命逐渐撑开、丰满，最后复归平常的历程，从这个意义上来说，九境的伦理意义是不言而喻的。

首先，就道德与伦理的关系之本身来考虑，九境之第六境——道德实践境与伦理的关系最为密切。唐君毅先生说："人之本道德的良心，所知之一般道德观念，与本之而有之伦理学、道德学知识，及人之道德行为生活、道德人格之形成，皆根在此境。一切有关'此道德良心之知，与其他之知之不同'之知识论，及此'良心之存在地位与命运'之形上学，一切重道德之人生哲学，皆归此境。"② 在唐先生看来，道德实践境可涵摄其前之五境（万物散殊境、依类成化境、功能序运境、感觉互摄境、观照凌虚境），这是因为其他五境皆具有一定的道德意义，皆可进行道德实践活动，只不过道德实践境中的道德为一自觉的行为，而前五境中的道德皆为一非自觉的行为，唐先生称这种非自觉的道德行为的道德为不自觉、自然具有的性德。虽然其他诸境之生活皆可有此不自觉的自然性德，但这种"德"，"莫不随其生活之限制封闭于某生活境界中，而不断减少；其不德之成分，则以胶固不拔，而逐渐增盛，而使其生活可逐渐沦于一至不道德生活"。③因此，非自觉的道德生活，实际上尚非真实的道德生活，真实的道德生活是对"道德"有一自觉，并"一自觉为求具德而成德之生活"。④ 需要指出的是，此处的"成德"兼具"成己之德"与"成人之德"两义。

那么，人当如何成就此真实的道德生活呢？概括地说，真实的道德生

---

① 唐君毅：《生命存在与心灵境界》，中国社会科学出版社，2006，第555页。
② 唐君毅：《生命存在与心灵境界》，中国社会科学出版社，2006，导论第24页。
③ 唐君毅：《生命存在与心灵境界》，中国社会科学出版社，2006，第350页。
④ 唐君毅：《生命存在与心灵境界》，中国社会科学出版社，2006，第349页。

活应当是一面迁善,一面改过。这种真实的道德生活完全靠人自己,而非外力,即:"自生、自立、自主、自动、自成、自得,逐步提升以至于高明之境。"① 为何人依靠自力而非外力即可实现真实的道德生活?此中之关键是对道德及道德的基础(来源)的理解和体会。唐先生对此问题的关注在年轻时就已开始,早在1936年12月,唐先生(时年27岁)便撰写了《中西哲学中关于道德基础论之一种变迁》② 的长文。在该文中,唐先生对中西哲学中关于道德基础问题的不同思想及发展演变做了梳理与比较,他指出,西方的道德哲学最初是在人的生命之外的客观宇宙中追寻道德的基础,至近代逐渐开始转向自生命内部探求道德基础,但前者是主流,而"中国道德哲学最初是在生命本身求道德的基础,逐渐认识从我们生命本身发出的道德,如何流出,洋溢于客观的宇宙,同时,即认识道德根源于我们生命自身,亦即根源于客观的宇宙"③。唐先生还从"德"和"moral"这两个词的词源意义来予以佐证,他说:"'德'古与'得'通。内得诸己者德,'德'古作'惪',从'直'从'心'亦表示心所有之义,此与西洋哲学'道德'(moral)一词原义,是'外表的风俗习惯'者,正相反。"④ 唐君毅先生这一判断,特别是他对中国哲学中道德源于人的生命本身的识见和体会,从早岁到晚年并无方向上的改变。需要强调的是,他本人也持守、深信道德来源于人的生命本身,他的一切关于道德问题的思考,都以此为依止。

其次,就九境整体来看,九境的每一境皆有相应于此境的人生哲学或人道论,因此每一境自然会涉及相应的伦理思想。总的来说,九境之前三境主要涉及个体伦理思想、社会伦理思想、功利主义伦理思想。中三境涉及一般的道德哲学、审美伦理思想等,后三境涉及基督教伦理思想、佛教伦理思想、儒教(家)伦理思想。就此而言,九境中实际上也涵摄了一个复杂的伦理思想体系,但它并不是独立的。为论述方便起见,

---

① 霍韬晦《〈生命存在与心灵境界〉导读》,载唐君毅《生命存在与心灵境界》,中国社会科学出版社,2006,第20页。
② 此文于1939年4月正式发表于《新西北学刊》第一卷第三期,后收于《中西哲学思想之比较论文集》,全文见《唐君毅全集》第二卷,九州出版社,2016,第136~174页。
③ 唐君毅:《中西哲学思想之比较论文集》,《唐君毅全集》第二卷,九州出版社,2016,第137页。
④ 唐君毅:《中西哲学思想之比较论文集》,《唐君毅全集》第二卷,九州出版社,2016,第159页。

兹列表如下。

九境	人生哲学	主要伦理思想
万物散殊境	个体主义人生哲学	个体伦理思想
依类成化境	重人之自延其类的人生哲学	社会伦理思想
功能序运境	功利主义之人生哲学	功利主义伦理思想
感觉互摄境	求生存之人生哲学	实用主义伦理思想
观照凌虚境	审美主义之人生哲学	审美伦理思想
道德实践境	重道德之人生哲学	道德哲学思想
归向一神境	基督教之人生哲学	基督教伦理思想
我法二空境	佛教之人生哲学	佛教伦理思想
天德流行境	儒教（家）人生哲学	儒教（家）伦理思想

需要说明的是，首先，上表中虽列出了九境所关涉的各种类型的伦理思想，但主要是就每一境关涉的人生哲学进一步解读而来的，唐先生本人并无意于此。其次，每一境伦理思想的划分，是就其所在之境的主要特征及其所关涉的人生哲学的类型而做出的，实际上每一境之间的伦理思想会有重叠和交叉，划分主要是为了便于整体理解。最后，九境各境之间既有类型、次序、层位的不同又可升进转合，每一境的伦理思想客观上亦有类型、层位高下之别，各伦理思想亦可升进转合，依此来看，前六境之伦理思想皆可统摄于第六镜道德实践境中所涵摄的道德哲学思想之中。第七、第八境所涵摄的宗教伦理思想，若悬置其宗教性的价值导向一面不论，其伦理向前可涵摄于道德实践境中之道德哲学，向后可被第九境天德流行境之儒教（家）伦理思想所统摄。换而言之，人之伦理境界由第一境转进至第六境，在经第七、第八境（极高明）之超升，转而至第九境（道中庸），即回归儒教（家）之即凡而圣之伦理实践中来。

三 结语："心灵九境"的伦理结构模式及其现实意义

由以上对"心灵九境"中的伦理思想的分析做进一步思考，"心灵九境"既是唐君毅先生境界伦理学思想的主要内容，实际上也可以作为一种伦理结构模式①来考虑，其具有重要的现实意义。

第一，以"心灵九境"为唐君毅先生道德哲学思想的基石是契合《生命存在与心灵境界》的旨趣的，更为重要的是契合和相应于古典儒学伦理与其道德形上学不分这一特性。长期以来人们对中国伦理思想的研究主要是依照西方伦理思想的范式进行的，难免会有削足适履之虞，毕竟它们是两个不同的伦理体系，依成中英先生的看法，中国伦理思想往往强调个人伦理与宇宙伦理的一体性与连续性，后者是前者的最高目的，前者的建立依赖于后者的启发，二者互为因果，互为基础，"构成一个动态的'道德'与'伦理'、'形上'与'形下'思辨的融合体"②。而西方伦理体系往往是各层次伦理不相隶属，不相关联，个人伦理、家庭伦理、国家伦理往往都是相对独立的，"每一个伦理都有其应遵守的行为准则，正如每一个游戏都有其独立的游戏规则而不必相互关联。若将伦理主体化为道德，则每一个个别伦理都有其相应的内在的道德意识，不相互逾越与连贯"③。我们很难说，中国伦理思想中哪些是西方伦理思想中的德性论、目的论、义务论或功利主义等，但中国伦理思想中的确有诸类思想的因素或成分，如此一来，我们似乎处于一个很尴尬的境地。若以"心灵九境"的伦理结构模式重新诠释和建构中国伦理思想体系，理论上既能照顾中国伦理思想本身的特点，又能涵摄和吸收西方伦理思想于"九境"之中。从这个意义上来说，"心灵九境"为重写中国古典伦理学（史）提供了一种可能性的范式，也为中西伦理思想的对比与会通提供一种新的可能范式，这一点是值得注意和进一步开拓的。

第二，这一结构模式具有重要的方法论意义，因为唐君毅先生的道德哲学思想本身就蕴含着一套道德思辨的哲学方法体系，其中又以唐先生本人所说的"超越的反省法"为基本原则。超越的反省法以黑格尔精神辩证法为表，以儒家所持守的生命感通为内，其本身就是中西融会的结果和典范，它作为一种伦理学的方法论是可能的和现实的。

---

① 朱贻庭先生在《中国传统道德哲学6辨》之第2辨"天人之辨"中说以"天人合一"的"伦理结构模式"概括传统儒家道德哲学思想基石。具体请参见朱贻庭《中国传统道德哲学6辨》，文汇出版社，2017，第24页。受此启发，唐君毅先生的境界伦理思想的基石实际上可以名之为"心灵九境"的伦理结构模式，这一模式可以视为"天人合一"这一古典哲学的哲学范畴在现代哲学语境中的进一步拓展，二者在根本方向上是一致的。
② 成中英：《伦理与美学》，中国人民大学出版社，2017，第213页。
③ 成中英：《伦理与美学》，中国人民大学出版社，2017，第213页。

总之，唐君毅先生的《生命存在与心灵境界》为我们开显了一个开放的境界伦理思想的宏观体系和伦理学研究方法论体系，不管是为中国传统伦理思想，还是中西伦理思想对比研究都提供了一个新的可能范式，具有一定的理论意义和现实意义。

从"自然"到"逍遥"

——庄子生命自由体系构建

王萍萍*

摘　要　生命哲学是庄子哲学的核心内容。在庄子那里,追求生命自由的过程是一个具有逻辑结构的精神体系,是生命由"道"而生到入"道"而升的过程。生命从法"自然"之"道"中走出,在人间世经过对生命真谛的认知和彻底的修养觉悟,最终重新回归于"道"中,而此时的入"道"之生命已然不是彼时的出"道"之生命,而是驾驭本然存在的同时,在实践的层面走向自由王国,而且在精神的层面获得了自由感的生命,由此生命实现超越,达到逍遥游的生命境界。庄子生命自由的追求体系构建对理解庄子生命哲学有着重要的指导价值。

关键词　庄子　生命自由　自然

生命自由是生命哲学所追求的终极目标。纵观中国哲学的脉络发展,最能体现生命自由哲学的非庄子哲学莫属。本文以公认为庄子本人所作的《庄子》内篇为主,庄子后学所作的《庄子》外杂篇为辅,着力探索庄子生命自由追求过程中所构建的逻辑体系,那就是以"自然"为万物生命的逻辑起点,形成"自然"→"自生"→"齐物"→"坐忘"→"逍遥"的生命追求过程。这条进路正是庄子生命哲学所要表达的主旨:通过"自然"来齐"物之生命"的本根、生成、认知、实践、修养及境界,表达生命在超越进路上的"适性逍遥":大小虽殊,而放于自得之场,则物任其性,事称其能,各当其分,逍遥一也。①

---

* 王萍萍(1986~),女,东南大学人文学院博士研究生。
① (晋)郭象注,(唐)成玄英疏《庄子注疏》,中华书局,2017,第2页。

一 "自然"之生命本根论

众所周知,"自然"是道家哲学的标志性概念之一。《道德经》指出:"人法地、地法天、天法道、道法自然"(第二十五章),老子认为"自然"是"道"的依据,同时也是天、地和人的最终依据,是宇宙万物的根本法则。庄子内篇中提到"自然"一词仅有两处,但是从郭象注和成玄英疏中可以看到,庄子提到的"天",蕴含着"自然"的意义。比如郭象注"天籁":"以天言之,所以明其自然也,岂苍苍之谓哉。"[1] "天倪":"天倪者,自然之分也。"[2] 成玄英疏"圣人不由而照之于天":"天,自然也。"[3] "天均":"天均者,自然均平之理也。"[4] "天府":"自然之府藏也。"[5] 郭象和成玄英都将庄子的"自然"与"天"理解为同一层含义,"天"即自然而然,是作为万物存在的依据和根本法则,对万物具有一种必然性的决定力量。

郭象在《逍遥游》注中,阐述了"自然"的根本意思:"天地者,万物之总名也。天地以万物为体,而万物必以自然为正,自然者,不为而自然也。"[6] "自然"是万物的究竟和所待,是统摄一切而无所不赅者,但是无形无为的,"物之所以为物,是'自己如此'或'自己这样'的,它既不是因为外力推动之所致,又不是源于自己'有意'之所为,乃是'无力'和'无心'之统一"。一方面,道家老庄塑造了一个不同于西方有形神圣者的本体,以"自然"为根本法则的"道"这个统摄者是超乎形的,是形而上的,可以称之为哲学的本体。另一方面,"自然"是"不得不然",并且"不知其所以然而然",[7] 生命的本根具备某种必然性,不是可以由自身掌控的,也是不可知的。冯友兰先生说:"从'命'这一方面来讲,郭象所讲的'自然',也是对事物的一种决定,一种限制。"[8] 生命本根的无

---

[1] (晋)郭象注,(唐)成玄英疏《庄子注疏》,中华书局,2017,第26页。
[2] (晋)郭象注,(唐)成玄英疏《庄子注疏》,中华书局,2017,第58页。
[3] (晋)郭象注,(唐)成玄英疏《庄子注疏》,中华书局,2017,第36页。
[4] (晋)郭象注,(唐)成玄英疏《庄子注疏》,中华书局,2017,第40页。
[5] (晋)郭象注,(唐)成玄英疏《庄子注疏》,中华书局,2017,第48页。
[6] (晋)郭象注,(唐)成玄英疏《庄子注疏》,中华书局,2017,第11页。
[7] (晋)郭象注,(唐)成玄英疏《庄子注疏》,中华书局,2017,第28页。
[8] 冯友兰:《中国哲学史新编》第四册,人民出版社,2001,第147页。

形无为和客观必然的统一正是强调：生命看似自由自在，自然而然，却不是肆无忌惮，自以为是，在生命的背后，有种神秘而不可知的必然性存在。

在庄子《齐物论》的宇宙论中，也可以看出生命的"自然"本根。庄子云：

> 有始也者，有未始有始也者，有未始有夫未始有始也者；有有也者，有无也者，有未始有无也者，有未始有夫未始有无也者。（《齐物论》）

宇宙有个"开始"，也有未曾开始的"开始"，更有未曾开始那"未曾开始"的"开始"；宇宙有"有"，有"无"，有未曾有"无"的"无"，更有未曾有那"未曾有""无"的那个"无"。在《天地》篇中，庄子再次阐述：

> 泰初有无无，有无名。（《天地》）

可见，庄子的宇宙论也是他的本根论，值得注意的是：中国哲学思想史上的"宇宙"概论，是庄子最早提出的。《庄子》里"宇宙"一词共出现5次，有人在宇宙之中及宇宙的内涵是空间和时间两层含义。[①] 从宇宙的内涵来看，"宇"是有实在而没有具体的住所，郭象注为"宇者，有四方上下，而方上下未有穷处"；"宙"是古今之长而没有本末，郭象注为"宙者，有古今之长，而古今之长无极"，[②] 宇宙是时间和空间的总称，是无限性的统称，而作为"旁日月，挟宇宙"（《齐物论》）的生命而言，在追求宇宙万物的原始时，已撤销物我之对立。若追溯至天地之原始以前更以前，则意境更加无穷。庄子以"无无"扬弃与"有"相对的"无"，超越了老子之"无"，达到超越于"有""无"之分，更加普遍意义上的"无"，其宇宙哲学正式成立，超越性的本体论之色彩更加浓厚，而其本体

[①] 许建良：《先秦哲学史》，上海三联书店，2014，第48~49页。
[②] （晋）郭象注，（唐）成玄英疏《庄子注疏》，中华书局，2017，第54页。

"道"之内在性也更为明显。① 由此透视出庄子生命哲学的宇宙形而上学（Cosmo-metaphysics）意义，"自然"具有一切生命法则的根本性，宇宙自然内涵的广阔性，成为生命第一原理。坚持"自然"为生命第一原理第一义，可开发出无穷无限的生命意义，以完成逍遥游之生命境界的到达。

然而，作为生命本根的自然之"道"，虽非物，而亦非离于物，体与用，非对立的二元之分，而是统一体，是源流根枝之关系。② "自然"的生命本身并不具有自由的属性，需要从现实世界中获得完全的超越，使"道"成为人化之物并获得为我的性质的时候，自然才进入自由的领域。通过自然的人化，人实现了自身的目的和理想，从而一方面，对象由"自在之物"转化为"为我之物"；另一方面，人自身由"自在"走向"自为"。③ 因此，以生命落入世俗生活中成为"有"，是超越路径的第二步。在庄子那里，连接形而上之"道"和形而下的"有"便是"德"。

> 一之所起，有一而未形，物得以生谓之德。（《天地》）

所谓"德"，正是意味着有得于"道"。至此，生命得以生成并开始自身的入"道"之路。

二 "自生"之生命生成论

通过"德"，具体的生命得以生成，在生成论上，从庄子关于"三籁"的描述可见一斑：

> 夫大块噫气，其名为风。是唯无作，作则万窍怒呺。而独不闻之翏翏乎？山林之畏佳，大木百围之窍穴，似鼻，似口，似耳，似枅，

---

① 方东美先生将形上学分为三种：一，超自然（即超绝）形态；二，超越形态；三，内在形态。他认为中国哲学的本体论为超越性形态之形上学，本体既超越又内在，从而建立一套内在形态之形上学，因此中国哲学避开了超自然形上学可能导致的二元论。方东美：《中国哲学之精神及其发展》中译本，第 27~54 页。

② 张岱年先生认为："中国哲学的本根犹如树之根，物犹如树之枝叶。一是根本，一非根本，然同属实在。本根名词之起原即由于以树木之根为比喻。"参见张岱年《中国哲学大纲》，中国社会科学出版社，2004，第 16 页。

③ 杨国荣：《庄子的思想世界》，北京大学出版社，2010，第 232 页。

似圈，似臼，似洼者，似污者。激者、謞者、叱者、吸者、叫者、譹者、宎者、咬者，前者唱于而随者唱喁，泠风则小和，飘风则大和，厉风济则众窍为虚。而独不见之调调之刁刁乎。（《齐物论》）

郭象注："大块者，无物也。夫噫气者，岂有物哉？气块然而自噫耳。物之生也，莫不块然而自生。自生耳，非我生也。我既不能生物，物亦不能生我，则我自然矣。""然则生生者谁哉？块然而自生耳。自生耳，非我生也。我既不能生物，物亦不能生我，则我自然矣。自己而然，则谓之天然。"① 在万物生成论上，郭象的核心概念是"自生"。不仅仅在郭象注中，庄子《在宥》篇中也可以找到"自生"的概念：

万物云云，各复其根，各复其根而不知；混混沌沌，终身不离；若彼知之，乃是离之。无问其名，无窥其情，物固自生。（《在宥》）

从郭象对万物生成的阐述中，可以看出"自生"的两层内涵。第一层内涵即否定"怒之使然"背后的存在者，生命既不是某种外在神圣者有意志的创造，也不是将自然界与神等同起来的"泛神"的创造②。正如郭象注："造物主无主，而物各自造，物各自造而所待焉，此天地之正也。"③ 实际上，从老子开始，对于传统思想中的创造者或主宰者，如天或者帝等，就持一种否定的态度。《老子》虽然提出"道生一，一生二，二生三，三生万物"（第四十二章），但这种"生"不是一个"有意"的过程，而是由道乃有阴阳之相反相生而化成万物。万物的生成根据，在被归到以"无"为主要特征的"道"的"不知所以然而然"就成为必然的结论。

"自生"的第二层内涵即否定事物自己决定自己，"自生"不是"我生"。要注意的是"自"和"我"的区别，郭象认为"我"涵盖和指涉的是每个事物可以自我决定和掌控的部分，而"自"恰恰是那些"不由自主"的部分④。万物的生成不是自然选择的结果，而是在"不得不然"而又"不知其所以然"的过程中产生的，这一自然的进程不是由"我"决定

---

① （晋）郭象注，（唐）成玄英疏《庄子注疏》，中华书局，2017，第24页。
② 郭沫若将庄子与斯宾罗莎和伽比尔并称为"泛神论者"，这个论点笔者是否定的。
③ （晋）郭象注，（唐）成玄英疏《庄子注疏》，中华书局，2017，第60页。
④ 杨立华：《郭象〈庄子注〉研究》，北京大学出版社，2010，第103~105页。

的，而是由主观无法把握的自然之"道"所产生的，"自然"正是"自生"观念的基础。因此，庄子说：

> 非彼无我，非我无所取。是亦近矣，而不知其所为使。若有真宰，而特不得其眹。（《齐物论》）

郭象认为这里的"彼"是"自然"。"自然生我，我自然生。故自然者，即我之自然，岂远之哉！起索真宰之朕迹，而亦终不得，则明物皆自然，无使物然也。"[1] 一方面，"我"是在"不知其所以然"的过程中产生的；另一方面，这一无法把握的"自然"又构成了"我"的界限，即作为个体的"我"的"性"和"命"，使我有了喜怒哀乐等各种情态。可见，庄子并不是消极地否定"真宰"的存在，而是强调生命"自然的创造"，"无心的创造"[2]，这种创生虽然是必然的，无法把握的，但是真实，无心无为的，是"生而不有"（《道德经》第十章），一切生命不失落于"道"之外，而永在"道"的轨道之中，故"道"的创造性并无所谓所造与被造，可称之为"自然的创造"。

基于"自生"以上两层含义，郭象还使用了"自造""独化"两个核心概念进行补充说明。《齐物论》中有一段关于影子和影子之外的微阴之间的对话：

> 罔两问景曰："曩子行，今子止；曩子坐，今子起。何其无特操与？"景曰："吾有待而然者邪？吾所待又有待而然者邪？吾待蛇蚹蜩翼邪？恶识所以然？恶识所以不然？"（《齐物论》）

郭象注："世或谓罔两待景，景待形，形待造物者。请问夫造物者有邪？无邪？无也则胡能造物哉！有也则不足以物众形。故明众形之自物，而后始可与言造物耳！是以涉有物之域，虽复罔两，未有不独化于玄冥者也。故造物者无主，而物自造。物各自造而无所待焉，此天地之正也。"[3] 郭象将"自造""独化"看作"自生"观念的另两种表示，"相因"讲的

---

[1] （晋）郭象注，（唐）成玄英疏《庄子注疏》，中华书局，2017，第29页。
[2] 叶海烟：《庄子的生命哲学》，（台湾）东大图书股份有限公司，1990，第105页。
[3] （晋）郭象注，（唐）成玄英疏《庄子注疏》，中华书局，2017，第60页。

其实就是"并生",而"独化"在这里强调的是,即使是在这种"并生"的关系里,事物也都是在"不得不然"而又"不知所以然"的"自生"过程中生成的,并没有某一存在者的生成要依赖于与之并生的另一存在者的状况。"是以涉有物之域,虽复罔两,未有不独化于玄冥者也",所要表达的无非是即使像"罔两"这样表面上看起来没有独立性的存在者,也都是在不可知的境遇中"自生"的①。在《大宗师》一篇中,郭象把"彼特以天为父,而身犹爱之,而况其卓乎!"(《大宗师》)中"卓"注释成"独化","故人之所因者,天也;人之所生者,独化也"②。郭象把"独化"看成"自生"的另一种表述,想用"独化"破除的正是人们错误地认为的"人之所因者,天也"当中蕴含的天有意识地创生万物的倾向。

至此,生命发展到生成论阶段必然会为我们提供一个新的世界观:作为本体的自然之道,在创生万物生命的过程中,既非有意志地主宰万物的生命,也非任万物任意自我创造,万物是在自然的本性基础上,在"道"的轨道上,在"不得不然"而又"不知所以然"下得以生成。因此,每一个个体的存在都有其内在的不以人的意志为转移的绝对根据,在生命超越的意义上,每个适性而生的生命体现出同样的可能性,个体的肯定存在之价值是个体生命价值肯定的基础。

三 "齐物"之生命认知论

秉自然之"道"的生命来到人间世,如何认识生命是一项重要的课题。庄子正式进入现实社会中"齐物"的主题。庄子说:

> 古之人,其知有所至矣。恶乎至?有以为未始有物者,至矣,尽矣,不可以加矣!其次以为有物矣,而未始有封也。其次以为有封焉,而未始有是非也。是非之彰也,道之所以亏也。道之所以亏,爱之所以成。(《齐物论》)

庄子认为认知的最高境界是"以为未始有物",即"知通为一",与道

---

① 杨立华:《郭象〈庄子注〉研究》,北京大学出版社,2010,第294页。
② (晋)郭象注,(唐)成玄英疏《庄子注疏》,中华书局,2017,第133页。

合冥，这是一切知识的源头；其次是"以为有物，而未始有封"，"物"已经作为认知的对象，只是尚未有所分化；最后"以为有封，未始有是非"，物已经分化，但是非标准尚未定义，直至用逻辑分析等方法定义、彰显是非，形成"知识"时，大道就有所亏损。于是，知识成为生命情欲的工具，判断被认知者的主观意志所左右，自然的客观认知心态已经不复存在。《道德经》对"名"也进行了强烈的批判，《道德经》云："始制有名。"（第三十二章）"制"也是人为之制作，区别之义。王弼注："始制，官长不可不立名分以定尊卑，故始制有名也。"① 也就是说，区分之名的制定是为了识别各种差异，从而确定尊卑高低之分，"制"说明人们所孜孜以求的"名"是人之所为，而非依"道"而生。简言之，形下之经验世界生命认知的基础，乃是人类之伪的名言。庄子否定名言，强调"自知"，并不意味着庄子是不可知论者和彻底怀疑论者，庄子说：

道未始有封，言未始有常。（《齐物论》）

林云铭将"封"改为"对"，认为夫道无往而不存，故未始有对，言无存而不可，故未始有常，盖以有对有常，即为畛域，而八德所从也②。这是专门从语言的有限性讲的，"道"自身无对错，是人以为"道"有对错，而人所以认为"道"有对错，主要是因为人言有常，对事物有对错的判断标准。"封"不管是理解为对错，还是界限，都表达的是庄子对"名""形"等具有区别概念的否定，他所运思的是如何认知生命价值的真谛。正如陈鼓应认为的："庄子哲学思想之最大启发性，就在于对传统及现实所进行的价值转换和价值重估。"③ "名""形""爱"这些儒墨所崇尚的概念，庄子认为只会误导人们对生命真谛的认知，会对生命的保全有害。

对于生命真谛的真正含义，庄子用相对的语言形式表达出来：

夫天下莫大于秋豪之末，而太山为小；莫寿乎殇子，而彭祖为夭。天地与我并生，而万物与我为一。（《齐物论》）
物无非彼，物无非是。自彼则不见，自知则知之。故曰：彼出于

---

① （魏）王弼著，楼宇烈校释《王弼集校释》，中华书局，2009，第84页。
② （清）林云铭：《庄子因》，华东师范大学出版社，2012，第16页。
③ 陈鼓应：《尼采哲学与庄子哲学的比较研究》，生活·读书·新知三联书店，1987，第278页。

是，是亦因彼。彼是方生之说也。虽然，方生方死，方死方生；方可方不可，方不可方可；因是因非，因非因是。(《齐物论》)

郭象注："若以性足为大，则天下之足未有过于求秋毫也。无小无大，无寿无夭，是以蟪蛄不羡大椿而欣然自得。""死生之状虽异，其余各安所遇，一也。今生者方自谓生为生，而死者方自谓生为死，则无生矣；生者方自谓死为死，而死者方自谓死为生，则无死矣。无生无死，无可无不可。"① 从庄子的大小之辨、是非之辨直至生死之辨，可以较为清楚地认识到，庄子论证的是不局限在感官认识上去比较事物表面上的数量差别，而是要通过抽象思维去认识一切空间上的大小都是相对的，只有无限大、无限小才是绝对的，所以，天下没有比秋天野兽的毫毛末端更大的东西，而泰山却是小的。同时，时间上的久、暂也是一样的，没有比夭折的孩子更长寿的，而彭祖却是寿命短的，生命的长度和宽度也是无限的。因此，对于生命，我们不能局限于某一域、某一时，而是要从整个宇宙的角度，将天地人看成和谐的统一体，从而得出"天地与我并生，而万物与我为一"的结论，彻底挣脱外在的名言对生命的束缚。

那么，生命是如何显示自身的真谛的呢？庄子用"以明""道枢""两行"等作为认知方法。

是故滑疑之耀，圣人之所图也。为是不用而寓诸庸，此之谓"以明"。

彼是莫得其偶，谓之道枢。枢始得其环中，以应无穷。是亦一无穷，非亦一无穷也。故曰：莫若以明。(《齐物论》)

是以圣人和之以是非而休乎天钧，是之谓两行。

郭象注"以明"："用虽万殊，历然自明。"② 不用而自用，理智自用，其光不耀，知德相应，知乃自明，如此知识的层级得以打通，知识的方向则殊途同归。因此，"夫大人者，与天地合其德，与日月和其明"(《周易·乾卦·文言》)，生命不需要显耀而自身合德而明，"宇泰定者，发乎

---

① （晋）郭象注，（唐）成玄英疏《庄子注疏》，中华书局，2017，第44~45页。
② （晋）郭象注，（唐）成玄英疏《庄子注疏》，中华书局，2017，第34页。

天光，发乎天光者，人见其人，物见其物"(《庚桑楚》)，一切生命都在道德光照中，"自明"也就是"明道"，把握了"道"，即得到生命的真谛，于是生命便"得其环中，以应无穷"(《齐物论》)。

同时，要注意的是，除了对个体生命自身的肯定之外，庄子对他者的生命同样持肯定的态度。郭象和成玄英在对是非之辨的注解中都提到了"反复相明"。郭象注："欲明无是无非，则莫若还以儒墨反复相明，反复相明，则所是者非是而所非者非非矣。非非则无非，非是则无是"；成玄英疏："反复相明，则所非者非非则无非，所是者非是则无是。无是则无非，故知是非皆虚妄耳。"[①] 认知主体在大道之中，不断回视自己，省察自己，进而了解自己，批判自己，这是主体的自由，由认知的自有开始，到对世间万物的欣赏。由此，我们可以看到庄子的生命认知论是对一切生命的尊重的价值观，他看到了生命的无穷性、平等性，认识到事物之间的差异性、相对性从而齐之，这是一种更加彻底的理性认识。

四 "坐忘"之生命实践修养论

在具体的实践和修养层面上，从"齐物"到"坐忘"，即"德"在形下世界的具体展开，是生命真谛的外化于行。事实上，庄子并非神秘主义者，他在批判儒家的时候仍然保守儒家的生命精神，仍然遵循着由内向外、由上向下、内外上下贯通的循环路径。生命在人间世的实践修养，也是庄子生命哲学的重要内容之一。"忘"在《庄子》一书中出现频率极高，有80多次。一般学者认为："忘"的修养有三个层级，第一层次是"忘礼乐""外天下""外物"，即抛弃外在的礼乐等道德观念和物欲的束缚；第二层次是"忘仁义"，即从外向内抛弃仁义等道德观念；第三层次是"坐忘""朝彻""见独"，通过堕肢体，黜聪明，离形去知，最后同于大通。这三层修养的工夫是愈忘愈难，最终达到"坐忘"。"坐忘"即一切皆忘，心虚静明，从而获得绝对的自由，是谓"大通"。庄子说：

忘年忘义，振于无竟，故寓诸无竟。(《齐物论》)

[①] （晋）郭象注，（唐）成玄英疏《庄子注疏》，中华书局，2017，第36页。

郭象注："竟，穷也。"① "无竟"指无穷的生命系统，生命能将自然之"道"内化于心，外化于形，在得到"道"的同时超越形象世界，生命进入无限的时空中，从而达到精神世界的逍遥，在无为而无不为的精神解放中不断超升。《齐物论》开篇就以一寓言故事描写"忘"境的状态：

南郭子綦隐机而坐，仰天而嘘，苔焉似丧其耦。颜成子游立侍乎前，曰："何居乎？形固可使如槁木，而心固可使如死灰乎？今之隐机者，非昔之隐机者也？"子綦曰："偃，不亦善乎，而问之也！今者吾丧我，汝知之乎？女闻人籁而未闻地籁，女闻地籁而不闻天籁夫！"（《齐物论》）

郭象注曰："吾丧我，我自忘矣。我自忘矣，天下有何物足识哉！故都忘外内，然后超然自得。"②"丧我"即"忘我"，忘我与物之对立，忘与物对立之假我。陈鼓应解"吾丧我"，认为这个"我"乃是封闭性的假我，"吾"才是开放的，本真的自我。真假之辨是忘我之始，而忘之终则真假无须辨。庄子认为，一切世上的是非争执，都是执着于"假我"导致的，唯有得"真我"，生命才会出现一线生机，生命形体虽然如草木枯槁，但是生命之心则可以死灰复燃，不断恢复生机。

"坐忘"的践行方式有两层含义。首先是"因循"的思想。成玄英疏："夫达道之士，无作无心，故能因是非而物是非，循彼我而无彼我。我因循而已，岂措情哉！"③ 成玄英提到了道家思想的重要思想特色"因循"。所谓"自用"，对自身而言，即心不执是执非，摒弃主观目的性的行为，循真性而为，一切行为应当自为、自安、自若，从而自得。对他者的行为方式，"因循"的思想在《老子》那里，得到更为形象的体现。《老子》认为，"因循"就是"辅"，"辅万物之自然"（第六十四章），即因循万物本性成全万物自然发展的运动状态。"辅"，是针对主体而言，"辅"的行为对象是"万物之自然"。万物转化回返运动的动力在于自身内在的自然能量，而不是投注在某种独立于其之外的事物，世界是自化、自正、自富、自宾的，生来就有具备内在自为的机能。万物辅助的精神实质就是因

---

① （晋）郭象注，（唐）成玄英疏《庄子注疏》，中华书局，2017，第54页。
② （晋）郭象注，（唐）成玄英疏《庄子注疏》，中华书局，2017，第24页。
③ （晋）郭象注，（唐）成玄英疏《庄子注疏》，中华书局，2017，第39页。

循万物，尊重万物生命本身的发展价值。庄子用"朝三暮四"的寓言故事形象地告诉我们因循的道理：从"朝三暮四"改为"朝四暮三"，给猴子吃橡子的总数是一样的，实物也没有损失，但是猴子的喜怒发生了变化，这也是顺着猴子的自身偏见认为的"是"而导致的。所以圣人不执着是非的争论而依顺自然之理，这就叫作"两行"。

除了"因循"的之外，"坐忘"的思想还有一个重要的内涵，就是"和光同尘，处染不染"。

> 圣人不从事于务，不就利，不违害，不喜求，不缘道，无谓有谓，有谓无谓，而游乎尘垢之外。（《齐物论》）

"不从事于务"，郭象注："务自来而理自应耳，非从而事之也。"① 相应于自然而无为。"不就利，不违害，不喜求"，主要表现为对有意而为之或有目的而为之的疏离。与以上二者一致的就是"不缘道"，这里的"缘道"不同于一般意义上的因循"道"或者合乎"道"，而是刻意为实现某种目的而追求"道"，是将"道"作为一种手段和工具；"不缘道"则是超越这种有意为之的取向，这正是庄子所崇尚的处世修身之人："和光同尘，处染不染，故虽在尘嚣之中，而心自由于尘垢之外者。"② 因为在庄子看来：

> 大道不称，大辩不言，大仁不仁，大廉不嗛，大勇不忮。（《齐物论》）

大道是不可以称谓的，大辩是不可以言说的，大仁是无所偏爱的，大廉是不逊让的，大勇是不伤害人的。由此可以看出，庄子对生命的本质有着真正透彻的理解，当我们从被定义、被设定、被概念化的生命困境中摆脱出来，选择精神的修行时，世俗的任何变化、言论和行为都不会影响生命的完整性和统一性，这样，我们达到精神与肉体的完美融合之后，心灵与伦理道德可以互通，心之真诚自可转为伦理之德。从而，我们可以"物

---

① （晋）郭象注，（唐）成玄英疏《庄子注疏》，中华书局，2017，第58页。
② （晋）郭象注，（唐）成玄英疏《庄子注疏》，中华书局，2017，第58页。

物而不物于物"（山木），"游心"于尘垢之外、四海之外，游刃有余地处理解决善恶对立、以善退恶等问题，于是生命达到逍遥的境界成为可能。

五 "逍遥游"之生命境界论

当生命的"齐物"认知和生命的"坐忘"修养合二为一时，就是生命超越至最高境界，也就是"道"的境界。这个境界在庄子看来，就是"逍遥"之境。

庄子的逍遥境界有着与老子一样的"复"的精神，"归根曰静，是谓复命"（第十六章），静的生命是一种从"真"过渡到"和"进入超越的生命状态，"静"和"樸"都是"道"的表现形态，是自我生命回归其本体的一种精神状态。所谓"复命"，就是对生命本体的回归，回到那种无知无欲，自然纯真的婴儿状态，超越生命并不是对自然生命的简单回归，并不是无语言状态下的原始状态，而是一种超越的回归，是经历过道的一番持修后的超越的回归，重新回到那个真实无妄的自我。① 可见，"复"的精神是天地之生命精神，是返回大道的精神，这也是生命最终要达到的境界。

达到"逍遥"境界的人，庄子塑造了"神人"、"至人"、"圣人"和"真人"四种形象：

> 若夫乘天地之正，而御六气之辩，以游无穷者，彼且恶乎待哉！故曰：至人无己，神人无功，圣人无名。（《逍遥游》）
>
> 古之真人，不知说生，不知恶死。其出不欣，其入不距。翛然而往，翛然而来而已矣。不忘其所始，不求其所终。受而喜之，忘而复之。是之谓不以心捐（损）道，不以人助天，是之谓真人。若然者，其心忘，其容寂，其颡頯。（《大宗师》）

成玄英认为："至言其体，神言其用，圣言其名，故就体语至，就用语神，就名语圣，其实一也。"② "心忘"俗本形误为"志"，依褚伯秀等

---

① 朱人求：《老子哲学的生命精神》，《南昌大学学报》（人文社会科学版）2000年第4期。
② （晋）郭象注，（唐）成玄英疏《庄子注疏》，中华书局，2017，第13页。

说,据赵以夫订正为"忘"。陆树芝说:"忘字上括'以所知养不所知',下通'坐忘'一段,乃一篇要旨。"① 因此,圣人、神人、至人和真人都是"自忘""忘心"之人,"自忘"即无待,达到纯精神之人:

> 众人役役,圣人愚芚,参万岁而一成纯。万物尽然,而以是相蕴。(《齐物论》)

经心灵知行并进的过程,经过精神的锻炼,生命的觉解,生命重于去除杂质而成精纯,回归万物尽然的自然与统一,多复归于一。庄子用"心斋"来表示,即让修行者通过抛弃带有极大局限性的耳、目等感官来认知世界的习惯,用"心"的感受力去体悟一切。但心的感受力也只能做到与外界事物合拍,而无法超越事物、现象,进一步接触到隐藏在这一切之后的真道的本质。所以还需要进一步抛却"心"的感受力,抛却一切主观意识行为,直至完全忘我,通体内外只剩下一派虚静之气往来周游,而难以言说的真道就将集中在这虚静空明的身心中。

因此,在齐物论的最后,庄子用"蝴蝶梦"诗意地描述了"逍遥游"的境界。

> 昔者庄周梦为胡蝶,栩栩然胡蝶也。自喻适志与!不知周也。俄然觉,则蘧蘧然周也。不知周之梦为胡蝶与?胡蝶之梦为周与?周与胡蝶则必有分矣。此之谓物化。(《齐物论》)

关于"物化",郭象注曰:"夫时不暂停,而今不遂存,故昨日之梦,于今化矣。死生之变,岂异于此,而劳心于其间哉!方为此则不知彼,梦为胡蝶是也。"成玄英疏:"故知生死往来,物理之变化也。"② 郭象和成玄英将生命置于无限的时空中,在大道中无待而无心,无心而自化,这种自化是全然主动的,是向生命本真的复归运动。一首一尾,庄子用梦蝶的故事与"吾丧我"的故事相呼应,从引出"逍遥"之境的疑问,到最后的诗意地回答,给了我们最完整的"至齐之境"的阐述。正如《知北游》中所讲:

---

① 陈鼓应:《庄子今注今译(上)》,中华书局,2017,第 190 页。
② (晋)郭象注,(唐)成玄英疏《庄子注疏》,中华书局,2017,第 61 页。

> 无思无虑始得道，无处无服始安道，无从无道始得道。(《知北游》)

由知道到安道，到得道，全在默观玄想中进行，如此知行一贯，天人关系重新融为一体。

综上所述，本文从庄子生命哲学的角度探讨以"自然"为核心所构建的生命超越进路。从生命哲学的意义上来讲，所要表达的是对生命无穷性、平等性、创造性和超越性的尊重，同时庄子看中精神之生命和生命之精神，也为万物生命在人间世安身立命，走向绝对精神和独立主体提供了自身的哲学路径："自然"乃生命之本根，生命秉自然之道而生，深谙生命之因，自明真我之理，并行其于世，修其于身，如此，以超越世俗世界，超越"能知"与"所知"，超越生命的有限性与相对性，走向无限广阔的宇宙世界，在无为而无不为的精神解放中逍遥游。

西方伦理思想

人的尊严与人的权利

马库斯·杜威尔（Marcus Düwell）著，李亚月 译*

摘　要　对侵犯人的尊严的案例进行分析，似乎可以为理解人的尊严概念提供一种归纳的方法。一些人认为，相比于在理论上对尊严概念做出详尽的正面说明，这一方法更加可行。本文要强调的是，我们需要构建一个对于人的尊严的正面的说明。如果没有正面的说明，我们就无法确定哪种行为构成了对人类尊严的侵犯，更进一步的困难在于，我们也无法通过一个无所不包的同时又缺少一个正面论述的人的尊严概念理解这些侵犯之间的相关性。本文试图通过两个步骤，阐明对于人的尊严概念的说明所应具有的特征。第一步，本文将描述现代尊严概念的某些普遍特征，比如尊严的平等性，涉及他人的规范性，对个体内在价值，以及人类尊严所包含的至高规范性声明的强调。我们将会发现，正是这些元素将我们对于人类尊严的争论同我们对于荣誉、社会地位和卓越等问题的争论区分开来。第二步，本文提出了一系列问题："谁拥有人的尊严？人的尊严与人权的关系是什么？尊严的规范性内容是什么？尊严的本体论地位如何？我们可以对人的尊严做出何种辩护？"虽然问题并不止这些，但本文列出的这些问题是每一个关于人的尊严的说明都必须回答的。对于我们的道德规则与政治规则而言，人的尊严是一个基本的概念。因此，只有构建一种正面的说明，才能获得对于人的尊严的全面的理解。也许这样一个正面的说明无法被构建出来或者无法得到辩护，然而，这样的结论也只有在对上述问题进行探讨之后才能够确立；如果这些问题无法被回答，我们就有理由将人的尊严概念完全丢弃。人的尊严是有意义的还是无意义的或空洞的概念，只

---

*　马库斯·杜威尔（Marcus Düwell），荷兰乌得勒支伦理学研究所，乌得勒支大学；李亚月，中国社会科学院应用伦理研究中心。

能通过正面说明的成败而定。

关键词 人的尊严 人权 权利

一 人的尊严的正面说明和负面说明

最近10年里,"人的尊严"概念出现在各种各样的著述当中。人们曾在各种语境中讨论这个概念的历史,以及它的政治、道德和法律功能。其中,生命伦理学语境中的争论最为激烈。当前有很多研究探讨对人的尊严的侵犯。这种研究方法背后的假设是,无论充满争议的论辩还是哲学上的概念化,对于理解人的尊严而言都不是一个恰当的开端,相比之下,对具体的侵犯尊严的案例的分析则是理解这一概念的最有希望的方式。我们很难判断对胚胎的使用和对安乐死的许可是否构成了对人的尊严的侵犯,但我们可以认同强奸、折磨和绝对贫穷是对人类尊严的侵犯。由此,我们会想到一个在道德哲学中被普遍接受的策略:从分析争议较少的案例开始,以便发展出一个概念,并根据由此形成的对该概念的理解来评价更有争议的案例。也许我们有一些颇具启发性的理由,将对于侵犯的案例的分析作为理解这一概念的入门方法,并且也有一些历史证据证明,正是堕落和受辱的经历使"人的尊严"成为一个如此重要的政治和法律概念。然而,同时我们有一些理由认为这样的分析是不充分的。而且,认为对人的尊严的侵犯的分析可以成为建构人的尊严概念的一个归纳策略(Margalit 1996年作品①的追随者常常这样假设)是错误的。这里有一些反对这样一种归纳策略的论证。

第一,在我们对"人的尊严"概念的实际理解当中,有各种各样的假设,这些假设在各个方面都是饱受争议的。例如,是否人类的全体成员都必须被视为具有尊严的存在物?对那些无争议的案例进行分析,无助于我们弄清这些问题。

第二,为确定什么样的案例才是对人的尊严的侵犯,我们已经预先假定了一个特殊的概念。比方说传统的宗教思想家认为,做出宗教上不能接受的行为会有损于一个人的尊严。只有当一个人已经在理论上构建出一种

---

① Margalit, Avishai, *The Decent Society*, Cambridge: Harvard University Press, 1996.

对尊严概念的理解，才能将上述行为从对尊严的理解中排除。

第三，在世界人权宣言的语境中使用的人的尊严概念，是与现代性的发展深切关联的，而现代性强调对每一个个体的道德上的保护。归纳方法似乎未能与这个概念的历史向度发生联系。

第四，虽然对于人的尊严存在各种各样的质疑，但也有各种各样的法律和伦理学传统将人的尊严理解为一个根本性的概念。所谓根本性的概念，也就是说这个概念确定了人类在这个世界上的位置，它应当在总体上为人类的法律和道德地位提供一个基础，或者应该给为什么人能够拥有人权等问题提供一个理由。我们不清楚人的尊严与这些法律和道德框架之间更为根本的关联如何通过归纳方法而得到探讨。

第五，一个归纳推理往往很容易对某种特定的不公持某种偏见。它将更容易聚焦由个别案例所显示的不公正，也就是说，案例不得不处理个体之间的具体关系，而不是政治秩序中结构性的不公正。更进一步，这样一种归纳方法将优先考虑那些已经显示出来的，并且是可见的不公正，而不是那些尚未为人们所察觉的不公正（比如我们如何对待未来的一代）。我不想在当下推测这种偏见是否合理（它可能是的），但至少必须有人为这种偏见提供一种理论上的说明。

第六，关于人的尊严的争议，主要来自概念层面：是否我们可以为这个概念构建一个非专断的含义，并且，辩护的向度关乎为保护人的尊严而提出的道德的、政治的和法律的主张在多大程度上可以得到辩护。我们不清楚一个归纳推理如何帮助我们澄清这类辩护的问题。

以上六项批评远未穷尽归纳方法的缺陷。虽然人们对归纳推理会有不同理解，然而无论如何，以上这些批评或多或少是致命的。也许我们有理由以分析侵犯人的尊严的行为来开始我们对于人的尊严问题的讨论。但这样一个起点只能是最初的启发式的一步。因此，一个"消极的方法"——就像在这里提出的——只能提供一些启发式的工具，而不是研究人的尊严的"方法"。如果有人试图建构一个对人的尊严的"归纳的"说明，那么事情将变得更糟：当我们谈论消极的方法时，至少还为"积极的说明"留下了兼容性空间，而一个"归纳的方法"的观念则完全否认了这种可能性。

有必要建构一个关于人的尊严的正面说明，并且一个归纳的方法并不是一种理论上的备选项。关于这一观点我已经论述了很多。然而，建构一个关于人的尊严的正面说明也面临许多障碍。这样一种说明应是什么样的并不是能够即刻明了的。难道关于人的尊严的任何该类说明不是简单地反映了在特定的伦理学方法中所做出的普遍假定吗？一个关于人的尊严的探讨将不得不与道德哲学中普遍存在的方法多元性联系在一起。更进一步，人们会问，一个正面说明的构建是否会预设某些对于人类尊严的先在的理解呢？比如说，我们如何与历史概念的普遍多元性相关联呢？

人们可以从提出一个以一种特定伦理学理论为基础的尊严概念开始。然而本文将探讨的是一些初步的、准备性的问题，即这样的一种人的尊严的理论应该是什么样的。为了了解哪些问题被提到了桌面上（至少不是自明的问题），并且在讨论人的尊严时哪些问题受到了质疑，这种初步的探讨是必要的。就这些争论而言，我的观点是，我们应当将人的尊严视为建立在特定语境中的事物而加以理解，这个语境就是世界人权宣言以及随之而来的历史进程。本文并不假设出现在二战之后的是一个完全不同的人的尊严的概念（与 Menke 和 Pollmann 2007 年的观点[①]不同）；本文认为，"我们的"尊严概念同现代道德哲学和政治哲学中的各种争论有着内在的联系，并且这个概念只能参照有关个人的价值和权利的那些更宽广的道德和政治背景而得到理解。（有关这个概念前史的一些重要研究，参见 Haakonssen, 1996; Tierney, 1997; Trinkaus, 1970; Tuck, 1979)[②]

本文将分两步展开讨论：第一步，本文将识别出一些我们可以在人权概念框架的语境中找到的人类尊严概念的普遍特征。第二步，本文试图确认出那些所有对人的尊严的说明都必须回答的问题。本文假设，如果这些问题无法得到回答，那么我们就有理由质疑人的尊严是否可以用于道德和政治论说。因此，我们并不确定有关人的尊严的正面思考能否被发展出来。然而，这个问题只能在回答下面提出的问题，或表明下面提出的问题根本不可能得到回答之后，才能得到解决。继续使用这个观念却没有回答相关问题是教条主义的。如果哲学家们从未试图论证成功捍卫尊严概念的

[①] Menke, Christoph, and Arnd Pollmann. *Philosophie der Menschenrechte zur Einführung.* Hamburg: Junius, 2007.

[②] Haakonssen, Knud. *Natural Law and Moral Philosophy. From Grotius to the Scottish Enlightenment.* Cambridge: Cambridge University Press, 1996; Tierney, Brian. *The Idea of Natural Rights.* Cambridge: William B. Eerdmans Publishing Company, 1997; Trinkaus, Charles. *In our Image and Likeness: Humanity and Divinity in Italian Humanist Thought*, 2nd edition. Chicago, IL: Chicago University Press, 1970, p. 230; Tuck, Richard. *Natural Rights Theories: Their Origin and Development.* Cambridge: Cambridge University Press, 1979.

不可能性，就痛斥这个概念，那么他们也是一样的教条主义。将不可回避的问题一一列出，是人们得以无偏见地讨论人类尊严的重要的第一步。

二 对人的尊严的正面论述所应具有的普遍特征

（一）人的尊严的平等性

世界人权宣言将人类尊严许诺给"人类家庭中的所有成员"，无论他们具有何种其他特征，比如种族、性别、智力、信仰、年龄等。这就意味着，尊严并不以一部分人所具有的依条件而改变的特征为基础[①]，比方说荣誉、等级和地位。尽管一些人提出，人的尊严是那种因社会等级而异的尊严的民主化和普遍化（比如 Waldron 2009 年的观点[②]），但即使这些人也会认同，那种不因人类在不同程度上拥有的特征而异的尊严或不因个人成就的不同而异的尊严，才是真正处于危机之中的概念。这也正是现代的人类尊严概念与前现代的人类尊严概念之间的根本不同（尽管我们甚至可以在前现代的理论中找到一些现代尊严概念所包含的元素）。

在这里，以下两点意见是必要的。第一，尊严概念并非必须建立在物种歧视的偏见的基础上。有些人认为这个概念必定植根于一种特定的偏见，彼得·辛格等人倾向于将这一偏见批判为"物种主义的"[③]。"物种主义"是一种有利于某一种生物类型成员的偏见，就好像有利于某一特定种族或性别的成员的种族歧视和性别歧视一样，是不公平的。辛格曾因过于笼统地使用"物种主义"一词而受到批评[④]，因为他未能区分以下两种情

[①] Gewirth, Alan. "Human Dignity as Basis of Rights". In *The Constitution of Rights. Human Dignity and American Values*, Michael J. Meyer and William A. Parent (eds.). Ithaca: Cornell University Press, 1992, pp. 10 - 28; Meyer, Michael J. "Dignity Rights and Self-control", *Ethics* 1989, 99: pp. 520-534.

[②] Waldron, Jeremy. *Dignity Rank and Rights.* Tanner Lecture on Human Values. http://www.law.nyu.edu/news/waldron_tanner_lectures, 2009.

[③] Singer, Peter. *Practical Ethics*, 2nd edition. Cambridge: Cambridge University Press, 1993.

[④] Steigleder, Klaus. "Die Abenteuer der Bioethik - Ein kritischer Vergleich der Ethikkonzeptionen H. Tristram Engelhardts und Peter Singers". In *Ethik Ohne Chance? Erkundungen im Technologischen Zeitalter*, 2nd edition, eds. Jean-Pierre Wils and Dietmar Mieth, Tübingen: Attempto, 1991, pp. 225 - 246; Cf. Düwell, Marcus. "Equality Speciecism and Sanctity of Life. On Some Philosophical Presuppositions of Peter Singer's Practical Ethics". In *Peter Singer under Fire*, ed. Jeffrey A. Schaler, Chicago: Open Court, 2009, pp. 395-418.

况：第一，将某人是一个生物种类成员的简单事实，作为应允其特殊道德地位的充分理由（这是一个有缺陷的论证）；第二，智人（homo sapiens）这个物种的成员在道德上是特殊的。与后一立场辩护所需论据很可能完全不同。可以证明，为一种特殊的道德地位进行辩护，如同可交际性、（道德）主体性、创造性等特征具有终极的重要意义，并且这些特性（到目前为止）只有在人类物种中才是为人们所熟知的。这些立场不得不提供的一个论证是：为什么这一物种中那些不具有这些特性或仅在较低程度上具有这些特性的成员，同样可以分享这一特殊地位的道德保护呢？这些论证可能是有瑕疵的、有问题的，或者是错的，然而因为这些观点不是植根于对一种特殊的生物类型的偏见，所以在这个意义上它们不是物种主义的。几乎所有的哲学立场都将人的尊严的基础归于一种道德相关的特性，而不是赤裸裸的生物事实。在任何情况下，想要把尊严赋予人类大家庭的所有成员，我们都无须持一种物种主义的立场；人的尊严并不是一个物种主义的概念。

这样的讨论导致一个更进一步的问题。对人的尊严的保护范围的扩展在一些方面并不是无争议的。几乎西方世界所有的法律法规在为早期阶段的人类赋予法律保护的方式方面都各不相同；一些法规赋予了明确的保护，同时也有一些明确地将胚胎与已出生的人类区分对待。人的尊严提供保护的起点是有争议的。此外，我们应在何种程度上为一些动物赋予尊严也同样是有争议的，特别是就一些类型的猿而言（那么就不是"人的"尊严而是平等尊严的一个扩展）。几乎所有哲学上概念化的努力和关于这个问题的种种政治上的探讨，都需要面对扩展人的尊严这条备受争议的分界线。

（二）人的尊严具有关涉他人的性质

对人类尊严的正面说明的第二个普遍特征在于它们以调整人与人之间的关系以及人与政治制度之间的关系为目标。这与文艺复兴时期对于人的尊严的解释不同，文艺复兴时期的解释首先关注的是人类在宇宙中的位置，并且想要确定人与上帝、天使以及野兽的关系。不同的解释还包括对人类尊严的宗教性说明，这类理论关心对人类的救赎、人类的宗教位置，或其与上帝的关系。我们可以将以上状况同伦理学中更加普遍的区分联系在一起。伦理学的说明既可以关注人的卓越性（人的完美），就好比至善论的理论①,也可以主要地关注涉及他人的责任。当然也有同时包含这两个角度的伦理学理论:一个可以论述对他人的责任和伤害并且可以论述对自己的责任和伤害的伦理学理论。伦理学理论可以把对他人的责任建立在至善论的考量的基础上,可以把伦理上的卓越视为以一种特定形式履行道德责任的结果,或者它们也可以严格地区分这两个向度。在任何事例中,两个角度都可以被区分开来,在这一语境中唯一有关的是,当代对人的尊严的说明,是要就我们对待人类的方式构想出一个道德建议,并且这种构想应独立于对这些建议的具体论证。

目前最重要的问题是,一个正面的人的尊严的说明需要处理涉及他人的责任。通常来讲,这些涉他责任是通过人权的形式而阐明的。这并不是说一个正面的尊严的说明必须只能是一个关于权利的理论,但至少这样一个说明必须回答我们应怎样对待我们的人类同伴的问题。通常来讲,这样的一种说明会在我们政治体制的道德要求方面产生一些影响。

(三) 作为个体内在价值的尊严

一种对人的尊严的正面说明应当认为,每个个体都拥有某种道德地位,这就意味着在一种与道德相关的意义上,个体不可以被其他个体代替或取代。这可以被描述为人的内在价值,这种内在价值禁止以利益和价值的运算法则来权衡个体的价值;这就是康德所说的"绝对价值"(absolute value)。很多学者反对在此探讨"价值",因为"内在价值"或"尊严"是不符合"价值"的术语学要求的。我们有充分理由在此小心行事:如果我们致力于构建一种客观的价值理论,那么我们似乎是忠实于某种道德现实主义的。一个道德现实主义者往往执着于对客观价值的探索,这使他们很难理解那种由人类尊严所赋予的特殊的独一无二的性质。如果我们坚信一种假设价值可以相互比较权衡的价值概念,那么在这种语境中,"绝对价值"则显得很奇怪。我们赋予了意义和绝对价值的"人"的特殊地位不能被理解为一种同其他价值无异的价值;处于特殊道德地位的人,在人们眼中应具有创造价值并且理解价值的能力,可以遵守道德规范;我们为其授予人的尊严的特殊道德地位的,是具有特定道德能力的人。谈论"个体的价值"似乎忽略了通常情况下各种"价值"的不同和一个"评价主体"

---

① Hurka, Thomas. *Perfectionism*. Oxford: Oxford University Press, 1993.

的地位,并且如果人的尊严概念有任何意义的话,它似乎要以某种方式和这种主体地位相关联。在此基础上,如果可以明确这种价值的特殊性,谈论"个体的价值"(就像上文提到的,康德谈论过"绝对价值")在原则上是没有问题的。

值得一提的是,给予个体特殊价值并不必须等同于社会秩序的特殊形式,也不必须公开支持社会学家们描述为"个体化"(individualization)的现象。有些问题并不是先验清晰的(not a priori clear),比如是否只有在特殊形式的社会秩序和政治体制才能实现对人的尊严的尊重,或者那会是一种什么样的社会秩序和政治体制。很明显,人的尊严的规范性内容会对政治体制和个人权利产生规范性的影响,但是以下论断并不会在概念上显现出来,即保护和促进人的尊严的适当的制度,就是"个体化"概念所指称的那种西方的社会和政治制度。一个关于人的尊严的理论需要论证何种制度才是适当的。

然而,谈论不能与其他利益相权衡的"内在价值"或"绝对价值",我们还会遇到另外一个问题。有人会提出"人的尊严"无非就是"权衡利益"的停止符号。这也就是说,在人的尊严没有被侵犯的情况下,所有的利益和价值通常都是可以被相互比较的。人的尊严仅仅标志了一个特殊的受保护的价值的区域,涉及尊严的权衡或比较在道德上是不可接受的。这种对人的尊严的理解有一个预设,预设了一种关于人的尊严与我们的全部道德规范和伦理信念之间关联的特定观念,这种观念是非常有争议的。

(四) 至高性

在人权框架的语境中,人的尊严是以对至高性的要求为特征的。在某种意义上,一种对尊严的说明将会清晰表述一个能够"压倒"其他考量的规范性考量。说一种行为侵犯了人的尊严但在道德上却允许这样做,是很奇怪的。我们可以就一种行为是否侵犯了人的尊严的问题进行争论,但如果该行为构成了侵犯,那么这种侵犯将在重要性上超过其他可能需要考虑的事情。在这方面,人们会想要知道,"人的尊严"概念的规范性内容是否与"道德上正确"的概念的内容拥有同等范围。有一些理论符合上述情况,这些理论将"让所有人有尊严的生活"作为对涉他道德规范的终极的和独有的论证。在这样的例子中,"人的尊严"与"与他人有关的道德上正确的行为"是同义的。由此,人的尊严总是需要得到尊重的,并且会胜过与之相对立的出于谨慎原则的、美学的以及宗教的考量。本文并不是在为这种立场辩护，但本文认为这种意义上的重叠至少在概念上并不是不可能的。

另外一种不同的情况是，人们将对人的尊严的侵犯视为一种区别于其他道德上禁止的行为的特殊类型的道德上禁止的行为。在这种意义上，折磨、强奸、种族灭绝等是对人类尊严的侵犯，撒谎或偷窃在道德上是对他人做出的错误行为，但并不是对人的尊严的侵犯（这里重要的是概念上的区分而不是这些例子）。在道德上，必须最先做到避免侵犯人的尊严；在义务冲突的情况下，对尊严的尊重将永远比其他道德义务更重要。

在此，笔者暂将有关现代的人的尊严概念的考量总结如下：对尊严的说明将把作为一种地位的人的尊严平等地赋予所有人类成员（界限的问题仍需继续探讨）；人的尊严将是有关涉他行为的建议的来源（通常从权利的方面阐述），并且通常与道德上可接受的有关政治体制的建议相伴随；它将说到每个个体的价值；并且尊重人的尊严应被视为比其他可能的考量更加重要。对于一个人的尊严的正面说明而言，仅仅这些要素肯定是不充分的，但这些要素足以将人的尊严的理论从关于人的卓越性、等级和理想化的那些完全不同的争论中区分出来。详尽阐述这些要素并不意味着一个关于人的尊严的正面说明可以被成功地构建出来并得到辩护。直到这里，本文尚未提出构建一个正面的说明是可能的；也许我们可以证明，我们无法为这样一种正面的说明做出论证，即便这对于尊严概念是致命的。然而，如果一种人的尊严的概念可以被构建出来的话，那么它至少应包含这些要素。

三　对人类尊严的正面说明所面对的问题

在接下来的部分中，我将提出一些问题，这些问题是任何对于人的尊严的说明都必须回答的。这些问题与人的尊严的基本内容及其应用的范围有关；这些问题涉及该概念的非主观应用的基本要求。我猜想对于那些认为人的尊严是一个无意义的、无用的或空洞的概念的学者而言，这些问题仍会是首要的问题。因为只有当我们可以论证，以一种非主观的方式回答这些问题是不可能的，谴责人的尊严概念是无意义的或空洞的才是合理的。

(一) 人的尊严的主体

哪种存在物值得拥有"人的尊严"所描述的那种地位？这个问题引发了大量争议。然而这听起来像是一个奇怪的问题，因为这个问题的表述本身似乎就已经回答了问题：所有的人类。（这个表述再次唤起了上文提到过的物种主义的争论）然而，就人的尊严概念的应用和辩护而言，至少还有两个更进一步的问题需要回答：我们应为谁赋予这种地位？我们为什么应该这样做？我们从第二个问题开始：既然我们将那些值得拥有一种绝对的道德保护或尊重的存在物选择出来，那么就有必要为这种选择提供某种辩护，毕竟这种尊重可能意味着对一个人的自由的强限制。如果尊重人的尊严具有如此高度的重要性，那么我们除了对这种尊重进行辩护之外别无选择。然而，每一种辩护都将涉及一个存在物的某些特征，在对尊重的道德必要性的辩护中，这些特征将扮演某个角色。如果我们不能提供同我们应尊重某一存在物这一事实相关的特征，我们将无法理解我们应尊重谁的问题。在这一语境中，我们面对着各种特征，比方说理性，人格，拥有上帝的形象，易受伤性，敏感等。一个伦理学理论为人的尊严的来源而提供各种各样的相关特征并不是不可能的[1]；于是我们就有必要对这些特征之间的关系（同等的重要性、等级秩序、词语上的次序）做出解释。相关理论也能够区分如下两种关联的不同原因：一个特殊的特征为什么是道德相关的，以及实际的和经验的标准为什么与人的尊严的实际适用性相关。如果，比方说一个诸如人格或拥有上帝形象这样的特征是与一个有尊严的存在物的地位相关的，我们仍需面对的问题是，我们无法从经验上检验一个存在物是不是人，是否就是上帝的形象。甚至如果我们假设人格是一个可以经验来检验的特征，还将对人格形成一个根本性的误解。然而，如果对人格的尊重在道德上如此重要，那么就有很好的理由来构造一个可应用的实践的标准（或准则），用以保证对有尊严的存在物的保护。这些标准可能是：人类物种的一员，生来就是人类，表现出某种精神活动，等等。此外就取得一个有尊严的地位而言，理性和人格这样的特征在何种程度上必须得到实现？这个问题也是有争议的（潜在的人格也可以是充分的）。

---

[1] Nussbaum, Martha C. *Frontiers of Justice Disability*, *Nationality Species Membership*. Cambridge: The Belknap Press of Harvard University Press, 2006.

伴随人的尊严而来的是道德上的保护。我们应在何种程度上对（至少一部分）动物许诺这种保护也是存在争议的。在这里必须提到被瑞士宪法所采用的"造物的尊严"（dignity of the creature）这个观念。[1] 这个术语并不仅仅赋予动物尊严，也赋予植物尊严（在神学传统中"造物"这个术语指的是上帝所创造的一切；除上帝以外的一切）。努斯鲍姆（Martha Nussbaum）也提到了动物的尊严，然而并未说明一个存在物拥有尊严的标准含义是什么。比如，对努斯鲍姆来说，这并不是指禁止杀死动物或进行动物实验[2]，瑞士也没有禁止出于各种经济上的和科学上的目的而使用动植物。因此，"造物的尊严"观念有着不同的含义。我们期待使用这些概念的学者澄清"造物的尊严"和"人的尊严"之间的关系，否则全部的讨论只能是一种语言上的混乱。

在这个语境中，一个区分是有所助益的。一些学者在完全道德地位和部分道德地位之间做出了区分。一个拥有"完全道德地位"的存在物将享有全部权利的保护，同时，一个拥有"部分道德地位"的存在物在道德上是应受保护的（比仅仅是一件"东西"得到的保护多），但其不具有拥有全部权利的那些存在物所拥有的地位。在这种区分的语境中，"人的尊严"通常意指"完全的道德地位"。在相似的概念化尝试中，动物和植物被理解为应获得某种道德保护的存在物，但它们并不必然地拥有那些具有尊严的存在物所拥有的道德地位。

（二）人的尊严和人权之间的关系

我们在世界人权宣言的文本中找到一些假定，认为拥有人的尊严与拥有人权之间有着内在关联。在几个文件中，我们发现了人的尊严是人权的基础的观点，比方说在世界人权宣言的条目 21 和条目 23 中，有如下陈述："每个人……都有资格实现……其经济、社会和文化权利，这对他的尊严而言是必不可少的"，并且这些是"保证……一个存在值得拥有人的尊严"的权利。在文献中，这一相互关系常常被忽略或没有得到解释。不过我们

---

[1] Balzer, Philipp, Klaus Peter Rippe, and Peter Schaber. *Menschenwürde vs. Würde der Kreatur. Begriffsbestimmung Gentechnik Ethikkommissionen.* Freiburg: Alber, 1998; Baranzke, Heike. *Würde der Kreatur? Die Idee der Würde im Kontext Der Bioethik.* Würzburg: Königshausen und Neumann, 2002.

[2] Nussbaum, Martha C. *Frontiers of Justice Disability, Nationality Species Membership.* Cambridge: The Belknap Press of Harvard University Press, 2006, p. 371.

至少发现了以下概念。

（1）人的尊严被视为"全部人权"的另一个标签；区别只不过是语言上的。这种方式使作为人权基础的人的尊严成为不可能了，并且关于人的尊严的讨论将不会为通常关于人权的讨论增加任何内容。

（2）人的尊严可以被理解为一个表述最基本人权的术语。在这种意义上，如果最基本的自由和权利处于危险之中，那么就可以认为人的尊严受到了侵犯。这种理解方式将导致人的尊严与完整的人权概念之间的关系被进一步置于无法得到解释的境地，并且人的尊严的概念将不会成为人权的基础。很多学者以这种思路解释了康德的人性公式，他们提出，该公式仅仅禁止对一个人的完全工具化。人性公式因为规定了人（理性本质）必须被当作"自身的目的"对待，所以具有一种更加广阔和更加根本的向度，但在上述解释中，这一向度被忽略了。然而，将理性本质视为"自身的目的"，并不仅仅与约束各种对人的侵犯的行为有关，而且是理解康德道德哲学的整体概念的基础。这样一个理性义务的整体概念，类似于道德上应该去做的事，与我们的理性本质有关。因此相比这种解释中所假定的意义而言，人性公式有更加广阔的含义。

（3）一些生命伦理学家把人的尊严视为一种中层的原则，并且这种作为中层的原则的尊严是要与其他中层原则相权衡的。① 这种进路尝试使用比彻姆（Tom L. Beauchamp）和丘卓斯（James F. Childress）四原则进路的方法论，引入了四种不同的原则。这种方式与所有传统的对尊严概念化的尝试均大相径庭，并且无法为解释人的尊严与人权概念体系之间的关系提供任何理论工具。然而这一争论对于我们将"人的尊严"的观念应用于生命伦理学中具有重大意义。我们在提到人的尊严概念时常常同时提到其他概念，比如"完整性"（integrity）或"自主"（autonomy），但我们从未尝试对这些概念与尊严概念之间的内在关联做出解释。我将这种研究方式看作概念混乱的表现。

（4）人的尊严被理解为"有权拥有权利"。这个"人的尊严"概念涉及汉娜·阿伦特（Hannah Arendt）在她对极权主义所做的分析中的一些思考。在二战的语境下，很多难民失去了他们的公民权，并随之失去了所有

---

① Kemp, Peter, Jacob Rendtorff, and Niels Mattson Johansen, eds., *Bioethics and Biolaw*, Vol. Ⅱ: *Four Ethical Principles.* Copenhagen, Rhodos: International Science and Art Publishers, 2000.

的法律保护。这里，主张"有权拥有权利"就是在为每个人主张拥有公民权的权利，以及与之伴随而来的政治和法律团体给予的保护。当然，"要求拥有权利的权利"中的第二个权利，显然不同于那种随公民权而来的权利。这一人的尊严的概念强调了人的尊严的权利导向（rights-orientation）。但这个概念没有对人权的内容做出解释。阿伦特自己对人权的术语学表现出明显的保留态度。我们质疑这种方式是否能提供一种对人的尊严的全面说明。

（5）作为人权基础的人的尊严。这一观念是在人权概念体系自身的语境中得到阐释的。这就意味着，人的尊严是不同于人权的东西；它应不是全套人权的另一个名称而已，拥有人权也应该是拥有人的尊严的规范性的结果。与人权相关的基础性功能是这一尊严概念的核心。在这一语境中，人的尊严的规范性结果必须根据人的权利来解释。人们可以质疑，这里的"人的尊严"是否拥有独特的超越人权的规范性内容。人的尊严的特殊性将在同权利相关的基础性功能之中得见，而非在特殊的规范性内容中得见。如果有人提出"人的尊严"拥有超越人权自身的规范性因素，那么这些因素必须在整个的人权框架中得到解释。

（三）人的尊严的规范性内容

受前述问题的启示，对于人的尊严的规范性内容的讨论将与人权的内容有关。人权的内容是有争议的[①]。例如消极的权利与积极的权利之间的区分：消极的权利指的是一个人实践自身的自由不受妨碍的权利。积极的权利是指一个人在实践或发展自己的能力时得到支持的权利[②]。消极的权利保护人的消极自由，积极的权利在人们发展其能力的时候提供支持。值得一提的是，保护消极权利仍旧包括我们可以采取主动的方式进行保障（政治制度等）。所以这两种权利并不是由不干涉或主动性方法等界限所区分的。这里关键的问题是，我们在何种程度上具有支持他人的正面的义务（福利权利、文化权利等），并且既然政治制度在保障这些"权利"实现的

---

① Cf. Donnelly, Jack. *Universal Human Rights in Theory and Practice*, 2nd edition. Ithaca: Cornell University Press, 2002; Cf. Griffin, James. *On Human Rights*. Oxford: Oxford University Press, 2008.
② Shue, Henry. *Basic Rights. Subsistence, Affluence, and U.S. Foreign Policy*, 2nd edition. Princeton: Princeton University Press, 1980; Gewirth, Alan. *Community of Rights*. Chicago, IL: Chicago University Press, 1996, pp. 31-70.

时候也只有有限的权力,我们是否可以在这样一种语境中谈论权利呢?对于极简化概念而言,只有在最基本的权利受到威胁的时候,人的尊严才算受到侵犯。对于将人的尊严视为人权基础的概念来说,其不仅仅将人的尊严视为指涉人权的一部分或最基本的部分,更视为完整的人的权利概念的基础,人权的概念将更有意义。人的尊严要求在多大程度上承诺福利权利的问题本质上是非常有争议的。

一种可能性是,理解人的尊严的要求时,不要太多地关注保护特殊的规范性的益处、权力或价值,而要关注建构一种对人权框架的内容和系统研究方法的理解。这样便引出了如下四个问题。

(1)人权进一步发展的界限在哪里?很多学者在谈论人权的迅速扩增,这里的迅速扩增指的是通过引入新类型的人权来扩展人权概念框架的趋势。甚至还有很多人强烈要求进一步扩展这个概念框架,并且为这个框架引入新的角度以应对新的挑战。一个值得注意的例子是将一种代间的向度纳入这个框架中;直到现在,有关人权的讨论同可持续性的讨论几乎并没有被关联起来。如果在这一发展倾向背后没有任何逻辑依据并且也没有理由对这一发展进行限制,那么整个人权的概念框架都会受到损害。

(2)权利概念体系的扩展迫使我们去理解人权之间的内在等级层次。事实上不可能为每种权利都赋予相同的重要性。但如果对权利权衡的过程只不过是一种政治协商,那么这个过程就会损害人权的概念体系。

(3)核心问题是,人的尊严的规范性内容是否可以从人权的角度得到充分的阐明。有很多在道德上相关的问题却很难通过人权来进行分析,至少很多人有这样的直觉。然而这些向度似乎是非常重要的使用人的尊严的例子。我们可以思考人们因为损害自己的尊严而被控告的例子(卖淫、投掷矮人),或者,比方说尸体——虽然我们很难在这里建构一种权利,但似乎那也不是什么道德上中立的事物。一些行为使人们感到受到侮辱或没有受到尊重,但这些行为很难构成对人权的侵犯,我们论及的诸多角度似乎与我们尊严的象征性表现相关。看来,人类尊严的这些方面正是使整个概念变得如此富有争议的部分原因。尊严这个概念,任何道德相关的事情都可以包括进来,但没有可及的合理论据。讨论这些象征性的向度是否可以在理论上得到详细说明以及在何种程度上这些象征性的因素可以为他人行使权利的边界辩护,都会构成对人的尊严理论的挑战。

(4)世界人权宣言的条款首要的目标似乎是建立一种适合保证基本自

由和基本权利的特定的政治秩序。在西方社会的历史进程中，人权概念框架的演进是与特定制度，比方说民族国家或民主的发展相伴随的。如果人权的概念框架不仅仅存在于其历史起源当中，而且存在于不可避免地与这些制度交错在一起的它自身的确证当中，那么它的合法性就不得不依赖于这些制度的未来。如果未来，比方说，我们所知的这种民族国家终被遗弃，那么人权概念体系的标准权威也将终结。在全球化的语境中，我们在过去十年里目睹了很多政治体制的变化。各种经济的和生态的挑战，加之新技术的可能性，很可能成为下个十年里国际政治秩序根本变革的原因。这些改变很可能会影响人权的具体表述。然而，人权背后的核心观念并不一定会遭到抛弃。

（四）人的尊严的本体论地位

当我们谈论起人的尊严，它就像是人类的所有物，好比我们拥有的蓝眼睛和黑头发一样。于是我们就提出了这样一个问题：某种特定的本体论假定对于人的尊严的归属而言是不是必需的？比如人类是否会像拥有财产一样地拥有尊严。一些神学概念把尊严视为一件礼物，人类因上帝的给予而拥有这件礼物。另一些人把人的尊严视为对一种我们赋予人类的特定类型的尊重的清楚表述。我们"拥有"人的尊严，这一表述清晰地表达了一种信念，那就是要求尊重的道德并不是由授予尊严的行为所建构的。"拥有"人的尊严意味着我们在一种绝对的意义上把这种尊重授予人类。这也就是说，这一要求的合法性并不依赖于特定的法律或者关于尊重的特定的社会实践。为什么我们有义务尊重人的尊严？不同的理论提供了不同的理由。但所有这些概念的共同点在于授予"人的尊严"表达的是一种对于普遍的和绝对的尊重的需要。在本体论上，这似乎是中立的；在任何情况下，对人权的说明都需要对本体论预设做出解释。

（五）人的尊严的论证

如果尊重人的尊严对我们而言是一种绝对的义务，我们就会想要知道如何证明这一义务的合法性。辩护理论的形式似乎依赖于"人的尊严"赋予我们何种要求。多元论的价值理论会在这个概念上遇到困难，因为他们只知道一套多元的价值。人的尊严不会被理解为可以与那些价值相比较的价值之一。一个来自神学的方法要么会对我们对人的尊严的尊重给出一个强的形而上学的论证（比如在托马斯主义的自然法传统中），要么把道德要求视为植根于上帝的决定，这个决定就是给予我们这个特殊的道德地位。对于托马斯主义的自然法理论来说，有必要表明相关的论证与以下观念是可以并存的：人的尊严与人权的概念框架（与托马斯主义的传统相违背）之间有着坚固的关联。"神圣命令理论"（以上帝的决定论证道德责任）将以决策主义的方式放弃论证的工作。

对契约论者的方式而言，有必要表明：社会契约的观念可以论证一个绝对的义务。一个依赖于契约双方自我利益的理论很难把人的尊严视为一个绝对要求。康德的先验论证以某些方式，用理性上的需要论证对人的尊严的尊重；好比一项责任是因我们的理性本性而来的或作为我们行动能力（agency）的结果。

既然无论在具体应用（比如在生命伦理学中）的语境中还是在跨文化的语境中，对尊严的主张的有效性事实上都是有争议的，那么，对人的尊严的论证似乎是不可逃避的。人的尊严的论证所需要的那种理论，必须为以下问题提供答案：为什么我们应该认为自己有义务尊重人的尊严？一个适当的理论首先应当根据其为尊严概念所赋予的含义而受到评估。如果人的尊严表达了一种对于尊重的绝对的主张，那么论证的理论就应该为我们提供这样一个论据：它可以充分地显示我们应给予他人这种尊重。

四 对人的尊严的正面说明的预期

有争议的问题显然尚未全部涉及。既然所有这些问题必须得到回答，那么我们是否还有可能建构一种正面的说明呢？人们可能会为此感到悲观。本文并不认同这种悲观主义。然而，我们首先必须努力建构一种对这个概念的理解，这就需要了解相关问题的概况，找出可能的理论上的解决办法，接受这种观念对于论述人的尊严是非常重要的。从对"人的尊严的侵犯"的分析开始，就假定了"何为人的尊严"问题已经得到了回答。但如果人的尊严是人权基础（就像我想的那样），那么对侵犯进行分析很可能不是澄清概念的合适的进路。

人的尊严是一个如此重要的概念，因为它不仅仅与道德要求和政治秩序中的一些特定部分相关，更与人权相关。如果我们想要以尊重个体内在价值的方式构建社会和政治秩序，人的尊严就是一个绝对命令。为建构这个概念，道德哲学的一项核心任务就是探究它的标准含义，并且探究论证的各种可能性。其目标仅仅在于显示，每一个围绕人的尊严展开的认真的哲学探索必须回答什么样的问题。

关于道德所要求的自由

——帕菲特对康德的批判

周碧雯[*]

摘 要 决定论与自由意志是否相容的问题在思想史上的争论由来已久。康德作为不相容论者,为决定论与自由意志的关系做出了新贡献:第一,区分了不同于自然因果性的自由因果性;第二,自由不是别的,恰恰是对必然的认识。但康德的自由概念仍存在不足。帕菲特认为康德错误地拒绝了道德所具有的"能够"的自由与决定论的相容,并且其有关应得的主张是错误的,帕菲特的批判为决定论与自由意志、道德责任的相容性问题做出了独到的贡献。

关键词 决定论 自由意志 道德责任 康德 帕菲特

一 自由意志与道德责任的问题由来

决定论对道德的挑战似乎是我们日常的自由观和道德观的重要组成部分。直观上讲,如果世界上发生的事情,包括我们自己做出的行动,都是预先被决定的,那么我们的决策和行动,无论是好是坏,都由不得我们,都是我们无法控制的,因此我们不是自由的;进而,没有自由,也就没有道德责任。

然而,决定论是否一定能够消解道德责任?如果对决定论的接受程度不一、对自由意志的理解不一、对道德责任与自由意志的关联理解不一,伦理学的基础就可以得到捍卫。

---

[*] 周碧雯(1987~)女,西南大学外国哲学博士研究生,陆军军医大学政治理论教研室讲师,研究方向为西方道德哲学、生命伦理学。

（一）决定论与自由意志

决定论与自由意志的问题是哲学史上最重大、最基本的问题之一。早在古希腊，德谟克利特和伊壁鸠鲁的哲学中，就能看到这样的议题。

其一，以德谟克利特为代表的"刚性决定论"（the strong determinism），指不加分析地视因果性为必然性，并完全排除偶然性的决定论。

德谟克利特认为，宇宙是由原子和虚空构成的，而宇宙中的"一切都由必然性而产生，旋涡运动既然是一切事物形成的原因，这在他就被称为必然性"。[①] 作为一个典型的决定论者，德谟克利特的思想是由以下两个侧面构成的：一方面，他把周围世界中存在的一切关系都理解为因果关系，同时又把因果性理解为普遍有效的必然性；另一方面，他完全排除了偶然性的存在及其相应的作用。在他看来，用偶然性解释周围的现象正是思维本身无能为力的明证。

不同于德谟克利特用自然的原因来解释决定论，中世纪的托马斯·阿奎那通过把因果性简单地等同于必然性的做法来论证上帝的存在，即神学决定论。另外，决定论还有宿命的、心理学、科学的等多种形式，但它们的核心都主张，一个事件的发生是逻辑上充分的，所有事件都是被决定的。

其二，以伊壁鸠鲁为代表的"非决定论"（indeterminism）或"自由意志论"（Theory of freewill），即从自然界或人的自由意志的偶然性出发来解释宇宙中的所有现象的哲学理论。

"德谟克利特说原子有两种属性：大小和形状；而伊壁鸠鲁则加了第三种：重量。"[②] 按照伊壁鸠鲁的看法，宇宙中发生的一部分现象是由自然的偶然性引起的，另一部分现象则是由我们的自由意志引起的。由于自然的偶然性是不固定的，这就需要我们认真地去探索；由于自由意志是任意的，这就需要我们深入地加以反思。

教父哲学家奥古斯丁对自由意志问题做出了系统的思考。奥古斯丁竭力维护人类自由意志的存在权利和作用空间，他认为上帝把自由意志赐予

---

① 北京大学外国哲学史教研室编译《古希腊罗马哲学》，生活·读书·新知三联书店，1957，第 97 页。
② 北京大学外国哲学史教研室编译《古希腊罗马哲学》，生活·读书·新知三联书店，1957，第 99 页。

人类之后，人并不必然地去行善，他也可能去作恶。也就是说，人身上的自由意志在其活动中具有任意性、不确定性或偶然性。它既可以这样行动，也可以那样行动；既可以以这样的方式发生作用，也可以以那样的方式发生作用。

其三，以亚里士多德为代表的"弱决定论"（the weak determinism）。亚里士多德通过对本性和偶性的区分、对偶然性和自发性概念的引入，弱化了以德谟克利特为代表的强决定论的理论见解和叙事方式，但他对源自事物本性的因果性同时也是必然性这一点并没有加以否弃。

近代哲学把决定论和自由意志置于相互关系中进行讨论，并集中于这样一个核心问题：被广泛地运用于理解自然现象的因果范畴能否适用于解释人的行为？

霍布斯的主张是：自由是任何物体不受阻碍地实现自己的本性的状态，人和一切物体一样，只要能够不受阻碍地实现与自己的本性不相矛盾的状态，就是自由的。而休谟主张：（1）没有什么东西是处于因果必然性之外的，包括人的行为。（2）道德事关行为者的意志和动机，而休谟认为意志和动机无须是反因果必然性的。因此，霍布斯和休谟都认为，在自由与必然性的考虑中，人及其行为的规律并没有什么根本上不同于其他规律之处。这种自由的说明限制在行动自由的狭窄范围内，是十分明显的不足。

但由于决定与意志自由的相容性问题关系道德责任、尊严等，它需要表明这些如何可以在人的自我观念当中恰当地实现。

（二）决定论与自由意志的相容性

自由意志、道德责任与决定论是这样联系起来的：如果决定论是真的，那么由于既往的事实给定并无可更改，且自然规律也是人无法改变的，在这两者的共同作用下，未来的每一个具体的宇宙事实的整体都是确定的、唯一的。即使人的选择和行为看似具有能动性，也是由行为者出生之前非常遥远的事实加上自然规律的作用所决定的。那么，我们能否认为人是自由的，能够为他的选择和行为承担道德责任？这就是简言之的自由意志、道德责任与决定论的相容性问题。

在"刚性决定论"那里，决定论与自由意志肯定是不相容的，因为它完全否定自由意志的存在。而"自由意志论"选择相信自由意志的存在，否认我们的世界是决定论的。这二者都被称为"不相容论"（incompatibilism）。但有的理论家认为自由意志与决定论是可以并存不悖的，这个立场被称为"相容论"（compatabilism），他们相信，即使在一个决定论的世界里，我们有时还是有自由的。

相容论的第一种论证是古典相容论，霍布斯、休谟以及当代的艾耶尔（A. J. Ayer）[①]都是古典相容论的代表。他们通过假言策略对必然性质疑，认为我们对于自由意志的日常理解是与决定论条件相关的。例如，他们认为一个人在某个时刻必然做出某个决策和行动，不一定意味着他在此时刻不可能做不同于他实际所做的决策和行动。简单的例子，某人在岔路口向左走，但他可能有能力向右走，只要他选择那样做。当然假言策略遭到的攻击是，单凭"某人可能做不同于实际所做的，倘若他选择那样做"，不足以解释"某人有能力做不同于实际所做的"。

相容论的第二种论证是对道德责任是否要求备选的可能性表示质疑。著名的法兰克福式情形，来自美国当代哲学家哈里·法兰克福（Harry Frankfurt）[②]。他论证道，在许多情况下，即使一个人没有这些备选可能性，他依旧对他所做的事负有道德责任。要求行为者是行为的终极源泉，实际上是要求能够充分地将一个行为归于行为者。如果决定论不可能形成这样一种"归于"，那么，说行为者是那个行动的发动者和控制者就是不合适的，说行为者具有一种充分的自由以及相应的责任能力也是不恰当的。一个从这个角度对不相容论进行论证的人，可能承认决定论的真理与我们的理由、意图和选择的因果有效性是一致的。但是他们认为自我决定是自由意志的必然要求，也就是说我们的行为是由我们自己引起和控制的，而不是由任何其他的因素决定的。

相容论的第三种论证是对时间单向决定性的解构。我们可以将因果决定论理解为这样的主张：任何一个时间 t 对世界状态的一个完整描述，加上一个对自然规律的完整描述，使 t 之后每个时刻所发生的事件必然为真；而这背后有一个根深蒂固的形而上学图景，就是过去决定现在，现在决定未来。在当代基础物理理论的四维宇宙里，一切只是不同的时空区域及其

[①] A. J. Ayer, "Freedom and Necessity," in *Free Will*, ed. Gary Watson, Oxford & New York: Oxford University Press, 1982.

[②] Harry Frankfurt, "Alternative Possibilities and Moral Responsibility," *Journal of Philosophy* 66 (1969).

状态,这些时空区域之间只是逻辑关系,而不是时序关系。

在自由意志与决定论的相容性问题的考虑中,"行为者有可供取舍的可能性"以及"行为者是行动的终极源泉"的考虑,可以说是两种最重要和基本的考虑。

二 康德的不相容主义

如果说休谟从主观心理联想的视角出发,对"因果性=必然性"公式提出了挑战,在对决定论与自由意志关系的探索中,康德则做出了全新的贡献。在《纯粹理性批判》的"先验辩证论"中,康德以二律背反概括了两种观点之间的对立:

正题:按照自然律的因果性并不是世界的全部现象都可以由之导出的惟一因果性。

为了解释这些现象,还有必要假定一种由自由而来的因果性。

反题:没有什么自由,相反,世界上一切东西都只是按照自然规律发生的。①

从这个二律背反中可以看出康德认为因果性(必然性)与自由之间存在内在冲突。

首先,康德提出了两种不同的因果性:一种是"按照自然律的因果性"(die Kausalität nach Gesetzen der Natur,以下简称自然因果性);另一种是"由自由而来的因果性"(eine Kausalität durch Freiheit,以下简称自由因果性)。② 在《道德形而上学原理》中,康德解释道:"作为一个有理性的、属于理智世界的东西,人只能从自由的观念来思想他自己意志的因果性。"③ 也就是说,自由意志应该成为人的一切行为的原因。自由因果性这一新概念旨在暗示我们,人的行为产生的任何结果都是由自由意志引起的,因而人必须对自己全部行为的后果负责。

其次,康德对自由的理解是:自由不是别的,恰恰是对必然的认识。

---

① 康德:《纯粹理性批判》,邓晓芒译,人民出版社,2004,第374页。
② I. Kant, *Kritik der Reinen Vernunft* (2), Frankfurt an Main: Suhrkamp Verlag, 1988, p.531.
③ 康德:《道德形而上学原理》,苗力田译,上海人民出版社,1988,第107页。

康德区分出两种不同的自由概念：一种是"心理学的自由"（die psychologische Freiheit），即与感觉世界的原因相关的自由，持有这种自由观的人在其行为中夹杂着感觉经验方面的目的或动机；另一种是"先验的自由"（die transzendentale Freiheit），持有这种自由观的人完全不考虑来自感觉世界的原因，只按照纯粹理性颁发的道德法则去行动。而康德的自由因果性概念涉及的正是先验的自由，所以他明确地指出："自由即是理性在任何时候都不为感觉世界的原因所决定。"① "源于自由的因果性必定总是在感觉世界之外的理智世界里面找到的。"② 由此可见，这种先验的自由观认定，一个人只有完全按照纯粹理性颁布的道德法则去行动，他才是真正自由的。

康德不是把自由理解为意志的任意性，而是理解为意志对道德法则的无条件服从。

最后，康德的自由概念的不足。

如前所述，康德区分了现象的时空世界与本体世界，现象是实体向我们显现出的样子，本体是实体如其真实地呈现的物自身。"在现象里面，任何东西都不能由自由概念来解释，而在这里自然的机械作用必须始终构成向导。"③ 我们的行动尽管在部分程度上是时空里发生于时间里的事件，但在无时间的本体界可能具有不被决定的起源。康德认为，这会给予道德所要求的那种自由。

康德指出："作为自然必然性的因果性概念，与作为自由的因果性概念不同，仅仅涉及物的实存，只要这个实存是可以在时间中被规定的，从而作为现象与它的作为自在之物的因果性相对照。如果人们把时间之中物的实存的规定认作自在之物的规定（这是人们最为习惯的表象方式），那么因果关系中的必然性根本就无法与自由结合起来；而且它们是彼此矛盾地对立的。因为从第一种因果性得出的结论是，在某一特定时间发生的每一个事件，从而每一个行为，都必然是以在前一时间之中发生的事件为条件的。既然过去的时间不再受我的支配，每一个我所实施的行为由于那些不受我支配的起决定作用的根据就是必然的，亦即我在我发生行为的那一个

---

① 康德：《道德形而上学原理》，苗力田译，上海人民出版社，1988，第107页。
② 康德：《实践理性批判》，韩水法译，商务印书馆，1999，第114页。
③ 康德：《实践理性批判》，韩水法译，商务印书馆，1999，第30页。

时间点上决不是自由的。"①

乍看起来，通过这种分置的方式，康德似乎解决了休谟关于因果性与自由关系的难题，其实，这个难题的根本点仍然处于悬而未决的状态，因为康德通过区分先验自由（与自由因果性相适应）与心理学自由（与自然因果性相适应），强调自然因果性与自由因果性之间的结合是不可能的，这就使人这个存在物的现象维度与本体维度处于分裂的状态。②

黑格尔批评了康德所倡导的先验自由的空泛性："这种自由首先是空的，它是一切别的东西的否定；没有约束力，自我没有承受一切别的东西的义务。所以它是不确定的；它是意志和它自身的同一性，即意志在它自身中。但什么是这个道德律的内容呢？这里我们所看见的又是空无内容。因为所谓道德律除了只是同一性、自我一致性、普遍性之外不是任何别的东西。形式的立法原则在这种孤立的境地里不能获得任何内容、任何规定。这个原则所具有的唯一的形式就是自己与自己的同一。这种普遍原则、这种自身不矛盾性乃是一种空的东西，这种空的原则不论在实践方面或理论方面都不能达到实在性。"③

黑格尔是从康德的自由概念未获得真正的现实性方面指出其不足的，黑格尔把自由概念从纯粹理性中剥离出来，使自由概念获得历史的必然性。当然，马克思后来又从历史唯物主义的角度批判了黑格尔的与历史必然性统一的自由仍然是精神上的自由，因此也不是现实的。

而当代道德哲学家帕菲特从道德的本质和对功能的不同理解上，对康德的不相容主义提出批判，为自由意志与道德责任的相容开辟了新的途径。

三 帕菲特对康德的不相容主义的批判

康德作为一个不相容主义者，他为决定论与自由意志的关系提供了新见解：其一，自然因果性与自由因果性的分置，即前者适用于自然现象，后者适用于人的自由意志，这就为自由意志的存在奠定了理论基础；其

---

① 康德：《实践理性批判》，韩水法译，商务印书馆，1999，第 102~103 页。
② 俞吾金：《决定论与自由意志关系新探》，《复旦大学学报》（社会科学版）2013 年第 2 期。
③ 黑格尔：《哲学史讲演录》第四卷，贺麟等译，商务印书馆，1981，第 290 页。

二，按照自由因果性，自由意志是造成各种人为的结果的原因，而康德不是把自由理解为意志的任意性，而是将其理解为意志对道德法则的无条件服从。恰恰是这个道德法则，隐藏着可供进一步阐释的巨大的理论空间。

帕菲特的道德哲学是在规范并分析"理由"和"合理性"概念的基础上展开的，其理论"大厦"是在"理由"和"合理性"基石上建立起来的。帕菲特认为，人是宇宙唯一的能够回应理由的理性存在。我们应该接受某些基于价值的、客观的理论，行为的理由从那些给予我们理由去拥有欲望或目标的事实中获取力量。① 在《论重要之事》第38节"道德所要求的自由"（The Freedom that Morality Requires）中，帕菲特指出康德拒绝了几种不同的相容主义。

（一）康德错误地拒绝了道德所具有的"能够"的自由与决定论的相容

帕菲特总结了康德是"如何论证道德所要求的那种自由"，即本体世界中的自由。

（A）除非我们应当做出不同的行动，否则我们的行动就不可能是不当的。

（B）"应当"蕴含着"能够"。只有我们能做出不同的行动，我们才应当做出不同的行动。

（C）除非我们能做出不同的行动，否则我们的行动就不可能不当的。

（D）如果我们的行动纯粹是时空世界里的事件，这些行动就是因果上被决定的，这种情况就不可能是我们能做出不同的行动。

（E）如果我们行动纯粹是时间中的事件，我们就没有任何行动是不当的，这样道德就会是幻觉的。

（F）道德不是一种幻觉。我们应当以某种方式行动，且我们某些行动是不当的。

（G）我们的行动并不纯粹是时空世界里的事件。②

这个论证中首先有两个重要的假定，（B）假定"应当"蕴含着"能够"和（D）假定我们的行动纯粹是时空世界里的事件，在它们都成立的

---

① 丁振中：《帕菲特道德哲学之基石：理由与合理性》，《北方论丛》2016年第1期。
② 〔英〕德里克·帕菲特：《论重要之事》，阮航、葛四友译，北京时代华文书局，2015，第197~198页。

前提下，于是得出（E）道德就会是幻觉。以（E）为前提，（F）与（G）则形成一对矛盾，即如果我们不能证明（G）我们的行动并不纯粹是时空世界里的事件，则不能证明（F）道德不是一种幻觉。帕菲特对这一点提出反驳：因为"只要我们的行动纯粹是时空里的事件"，"我们的道德就是不是一种幻觉"，而我们并不能确定"我们的行动纯粹是时空里的事件"，所以也就无从得知"道德是不是一种幻觉"。① 另外，对于（B）假定"应当"蕴含着"能够"，帕菲特认为应该接受。只是，"我们应当采取某种方式行动"与"我们能够采取某种方式行动"是不同的，这两种冲突的观点，体现了它们有关道德要求何种自由是不同的。而这里帕菲特的立场恰好质疑了古典相容论的假设策略。

康德假定，仅当我们能在绝对意义上做出不同行动时，我们才应当做出不同的行动。即使我们的实际心态是确定的，我们仍然有可能有随机的不同的选择和行动。由此，如果我们已做出的选择与行动都是因果的、不可避免的，那么，我们本来能做出其他行动就不会在相关的意义上为真。帕菲特看到康德在决定论与自由意志的关系上是不相容主义的立场。

帕菲特指出，大多数拒绝这种不相容主义的观点的人，论证途径是即使有能力做不同的选择，但内心可以"不想那样做"，如（H）我们若本来想或本来选择这样做，就会做出不同的行动。

这种"假设性的、动机意义上的能够"与决定论是相容的，但其关于"自由"的理解是建立在欲望基础上的。康德显然是不赞同这样的解释的，他认为这种相容主义拥有的自由只是"转叉狗的自由"，即某种一旦上足发条就完全自动动转的机械装置。②

帕菲特接着举出宿命论，即我们随后会不可避免地以某种方式行动，无论我们决定做什么。但帕菲特认为决定论与宿命论是非常不同的观点。因为在决定论里，"努力做出好决定"（trying to make good decision）可能使事情变好，这与宿命论是不同的。而康德认为"除非我们认为我们的意志是自由的，否则这种命令是不可能且荒谬的，留给我们的就只有等待并观察上帝会通过自然原因在我们之中注入何种决定，而还是我们自己作为

---

① Derek Parfit, *On What Matters*, Volume One, Oxford University Press, 2009, p.259.（与中译本翻译有不同）
② 〔英〕德里克·帕菲特：《论重要之事》，阮航、葛四友译，北京时代华文书局，2015，第199~200页。

创作者能做什么和应当做什么",这些评论蕴含着"如果决定论为真,那么我们努力决定要做什么就全无意义了",而帕菲特认为"即使决定论为真,我们也可以是主动的,通过努力做出好的决定并据之行动",因此康德对决定论有误解。

尽管康德有时候表示,对于实践目的,我们所需要的自由与决定论是相容的,但他的主要观点显然是不相容主义的。康德甚至主张,本体上的无原因的自由是他整个哲学的基石。

(二) 康德错误地拒绝了人的行为和性格在时间中的融贯性

康德的论证如下:

(I) "我们的某个行动是不当的"要为真,我们就必须以某种可能使我们应得痛苦的方式为该不当的行动担负道德责任。

(J) 如果我们的行动纯粹是时间中事件,我们就永远也不可能以这种应得痛苦的方式对这些行动负有责任。

(E) 如果我们行动纯粹是时间中的事件,我们就没有任何行动是不当的,这样道德就会是幻觉的。

(G) 我们的行动并不纯粹是时空世界里的事件。

而帕菲特认为,有些人例如小孩子和疯子不能以"使他们应得痛苦的方式对其行动负有道德责任";另外,小孩子和疯子不可能具有"行动不当"这一信念,因此,他们不可能行动不当。因此,康德的上述论点被否定了。

接下来,帕菲特反对 (J),因为没有谁应得更少的幸福。康德对 (J) 的假定中蕴含了这样的信念:(K) 如果我们的行动纯粹是时间中的事件,这些行动就会是因果性的。以及 (L) 如果我们的行动是在因果上被决定的,我们就从来不曾能以应得痛苦的方式对我们的行动负责。大多数现在的物理学家会拒绝康德的决定论,因为有些事件涉及亚原子粒子,其在部分程度上是没有原因或随机的。而这样的主张是否适用于我们的行动决定或其他的心理事件存在争议。帕菲特认为,要证成我们能应得痛苦这个信念,只捍卫"人们以某种方式行动的决定并不完全是被引起的"并不够。对于大多数事件的起因,有三种解释,第一种是完全被引起的,第二种是部分程度上是随机的,第三种是由理性决定的。而理性会无穷追溯,因此这种解释也是不融贯的。对于"在不涉及任何事件的意义上,行动可以由行动者引发"的主张,康德又提出"要对我们的行动负责,我们必须对我们自己的性格负责"的假定。帕菲特肯定康德这部分论证是有效的,即(J)如果我们的行动纯粹是时间中的事件,我们就不可能以这种应得痛苦的方式对这些行动负有责任。但帕菲特认为我们能含糊地理解某些实体可以是无时间性的,但康德有关无时间性自由的某些主张甚至在这种模糊意义上也是不可理解的。

例如,基于康德的观点,尽管发生在时间世界中的每一件事都是因果上被决定的,但发生的每件事也是由无数自由且分立的决定所联合产生的,这种决定是由所有曾活过的理性存在者无时间性地做出的。我们无法想象,这样多的自由决定,其中有好有坏,能够挑选且产生整个完全被决定的事件系列,构成时空世界的整个历史。既然这些决定会部分地确定哪些理性存在者曾经存在,这些存在者就必定以某种方式展示其自身的存在。只说"我们至少能理解为什么这种主张是不可理解的",这是不够的。我们能够理解这种主张没有可能为真。①

帕菲特认为,我们可以接受(J)如果我们的行动纯粹是时间中的事件,我们永远不可能应得痛苦,但我们应当拒绝的是"我们能应得痛苦"。我们可能应得许多东西,诸如感激、赞扬和某种只是道德非难的责备。但从没有任何人应得痛苦。

综上所述,康德主张,决定论若为真,我们就不会具有道德所要求的那种自由,道德因此就会受到破坏。康德认为决定论并不是全部真理。而帕菲特认为即使我们的行动是因果上被决定的,我们还是能够具有道德所要求的那种自由。首先,假设性的、动机意义上的"能够"与决定论是相容的。其次,没有任何人应得痛苦,正像没有任何人应该得到较少的幸福一样。帕菲特对康德的不相容主义的批判是在考察康德的人性公式之下展开的,通过这个批判,帕菲特论证到康德有关应得的主张是错误的,从而试图整合义务论与行动后果论,当然也为决定论与自由意志、道德责任的相容性问题做出了独到的贡献。

---

① 〔英〕德里克·帕菲特:《论重要之事》,阮航、葛四友译,北京时代华文书局,2015,第207页。

功利主义诚信的合理正当

王 娟[*]

摘 要 诚信作为社会主义核心价值观的重要内容之一,在培育诚信观念的过程中,不仅需要德性诚信与义务诚信,也需要关注功利主义诚信的存在与价值。尽管功利主义诚信常以工具诚信与消极诚信的形态出现,但是随着现代功利主义的发展,功利主义诚信已从单纯的因利诚信扩展为因义诚信、因规诚信等多种形式,其合理正当也由功利正当与规范正当并存提供,以功利主义基本原则证成诚信即功利时的功利正当,以规则功利主义的理想规范证成诚信与功利目标相悖时的规范正当。本文在古典功利主义的基础上运用规则功利主义与制度功利主义,重新考量功利主义体系下诚信的合理正当性,试图探讨后果至上的功利主义在追求最大幸福的同时,也始终能为诚信提供一种功利或规范的合理正当。

关键词 功利主义 诚信 正当

功利主义作为一种伦理学派,因其功利计算与后果至上等思想易造成忽视个人权利与正义的现象,常引起学界部分学者拒斥这一伦理学派。诚信作为社会主义核心价值观的重要内容,于功利主义体系中较多被认为只有工具诚信,且远不及德性诚信与义务诚信的道德崇高与永恒。但是,值得疑虑的是,功利主义体系中诚信是否真的只能作为工具价值而存在?功利主义是否能为诚信提供一种始终合理正当的理论辩护?

---

[*] 王娟(1992~),女,首都师范大学伦理学博士研究生。

一 传统功利主义的消极诚信的否思

不同于义务诚信与德性诚信,传统功利主义①的诚信较多表现为工具诚信和消极诚信。传统功利主义(尤其是行为功利主义)中具有较明显的工具诚信的倾向,在其理论体系中,善是至上优先的地位,功利、快乐或幸福是要追求的善,所有行为目的都应是增加幸福或减少痛苦,评价一切行为是否道德的标准为是否增加快乐或减少痛苦。诚信本身在行为功利主义体系中不具备任何正当性,当且仅当能促进最大多数人的最大幸福时,否则,行为者则被允许且应当在进行功利计算之后摒弃诚信。

传统功利主义诚信总体上呈现消极诚信。首先,边沁认为具有害处②的行为应被禁止且惩罚,欺骗罪的害处不仅是有害的后果且未发生的欺骗行为仍趋于有害。由此欺骗罪是一种值得且需要惩罚的罪过,而欺骗的特征是"使得人们以为事情是别的样子,与真实情况不同"③。他对欺骗罪的界定及惩罚建立在欺骗是有害行为的基础之上,为了增加幸福或减少痛苦。边沁不是为诚信带来的善而诚信,而是为防止欺骗带来的害处而不欺骗,属因利诚信的消极诚信。其次,密尔认为不守信用或者违背承诺等会造成别人的期望落空等都是公认的非正义行为。他在论证功利与正义不冲突的过程中,将失信作为第四个不义行为来反证功利主义不允许失信与不义,否认了人类相互伤害的合理性。超越了边沁的因利诚信,将守信行为作为维护正义的必备要素,即因义诚信,为防止不义而不失信。最后,行为功利主义把一切行为的道德标准都归于是否符合功利后果,行为者是否应当诚信也归于诚信是否能促进最大多人的最大幸福,诚信是获得幸福的手段,失信同样是获得幸福的手段,行为功利主义并不对诚信与失信本身做任何的界定,只将其归因于功利计算的结果。

古典功利主义认识到禁止欺骗与失信的重要性,但传统功利主义仍无

---

① 本文所指传统功利主义包含古典功利主义和行为功利主义,不把古典功利主义等同于行为功利主义的缘由是密尔的功利主义中蕴含着间接功利主义与规则功利主义的思想。
② 边沁对行为的害处的界定不仅是学界普遍认为的有害的后果,还强调了一项趋于有害的行动,其可能有害的后果,也是此行为的害处。
③ 〔英〕边沁:《道德与立法原理导论》,时殷弘译,商务印书馆,2000,第266页。

法提供一种合理正当的诚信观。一方面，边沁对欺骗罪的惩罚并不绝对与全面，一旦在两项罪责有同样可能性的场合中，欺骗罪并不是较大害处的罪过时，其惩罚原则规定惩罚较大害处的罪过，而不是欺骗罪，从而诱使行为人去犯较小害处的欺骗罪。同样，密尔表明在禁止失信不义行为的义务有可能会被其他更为强烈的义务覆盖。另一方面，行为功利主义将功利主义完全地应用到个人行为之上，它仅仅关注行为本身的后果，而不给予行为任何的其他要素，不关注行为是否诚信与否。

因此，传统功利主义无论是古典功利主义还是行为功利主义都无法为诚信提供一种合理的正当性。即使承认传统功利主义可以提供一种合理的地位，即因利诚信与因义诚信在诚信相符功利与幸福时是合理且正当的，但是也仍然不能维护一旦出现诚信背离功利与幸福的诚信，更不能为行为者提供一种尊重诚信本身的充足理由。

当前诚信作为社会主义核心价值观的基本内容之一，在功利主义体系下，其正当性不能简要地归因于任一种功利主义的形态，需结合实际情况，运用多种功利主义的思想，分为两种情况说明：一是诚信能带来最优后果的普遍情况；二是诚信不能带来最优后果的特殊情况，如何保障诚信的存在与合理。功利主义体系下的诚信原则的核心问题是：诚信的后果是否能始终如一地优于撒谎。若能，则无须考虑诚信原则的功利主义正当，反之功利主义体系下诚信原则的正当性应如何维护。

二 当前功利主义诚信的两种情况

不论是 19 世纪的古典功利主义，还是后期发展的现代功利主义的多种样态，功利主义的终极目标始终如一，即在尽可能增加最大多数人的最大幸福，或尽可能减少最大多数人的痛苦。功利主义把幸福或快乐放置在道德基础的位置，这就造成了功利主义诚信观需简要分为两种情况：一是诚信作为增加最大幸福的一种工具或者手段，经过功利计算，诚信足以增加最大幸福；二是经过功利计算，诚信减少最大幸福，此时诚信作为日常生活中的道德规范，只要不陷入道德困境或触及终极规则（功利原则），也可以被看作增加最大幸福。

（一）相符幸福的诚信的功利正当

一方面，功利主义维护的是最大多数人的最大利益，而不维护投机取巧者的自私自利的利益。它要求行为者要具有不偏不倚的态度，不考虑行为者私人偏私感情与欲望。功利主义赞成促进最大幸福的行为，反对不顾他人和社会幸福的行为。功利主义的道德基础不是德性、宗教、契约、情感和义务，而是幸福这一后果，它只看行为结果是否是增加最大多数的最大幸福，而不关注行为的动机，只要行为结果是好的，这个行为就是善的，这个行为所依据的规则也是善的，它们在功利主义体系下就是合乎道德的行为。

另一方面，诚信完整地达到功利主义的要求。功利主义要实现的最大多数人的最大幸福是社会人的幸福，马克思曾指出："人的本质不是单个人所固有的抽象物，在其现实性上，它是一切社会关系的总和。"[①] 在人类交往过程中，撒谎直接地只赋予撒谎者短暂的利益，看似只有诚信者的利益受到损害。然而缺失诚信不仅有损于撒谎者的个人信用与交往，也会加深人与人之间的不信任，长久以往正常的交往关系也不复存在，更何谈最大幸福。诚信是提升社会中信任关系的核心因素，是实现最大幸福的至关重要的普遍规则，只有社会中具有普遍良好的诚信价值观，才能实现功利主义的终极目标。还需值得注意的是，诚实守信要求行为者不论是对亲人还是陌生人都要毫无偏私地以诚相待，也要求社会集体对社会人行使不偏不倚的诚信原则。这就表明诚信是符合功利主义所要求的不偏不倚，更能证实在普遍功利主义体系里，普遍性诚信是合乎道德的。诚信作为人类交往行动中逐渐形成的普遍性规则，在大多数情况下明显能达到增加幸福或规避痛苦的效果，在此种情况下，诚信原则在功利主义体系中的正当性是不证自明的。

（二）"背离"幸福的诚信的规范正当

以功利为道德基础的功利主义伦理，不可避免出现诚信时常背离功利情况的现实。正如一个小镇的警官能否为了平复居民暴动而撒谎处死一个无辜之人，基于简单的功利主义原理，为了防止暴动带来的死伤，似乎合

[①] 《马克思恩格斯选集》第 1 卷，人民出版社，1990，第 56 页。

乎功利主义道德应当处死无辜之人，此时看似谎言较诚实更符合功利，更符合大多数人的最大利益，然而警官也无法确保居民一旦发现处死的是无辜之人，是否会再次发起更大的暴动。为了解决现时的问题，通过谎言和牺牲少数人，维护现时的最大利益，是否可以一劳永逸，是否造成损害最大利益的隐患，都应当是功利主义关注的问题。此时，古典功利主义和行为功利主义就遇到了瓶颈，无法解决类似的道德困境选择的问题。再次强调，诚信与功利主义之间的关系可总结为两种：一是诚信能带来好结果的情况下，功利主义是诚信的坚实后盾，它支持所有能增加快乐减少痛苦且能最大化最多数人的幸福的举措，诚信原则亦属于功利主义体系的合乎道德。二是谎言结果看似优于诚信结果，古典功利主义和行为功利主义会支持行为者选择撒谎的行为，而不是诚实守信。此时，两个问题有待解决：一是撒谎能否带来利益，二是诉诸规则功利主义能否解决第二种情况的问题。

撒谎能带来利益吗？简要从两个方面来阐述。从个人层面来说，其一，人的利己特性预设给定了撒谎行为存在的人性原因。其二，撒谎可以短暂地给予撒谎者额外的利益，但长远来看，撒谎行为一旦被发现，社会舆论与强制惩罚的力度远远大于撒谎所获得的利益。从社会层面来说，撒谎造成的不良社会风气，增加了人与人、人与集体、集体与集体之间的信任成本，只会不利于实现大多数人的最大幸福。即使撒谎不能带来长远利益和社会利益，在功利主义体系中，防止行为者通过功利计算选择看似更优的撒谎还应诉诸规则功利主义。

规则功利主义为诚信提供了一种超越功利的规范正当。一方面，规则功利主义不单纯以功利原则评价个人的行为，而以功利原则去评价行为者遵循的道德规则。它评价撒谎带来了利益的行为不是单纯以个人行为的效果作为标准的，而是以撒谎这个规范在每个人都遵守的情况下的后果来评价的。而规则功利主义对理想的规范的限定是："每个人都去遵循这些规则的结果要强过每个人都去遵循任何其他一套规则的结果。"① 在规则功利主义的理论体系里，我们不直接评价个人的行为，而是符合规则功利主义的理想规范下所要求的行为就是正确的行为。

另一方面，诚信原则完全符合规则功利主义下的理想规范的要求。

---

① 〔英〕蒂姆·莫尔根：《理解功利主义》，谭志福译，山东人民出版社，2011，第155页。

"诚信原则涉及两个利益关系：当事人之间的利益关系和当事人与社会间的利益关系，诚信原则的宗旨在于实现这两个利益关系的平衡。"[①] 人作为社会人，和社会关系捆绑在一起，与他人和社会不可分离。个人在社会中密切相关的利益关系也就是个人与个人之间和个人与社会和集体之间，这两种利益关系的平衡必然不能缺乏诚信。其一，个人与个人之间的利益关系需要诚信，可以用简单的借钱关系为例说明，一位朋友急需用钱，你愿意借给他的条件必然是你相信他会履行承诺按期归还，这就需要这位朋友具有信用，否则他在损害他者利益的同时也会损害自身利益，即失去了一部分人的信任，造成日后生活的不便。其二，个人与社会和集体之间的利益关系同样需要诚信来平衡。人与人、人与集体、人与社会之间都需要更多的诚信和信任，以及整个社会诚信制度的强化，必然能更好地调和各种利益关系的冲突，也能引发更好的后果。由此，诚信符合理想规范的标准，符合规则功利主义中常存的理想规范，在诚信看似背离功利最大化标准时，规则功利主义站在理想规范的角度依旧支持诚信，此时诚信就自然具备了规范正当。

因此，功利主义体系中不仅具有功利正当之下的工具诚信，在诚信看似背离功利时，其仍然具备合理正当性。诚信不论是作为手段还是作为理想规范都有其合理性，规则功利主义中因规诚信对因利诚信的补充，部分修正了功利主义诚信。功利主义体系下的诚信不具备德性诚信与义务诚信的内在道德性，要使其合理正当始终如一，仍需提供稳固的维系力量。

三 功利主义诚信的稳固维系

依据功利主义诚信的功利正当与规范正当，推定功利主义诚信是普遍性道德原则。"只有大家的行为都诚实守信，社会才能减少矛盾和摩擦达到利益最大化。"[②] 它的有效与正当建立在普遍性的遵从之上，建立在道德原则对其的约束之上，建立在诚信的长久维系之上。另外，因利诚信与因规诚信均须强有力的维系力量，为诚信提供合理动机与以保障诚信之实、

---

① 徐国栋：《诚信信用原则的概念及其历史沿革》，《法学研究》1989 年第 4 期。
② 王淑芹：《诚信道德正当性的理论辩护》，《哲学研究》2015 年第 12 期。

诚信行之普遍与正当。

（一）约束机制的初始维系

初始于边沁的功利主义，其约束机制体现于刑罚之中。随之密尔在功利主义约束力中保留外在制裁之外，添加了道德感作为约束力的一种，即"良心"的内在约束。自此，功利主义的约束力主要表现为内外结合的道德原则约束。

1. 刑罚与监督的外在机制

诚信的维系在功利主义体系的外在制裁中主要以法律刑罚与社会监督为主。至于何种制裁发挥作用则由失信与违诺行为的程度是否达到足以惩罚的标准来决定。其一，涉及刑罚，诸如边沁对欺骗罪的界定与惩罚及当代各国民法中都对造成较大害处的失信行为有不同的界定与不同的惩罚措施，借此发挥法律制裁对失信的维系。其二，社会监督是对法律制裁的补充，日常生活中没有达到惩罚界限的失信行为由社会舆论与社会监督约束。"当行为者遵照某一道德行为准则行事时，他比那些不遵从任何道德准则的行为者更能认识到失信应被谴责。"① 在功利主义体系下，行为者在个人自由的界限之外，有权干涉涉及他人利益或社会利益的行为，失信行为正属于这类行为，不仅受到法律制裁，同样也合理正当地受社会舆论监督与社会成员干涉。

然而，一旦失信行为被发现的可能性较小，且惩罚的力度不足以威慑行为者，获利大于损害，某些行为者则会选择失信。功利主义诚信的外在制裁的缺陷体现在如下方面。首先，刑罚对失信行为的约束只能建立在有限的法律上。其次，"现实的社会制裁所反映的只是社会中一部分人的态度，某人所行使的不道德行为的社会不赞成的程度会为其他一些因素所抵消"②。社会舆论与社会监督也并不是始终有效。最后，外在制裁不能为诚信提供一种行为者自身内在的道德动机，仅靠外在制裁的诚信，不足以为整个社会提供始终如一的约束力，更不能为诚信提供道德力量。即使外在制裁是完美的，行为者此时的诚信行为只是单纯的消极诚信，一旦外在制

---

① Richard A. Maier, Paul J. Lavrakas, "Lying Behavior and Evaluation of Lies," *Perceptual and Motor Skills*, Vol. 42, Issue 2, pp. 575-581.

② 陈江进：《功利主义与实践理性——西季威克道德哲学思想研究》，人民出版社，2013，第 178~179 页。

裁存在漏洞，只能逐渐流失。功利主义能否为诚信提供一种自身内在的遵从诚信的动力与约束。

2. 良心的内在约束

功利诚信的良心的内在约束是基于良心之上的一种情感与主观感受，也可以看作义务感或道德感。这里的良心或道德感与情感主义伦理之间的关联是显而易见的。一方面，功利主义的道德感是经验与联想共同作用下的情感。"个人是一种社会存在的想法现在已经深入人心，它会使每个人都感到，自己在感情和目标上与同胞们和谐一致是自己的自然需求之一。"① 个人与其他同类之间，不只存在利己本性。因为人与人之间具有相似的机能，行为者对同类的快乐与痛苦不可避免地感同身受，从而逐渐在社会生活中习得利他特性与道德感。功利主义认识到人的利己本性与利他特性结合，运用发自行为者自身的良心与道德感，提供行为者对诚信的内在遵从与动力。

另一方面，功利主义中虽然并没有明显界定良心或道德感是先天赋予还是后天经验获得的。但是，在其理论体系中存在认定道德感是后天经验获得与社会习得的一种倾向，此种倾向加固了功利主义内外结合的约束力。道德感"即便不是我们本性的一部分，也是从我们的本性中自然生长出来的，它像其他的能力一样，能够自发地萌发小芽，并通过培育而得到高度发展"②。道德能力不仅能在社会中习得，也可通过培养与教育获得。社会成员的道德能力不能仅靠人本性的自然产物，必须内外两者结合才能真正发挥功利主义诚信的约束力。

功利主义的外在制裁与终极约束力体现在诚信中仅是初始维系，功利主义诚信的功利特性仅靠初始维系是远远不够的。在利益冲突时，时常不顾良心与道德感，更不顾社会舆论。因此，在现实社会中使功利主义诚信能持久维系，仍需一种规范性范围更广与约束力更强的功利主义理论。

（二）制度功利主义的保障

制度功利主义将制度建立在功利原则之上，把功利计算的权利与选

---

① 〔英〕穆勒：《功利主义》，徐大建译，上海人民出版社，2007，第33页。
② 〔英〕穆勒：《功利主义》，徐大建译，上海人民出版社，2007，第30页。

择决定权交付给社会,试图实现社会整体的功利最大化。它相较于以行为者为主体的功利主义的优越性是:其一,克服个人无法不偏不倚的悖论。个人既是社会成员也是家庭成员,其行为的后果必然影响到他人,他全然不能完全抛弃亲密关系,站在不偏不倚的角度看待行为的选择。其二,提升功利大小计算的准确性。社会在综合考虑所有因素与影响的情况下,制定出有利于功利最大化的制度,较之个人功利计算更为准确。其三,解决诸如诚信一般原则的认知的合理基础。制度是现代社会中人与人之间的和谐关系的基础,人们的活动建立在制度之上,而在制度功利主义看来,"最好的政治、法律或社会制度,是那些能够创造最大限度的总体安康的制度"①。基于前文中对诚信的分析,诚信制度能够作为实现社会功利最大化的制度之一。一旦诚信制度得以建立,遵从诚信制度将符合其功利最大化的目标,行为者无须经过功利计算选择诚信,而是支持制度为诚信提供合理基础的同时也将作为功利诚信维系的后方保障。诚信制度化是现代社会工具理性发展的需要,也是功利诚信维系的重要保障。

当且仅当功利主义诚信足以稳固维系时,功利诚信的合理正当才具有真实效力。密尔之后的功利主义理论自身的内外结合,外在制裁机制与良心道德感对诚信的初始维系,加之制度功利主义中诚信制度化的倾向,为功利主义诚信提供了较为坚实的维系力量。

对于功利主义诚信来说,规则功利主义不会被传统的消极诚信所禁锢,而是在理想规范的思想中蕴含因规诚信,超越简单的行为功利至上,认定诚信属一般理想规范,提供诚信始终如一的合理正当。另外,功利主义体系中良心与道德感为具备道德能力的行为者提供内在约束与动力,法律制裁与社会舆论监督为那些试图忽视道德的行为者提供外在制裁,诚信制度为社会整体提供一种自然而然依规行事的良好道德环境,这三者结合已足以维护功利诚信始终如一的合理正当。

通过对功利主义诚信的不同情况与诚信维系的论述,本文认为,即使功利主义诚信摆脱不了与生俱来的工具理性的特点,也不能完全否认功利主义诚信的价值。其一,现实生活中行为、法律与制度等不可避免地掺杂

---

① 〔英〕蒂姆·莫尔根:《理解功利主义》,谭志福译,山东人民出版社,2011,第164页。

功利主义原则，诚信亦然，除义务诚信与德性诚信之外，工具诚信也依然存在。其二，即使基于最大善的绝对优先性的逻辑，规则功利主义与制度功利主义完全可以在追求最大多数人的最大幸福的基础上建立一种合理正当的诚信观。

亚里士多德理智观下的人类增强

陈 旭[*]

摘 要 人类增强作为一种科学技术，包括科学研究和技术应用，涉及理论理性和实践理性两个领域，蕴含求真与求善两种维度。目前，人类增强面对的重大挑战之一对其违背"人是目的"的道德命令的工具性立场批判。亚里士多德对医学与技艺、实践智慧与哲学智慧、理智德性与道德德性的区分与联系对我们理解现代人类增强的内涵、在科技发展中实现目的与手段、求真与求善、工具理性与价值理性的统一具有重要的启示作用。

关键词 人类增强 工具理性 价值理性 实践智慧

人类增强（HE）可以指任何一种旨在改善人的性情、能力或幸福的基因、生物医学或药物干预，即使没有病理可以治疗。人类增强作为人类理性发展的时代产物，包括科学研究和技术应用。科学研究及其成果作为人类认识"求真"的产物是价值中立的，但科学家的行动、科学研究的过程以及科学成果的应用则涉及人的动机、利益、权利等，因此进入了价值的领域。[①] 从理性的两个维度——工具与价值的维度对人类增强进行考察，有助于我们更深刻地理解人类增强的内涵，实现目的与手段、求真与求善、工具理性与价值理性的对立统一。

---

[*] 陈旭（1988~），女，西南大学哲学系博士研究生。
[①] 李石：《论"基因编辑"技术的伦理界限》，《伦理学研究》2019年第2期。

一　人类增强的工具性立场批判

韦伯把人的行动分为工具（合）理性行动和价值（合）理性行动。工具（合）理性行动以计算和预测后果为条件来实现目的，其合理性归结为手段和程序的可计算性，是一种客观的合理性或形式合理性；价值合理性行动指主观相信行动具有无条件的、排他的价值，是不顾条件和后果都要完成的行动，是一种主观的合理性或实质合理性。[①]马克思批判地继承了韦伯的异化思想，他所说的人的异化实际上反映出工具理性和价值理性的矛盾，是"人是目的"的价值理性衰微的体现。

对人类增强违背"人是目的"的道德命令，把人当作手段而进行批判即是对人类增强的工具性立场批判。反对人类增强的人认为，对于人类增强，无论是个体选择增强自己、后代，还是国家的强制性增强，都涉及把人当成手段而不是目的本身，因此体现出工具理性的高扬和价值理性的衰败。正如卡斯（Leon Kass）所言，我们可能更容易得到我们想要的东西，却意识到它的价值远远低于我们真正想要的。[②]桑德尔则对采用增强技术提升自身表现的运动员是否贬损了人的卓越和体育的意义提出了质疑，其也是在价值层面上反对人类增强。[③]

支持增强的人则从人们对价值的不同看法出发，提出了不同意见。以体育竞技为例，如果说在运动场上人们把荣誉献给优秀选手展现出的才能以褒奖他的努力和天赋，那么采用药物增强就被看作对人的富有价值的努力和天赋的贬损。支持增强的人就会提出质疑，人的偶然性的天赋如何具有价值？如果人们褒扬的是人的努力，那药物或基因增强可以被视为人类努力和意志的更高级表现。再比如，通过增强技术延长人的寿命被认为是增加了人的价值，体现出人是目的的道德命令。

从马克思主义实践观看，科学技术蕴含着人的本质力量，彰显着实现人的全面而自由的发展的伦理价值。人作为实践活动的主体，通过"劳动

[①] 陈志刚：《马克思的工具理性批判思想——兼与韦伯思想的比较》，《科学技术与辩证法》2001年第6期。

[②] L. Kass "Defending Human Dignity," in President's Council on Bioethics, ed., *HumanDignity and Bioethics*, Washington DC: US Government Printing Office, 2008, p. 303.

[③] M. J. Sandel, *The Case Against Perfection: Ethic in the Age of Genetic Engineering*, Cambridge, MA: Belknap Press, 2007.

创造了人本身",并在劳动中把自己当成达成自己目的的手段,在主体客体化、客体主体化的实践中创造人的自由世界。科学技术作为人的本质力量的物化形式,是人的创造物,"一部科技史就是人类力量不断强大的历史,是人的本质日益丰富的见证"①。因此,工具理性与价值理性作为理性的两个维度,是自在自为的人实现自由不可或缺的组成部分。人类增强的工具理性立场批判真正批判的是理性造成的人的异化,即人丧失了理性的价值维度而彻底沦为实现目的的工具。在人类增强的科技实践中,要探讨的就是工具理性与价值理性如何达成对立统一的问题。

二 实践智慧:工具理性与价值理性的对立统一

亚里士多德对医学与技艺、实践智慧与哲学智慧、理智德性与道德德性进行了详细区分,他以实践智慧为桥梁沟通了人的道德德性与理智德性,实现了求真与求善、目的与手段的统一,对我们如何在现代人类增强中实现理智与道德、工具理性与价值理性的统一具有启示作用。

亚里士多德对人的理智德性与道德德性进行了考察,认为人的理智德性与道德德性分别对应灵魂的理性部分与情感欲望部分,但情感欲望可以接受理性的指引,因此理智德性与道德德性密切相关,不可分离。亚里士多德将理智德性进行了细分,理智德性中思考始因不变的事物(如必然性或真理)的部分被称为"哲学智慧",是科学知识和直觉理性的结合;理智德性中思考变动的事物的部分则包括技艺和实践智慧。亚氏认为,有实践智慧的人就是有道德德性的人,因为道德德性作为一种选择中道的品质,需要有实践智慧的人在理性的指引下做出这种选择,即:"道德德性使我们的目的正当,实践智慧使我们实现目的的手段正确。"② 因此,实践智慧是"一种同人类善相关的、涉及理性的求真的实践品质"。③ 这样,理性之真与品质之善就在实践的领域得以统一,理性的工具性价值和目的性

---

① 陈翠芳:《"科技的人性化"辨义》,《伦理学研究》2007 年第 3 期。
② Aristotle, *The Nicomachean Ethics*, translated by David Ross, Oxford: Oxford University Press, 2009, p. 115.
③ Aristotle, *The Nicomachean Ethics*, translated by David Ross, Oxford: Oxford University Press, 2009, p. 106.

价值就统一于有实践智慧的人。

以此考察人类增强，当人类增强作为一种科学研究活动，可以看成一种追求科学之真的纯粹的人类生命学和人类社会学，其探索的是关于人和社会的普遍发展规律，体现了人类追求普遍必然性的"哲学智慧"。当人类增强作为一项技术进入应用的领域，就成为一项技艺，"技艺的始因在制作者而非技艺本身"①。正如医学的目的是健康而非医学本身一样，人类增强技术和医学都是达成人类目的的手段。然而，医学超出了技艺的范畴而与实践智慧密切相关。首先，医学指向身体之善和人之善，即医学的目的是满足人的需要，因而进入价值的范畴。其次，医学与知识密切相关，需要理性去推理判断。最后，医学具有艺术的特性，即其以个体健康为目的、以人为目的，因此其评价具有个体性、主观性和具体性。以上三点也是医学与人类增强在工具理性与价值理性维度的共性。

目前主要有两种方法定义人类增强：①基于治疗-增强的区别。②基于个体幸福的增加。②反对人类增强的人往往根据治疗-增强来区分人类增强并贬损人类增强的工具价值。但根据以上三点医学与人类增强在工具理性与价值理性维度的共性我们可以发现，基于个体幸福的增加的人类增强定义更加恰当。人类增强作为一项科研活动是人们对"哲学智慧"的追寻，作为一种技艺又与实践智慧相关，而根据亚里士多德的观点，哲学智慧与实践智慧作为理智德性，是理性的卓越的体现，即使不产生结果，自身也值得欲求，并且它们在事实上产生幸福。③ 幸福作为至善，包括沉思的属神的幸福，也包括德性的实现活动的属人的幸福。由于医学对人的幸福的实现的作用是有限的，因此亚氏认为以至善或幸福为研究对象的政治学要比以身体为研究对象并以身体善为目的的医学"更好，更受崇敬"。④

在科学技术高度发展的今天，医学可以在更大程度上实现人对幸福的

---

① Aristotle, *The Nicomachean Ethics*, translated by David Ross, Oxford: Oxford University Press, 2009, p. 105.

② Giubilini, Alberto and Sanyal, Sagar ."Challenging Human Enhancement", in Steve Clarke, Julian Savulescu, C. A. J. Coady, Alberto Giubilini and Sagar Sanyal (eds), *The Ethics of Human Enhancement: Understanding the Debate*. Oxford: Oxford University Press, 2016, pp. 1-24.

③ Aristotle, *The Nicomachean Ethics*, translated by David Ross, Oxford: Oxford University Press, 2009, p. 115.

④ Aristotle, *The Nicomachean Ethics*, translated by David Ross, Oxford: Oxford University Press, 2009, p. 20.

追求，即理性的发展将提高人们对健康要求的底线，不断实现其自身的工具性价值和目的性价值，从而实现自身的自由发展。因此，从医学与增强的相似性、幸福在人的事实和价值判断中的地位，以及以历史的观点看，我们认为基于个体幸福的福利主义的人类增强定义要优于基于疾病-增强的人类增强定义，因为前者看到了疾病-增强的界限的历史局限性，在肯定理性的工具性价值和目的性价值的同时凸显了"人为目的"的道德命令。

三 对"人是目的"的回应

人们认为人类增强的使用违背了"人是目的"的道德命令，这种指责主要涉及四个方面：（1）个人以技术增强自身；（2）父母以技术增强后代；（3）国家对个人进行强制增强；（4）技术的滥用导致人的灭亡。以下我们对上述问题展开具体分析。

首先，成人自主选择的增强自身的行为在技术安全和不违背公正的情况下并没有违背"人是目的"的道德命令，因为增强的目的就是成人自主选择的目的。尽管有人认为个体会因为对技术风险和后果的不清楚而误选增强技术，但这一质疑对医疗、整形手术等同样适用，但我们并没有禁止高危手术和整形美容。个人有自己独特的需求，这种自由不受他人干预，同时个体也必须为自己的选择负责。正如"中道"的最佳选择很难达到，人们往往"两害取其轻"，至于什么是好，什么是坏，人们会根据自己的幸福观做出选择，他人不应该干预。通过禁止技术限制人们的选择是对人的自由和幸福的伤害，也不符合时代的发展，我们要做的是规范科技，创造有利于实现人们自由与幸福的实现的宽容的社会环境。

其次，人们指责父母增强后代是将后代当成了工具而非目的。这里首先应做的区分是父母增强后代的行为有两种动机，一是为后代的幸福考虑，将后代作为目的本身；二是将后代作为实现自己目的的手段。针对第一种情况，对人类增强技术的工具性立场批判就是不成立的，而只能从后果论看，即：（1）技术并未达到父母的预期目的；（2）技术达到了父母的预期目的，但孩子并不认可父母加于自身的善是真的善。就（1）而言，技术的问题只能通过技术的发展解决，不能通过伦理或限制技术而解决。在（2）这一点上，人类增强技术正如现在很多父母强加给孩子的所谓有利于善的达成的手段（包括特殊饮食、课程补习、各种兴趣班等）一样，并没有特别的不同。当然，这是在未来技术达到足够安全的情况下而言。强调增强技术与其他养育儿童的手段有质的差异是一种基因决定论。同卵双胞胎在不同的环境下可能发育出完全不同的人格，而某些基因性状的开启需要环境的刺激。从心理学上看，尽管大部分人认可三岁前父母的养育对儿童一生的人格有极大影响，但很多成人仍然可以通过后天的心理治疗治愈童年的创伤。就影响后果而言，某些巨大的童年创伤对人造成的伤害可能比基因编辑更严重。我们无法因为人无法给后代提供最佳养育环境而禁止人当父母，但我们却企图限制科技的发展，尽管这种科技可能有利于后代的幸福。

针对第二种情况，即父母将后代作为实现自己目的的手段，情况就变得更复杂了，因为这里涉及父母的动机、家庭伦理秩序和社会价值规范。尽管现代社会越来越强调将孩子作为一个独立的个体来养育，父母在子女的成长过程中即收获了快乐和陪伴，对孩子不应以伦理道德加以过分干预和束缚，但"养儿防老的观念"依然有着强大的社会根基，尤其在以农耕文明为历史传统的中国。在原始社会的农耕时期，社会生产力水平低下，年老体弱的人不能独立生存，因此需要依靠家庭，尤其是强壮的男性劳动力来为自己养老送终，所以重男轻女、养儿防老的思想在中国有着特殊的地位，而非农耕的地中海文明，重男轻女的思想则没那么严重。从历史的发展看，社会生产力的发展水平决定了社会的文明程度，也决定了父母对子女的工具化利用程度。伴随着社会生产力水平的提高，人们的认知水平、情感需求乃至整个思维方式和世界观都有了极大的改变，如何理解工具化就成了个复杂的问题。现代社会主张的陪伴式的父母-子女关系强调的更多的是代际情感上的依恋、父母与子女的价值的实现，属于马斯洛需求层次中上部的尊重、爱与自我实现的范畴。从这个角度看，子女就是父母达成自身幸福的手段，也是父母的目的本身，因为孩子的幸福就是父母的目的。

人们认为后天养育手段与增强技术有质的区别的关键一点在于技术的不可逆性和技术结果的不可预期性。然而，正如之前的分析，父母、老师甚至一个陌生人对儿童造成的影响都可能是巨大而不可逆的，但人只要活着，就有一定的自主性和能动性，就有改变自己本质的可能。同时，要使技术可控和可预期，就要去认识对象及其规律、发展相关的科学知识，不断更新科学的思维方式,并实现人的理性在哲学反思层次上的跃迁。科学技术的目的是发展生产力,使未知的变得澄明,我们不应基于经验常识思维,固守以往的经验,以"禁忌"或某种"现状偏见"来试图阻止科技的发展,更不应该以高扬价值理性为名,抱持某些不符合社会发展规律的价值规范。通过辩证地、历史地看待时代的科技发展及其成果,将科学之真、伦理之善与艺术之美统一于人是目的的永恒追求中,我们才有可能发现这个时代关于真善美的依据和标准,而这需要我们的努力、勇气与希望。

再次,对国家或社会可能对个人进行强制增强,将个体当成实现公利或私利的手段的指责不足以限制人类增强的发展。国家的基本功能就是对个人行为进行限制甚至强制,例如法律法规的设置、义务兵役制等,因此不能以国家的强制措施来限制人类增强作为一项科技发展的自由,因为二者没有必然的因果联系。针对某种对人类增强的"道德滑坡论"认为人类增强技术的开放会一步步、不可避免地导致人们对人类特征做出"好"和"坏"的区分,并导致新的形式的对不同的人的歧视和屠杀的人类优生学行径的言论。我们的回应是为了避免这种情况的发生,更应该在公开、规范的情况下发展人类增强科技。正如我们之前的分析,科技的发展是历史的潮流,个人主观的无视或拒绝只会让科技掌握在某些人的手中,从而使大多数人失去知情权和发展自己的权利。要防止优生学以新的形式复辟的关键是创造一个文明、开放和宽容的社会环境,这样的社会所要求的政治、法律、道德等上层建筑只能建立在生产力水平得以极大发展的经济基础之上,而人类增强可能从全新的角度使人类认识人类自身的存在及其与世界的关系,极大地促进生产力的发展,从而有助于将人从对人、对物的束缚中解放出来,实现个人乃至人类的发展与自由。

最后,有学者批判人类增强会最终导致人类种族的生存危机。这种批判有两种论证思路。一是人们经过世代的人类增强,创造出与现有人类完全不同的存在,人类在这种存在的面前彻底地失去主动性而遭到奴役,甚至最终惨遭淘汰;二是一小部分邪恶的人掌握重大的人类增强技术,并以此来毁灭某些人种甚至整个人类。在这两种情况下,人类都成为因科技而毁灭自身的始作俑者。然而,无论技术被如何利用,科学本身是中性的,可以危害人类的同时也可以造福人类,正如现有的生物化学、核物理、生物医学等一样。在积极的一面,人类增强可以促进人对自身客观物质层面的自我认识，人的情感、意志、行为、个性的物质基础到底是什么等问题可以通过人类增强的发展得到某种实证性的回答，正如现在神经科学、脑科学所做的一样。

人类增强的发展既给我们提供了理解人的自然性的新途径，更让我们反思人的社会性。从某种程度上来说，人类增强给人们带来的最大生存威胁在于它动摇了人们千百年来赖以生存的根基，包括所谓的自然人性以及建立其上的价值规范和人伦秩序。在这种情况下，人们对于"人是什么"的追问似乎变得更为复杂，正如科学的发展似乎使人们变得更无知，原始的宗教信仰反而给人的灵魂以宁静。历史上的科学革命一次次地更新着人们的思维方式，也带来哲学反思的跃迁。古代西方哲学以感觉经验为基础，发展了寻找"世界本原"的古代本体论哲学，近代科学尤其是牛顿经典力学的发现为哲学的"认识论转向"奠定了前提，现代数理科学的发展则带来了哲学的"语言转向"，工业革命带来的生产力的极大提升则为马克思主义哲学的"实践"转向提供了背景和条件。纵观历史，当人们以越来越多样的中介（包括科学思维方式及各种科技成果）来反思哲学问题的时候，人们的认识越深刻，对人与自然、人与社会、人与自身的关系的理解就越多维，越立体。

总之，人类增强既是挑战，也是机遇。它以新兴科学技术的形式给我们带来了理解人的自然性的新方式，并且让我们反思现有社会的价值规范的合理性依据应如何在历史的辩证发展中得以扬弃。人类增强可以毁灭人类，也可以促进人类自由的实现，而这种双刃剑的特性本就是科技本身的内在矛盾。当我们以实践的智慧去追求实现手段与目的、求真与求善、道德与理智的对立统一时，我们就走在了不断解放自身，实现自由与幸福的道路上。

费希特关于学者品质的探析对当代学术伦理的探照

李慧琳[*]

摘　要　费希特对于"学者"品质的建构以道德自觉性为出发点，进而以文化自信心和理性批判力为重要组成部分，据此对学者的理想人格加以塑造和弘扬，并由此启示当代学术界：首先从历史的时间维度出发，对学术伦理进行审视，以此有机联结学者的归属关系，从而树立学者的历史使命感；其次从社会的空间维度出发加以考量，以明确学者的权责关系，阐扬学者的社会责任感。

关键词　费希特　学者品质　学术伦理

费希特兼具哲学家与学者的双重身份，毕生承载着两种使命所赋予的重托：基于对自身学科的情愫，他真挚而虔诚地向真理世界发起探索；出于对自身职业的践履，他真切而笃定地为人类命运共同体做出努力。故而，费希特提出了"严肃热爱真理是学者的真正道德"[①]这一重要命题。下面，我们将探析费希特对于学者品质的建构，以期为当今的学术伦理建设寻求道德动力与精神源泉。

一　费希特对于学者品质的道德形而上学奠基

当学者在从事学术活动时，学者的意志将构成对理论的影响因子，学者的经验与精力也将被纳入实践的参考因素。当学者能够秉承这种主体内

---

[*] 李慧琳（1992~），女，河北大学政法学院伦理学硕士研究生。
[①] 《费希特文集》第三卷，梁志学编译，商务印书馆，2014，第372页。

部的真切认知，自觉自愿地为学术生命追溯道德的形而上学依据时，他将通过对主体性的唤醒和运用，剖明自身在道德范畴的应然性与必然性。

（一）学者道德自觉性的缘起

费希特对于学者品质或品德的建构，集中在对"学者的任务"与"学者的愿望"的阐发。据此，费希特推论出学者的任务是运用理性思维对真理进行阐明、检验、澄清，重点是达到"人的最终目的"；① 学者的愿望则是奋力发展他的学科，尽力做到"观察其他阶层取得的进步"②，并"推动其他阶层的进步"③。

第一，学者的工作来源于道德。学者对于学术工作的尽职尽责，源于对社会契约的遵守。因为，每当学者在承载某种特殊的文化使命时，其全部实践活动的基本指导方针为：把学术活动"当作自己生活里唯一的日常劳动"④，尽管这种劳动对于社会上的其他人士而言，或许仅仅是工作之余的休闲娱乐。但是与此同时，社会的其他人士也将学者自认为是工作之余的活动当作他们自身生活中唯一的日常劳动。由此，倘使每一名学者皆在自愿的前提下得到相应的安排，并且各自遵守并相互配合，有默契地施行社会分工与社会协作，学者与社会共同体的良性互动将有望达成。固此，学者的工作是源于道德的当然之举。

第二，学者的工作契合于道德。每当一名学者把自己发挥其余的天赋和才能的机会让渡给社会上的其他相关人士之后，这位学者真正的使命和道德便是"专攻某个特殊专业"⑤，"专攻一门他早先就进行了充分研究的专业"⑥，"在他所选定的专业内提高社会的文化"⑦，并以此为毕生的着力点，奉行为终生的理论依据和实践准则，因为这是学者对自己的选择而承担的相应的职责，是符合道德要求的应然之举。反之，倘或个别学者未能很好地履行的职责，则会直接或间接地造成社会共同体在某一方面的缺位，致使社会的其他成员蒙受损失。所以，费希特认定某些学者的失职行

---

① 〔德〕费希特：《论学者的使命》，梁志学等译，商务印书馆，2009，第46页。
② 〔德〕费希特：《论学者的使命》，第42页。
③ 〔德〕费希特：《论学者的使命》，第42页。
④ 〔德〕费希特：《论学者的使命》，第46页。
⑤ 〔德〕费希特：《论学者的使命》，第46页。
⑥ 〔德〕费希特：《论学者的使命》，第32~33页。
⑦ 〔德〕费希特：《论学者的使命》，第33页。

为，在某种程度上理当被判决为一种不道德的行为。

第三，学者的工作本身就是道德。费希特之所以建议学者要把对于真理的追求上升到道德必然性的范畴予以诠释，这是因为无论是出于社会契约抑或是职业伦理皆是外在规制的约束。而学者能否做到主动地批判性继承与辩证性扬弃，将是学术思想得以发轫的逻辑前提。其中无不以学者的主体性之开显为凭照，由此推引申出学者在从事学术活动的道德必然性。于是，费希特将学者的一切行为推究为人性本质中"最深邃、最纯粹"的意道德向，并指出这种道德意向的特点在于：使意愿永远服从于自相一致的最高目的或道德规律，使自身的"行动和努力都绝对必然地从这个原则中发展出来"①，由此揭示学者在从事学术工作的道德必然性之肇始。

综上所述，学者的工作是源于道德、契合于道德的行为，重点是学者的工作本身就是道德。由此可知，费希特以道德统摄学者的本质属性，将成为学者的应有之义。学者是构成社会共同体的基本单位，是对社会共同体进行道德衡量的具体标尺。学者至少应当努力用某种道德的方式方法——"把那个已经为他做出很多贡献的类族的完善程度，提到更高的水平。"②

（二）学者道德自觉性的重要性

学者的道德自觉性，即学者把自身的意志行为主动归置于道德目的与道德本质统摄之下的品质，这种值得称道的努力使学者在学养方面拥享了坚韧的道德基础。据此，费希特为学者的学术活动制定了基本的道德评价基准："你要永远按照对于你的职责的最佳信念去行动。"③ 这启示我们当代学者尤其应当凭借自己的良知，以自身的全部努力使个人和社会日益高尚，并将这一目标看作自身学术活动的唯一出发点和专属目的地。

第一，道德自觉性促使学者铸造正直的品质。学者在探求真理的过程中将会持续地对理念和现象从概念层面加以廓清，以此删繁就简、去粗取精，最终达到有理性的感性生物之最终理想境界——"完全自相一致"④。因此，费希特将这一准则统称为：促使意志与道德律令无限接近，争取达

---

① 《费希特文集》第一卷，梁志学编译，商务印书馆，2014，第350页。
② 〔德〕费希特：《论学者的使命》，第32页。
③ 《费希特文集》第三卷，第161页。
④ 〔德〕费希特：《论学者的使命》，第16页。

到"伦理的善"。① 对理念的虔诚追求将成为学者的生命及其灵魂深处最真挚的冲动,从而突破了功利主义的局限性,令学者摒弃各种面目的虚伪与错误,拒绝向任何"假、恶、丑"的事件妥协和让步。所以,学者必须毫不动摇地根据良知和良心,学习和传播真实的东西,将关于正义的理念与决心统摄到每一个行为的始终。

第二,道德自觉性促使学者养成真诚的品格。费希特指出,当学者能够真正做到对自我的真诚无欺之际,便无须再试图以他人的视角来审视和设想自己的生命状态。因此,诚实是一种实践理性,这种实践理性必当由自己的"决心和见识来引导"②。这种始于理念的统摄而全身心的投入对理念的探索,由此派生的"不可动摇的宁静"③和"内在的喜悦"④将以确定而完满的良知,显露在成熟学者的身上。随后,这种诚实也促使学者更加重视自身的学术使命,因而甘愿忍受他人所不能忍受的诸多痛苦,最终锻造出他人所无法企及的学术成就与精神高度。

由此可知,高度的道德自觉性是学者的原动力,亦是学者与世界产生有效连接的伦理学起点。以自我的道德信念诠释自身的绝对主体性,并为赋予自身内在的本质性力量,这便是学者在从事学术活动的内在道德依据和伦理准则。由此,费希特在《论学者的使命》中建议广大的学者们:"学者应当成为他的时代道德最好的人,他应当代表他的时代可能达到的道德发展的最高水平。"⑤

二 费希特对于学者品质的建构:
文化自信心与理性批判力

学者绝非孤立地栖居于世界之外的存在体,学者应当以自身优良的品质,主动地纳入学术共同体的版图,以学术主体的面目有机地连接各种文化参数;而且要凭自己的良知,把自己的全部努力倾注于社会共同体的最终目标,以此实现全人类在道德层面的质的飞跃。

---

① 〔德〕费希特:《论学者的使命》,第11页。
② 《费希特文集》第四卷,梁志学编译,商务印书馆,2014,第391页。
③ 《费希特文集》第四卷,第376页。
④ 《费希特文集》第四卷,第376页。
⑤ 〔德〕费希特:《论学者的使命》,第46页。

（一）饱满的文化自信心是构成学者品质的定盘星

费希特认为，文化就是"达到人的终极目的、达到完全自相一致的最终和最高手段"①。然而，学者之所以会选择献身某种特定的专业或学科，这源于一种对文化知识的迫切意向，然而这份求知欲的进一步发展和完善，则是学者在从事学术工作时所激发的自信心。

1. 文化自信心的具体表征

学者在文化自信心，具体表现在以下两个方面。

首先，自信心表现为学者对于自身学术活动的确证。费希特多次指出，在各类学科当中，哲学专业的学者尤其应当注重自信心的养成，不宜在任何情况下假设自己的论证"绝对无法实行"②；否则，这将抹杀哲学研究的逻辑合理性。然而，要确保学者对学术成果的普遍性加以确证，学者的具体方法则是坚信自己的认知力与判断力。这便要求学者透彻地掌握概念并纯熟地运用概念，使之在"一切事情上朝一切方向得到更新"③，在思考中能够对概念精确地加以辨析，并在实践中缜密地采取具体的应对措施，否则便是"空想家"④。

其次，自信心表现为学者对于自身学术成果的确证。费希特认为，有生命的个体大多会有一种内在诉求，这便是："留下一种唯独属于他的、唯独他要求的特殊结果。"⑤ 对于学者而言，这份内在诉求则表现为：对自身的学术成果主动付诸多种形式的检验，并确保其检验结果"以最大的普遍性适宜于一切事物"⑥。另外，费希特认为学者因自身的努力而获得的信赖，便是学者所应得的最大成果，也是学者所为之而奋斗的最高目标，因为，这份信赖将有效地验证一名学者能够在多大程度上将力量付之于愿望。

2. 文化自信心的培养方法

关于学者的文化自信心，费希特建议从认识论与方法论加以补充与完善。

---

① 〔德〕费希特：《论学者的使命》，第 10 页。
② 《费希特文集》第一卷，第 5 页。
③ 《费希特文集》第四卷，第 369 页。
④ 《费希特文集》第四卷，第 369 页。
⑤ 《费希特文集》第四卷，第 376 页。
⑥ 《费希特文集》第四卷，第 376 页。

首先，以道德形而上学奠立自信心。费希特认为学者之所以被世人崇敬，并不在于现今已然成为的一切，而在于他的生命——应然成为并且必然成为——他所能成为的一切。因为他所做的一切和所是的一切，皆由生命本质的必然性所预设，这再次论证了人是自身的目的而绝非他人的手段。费希特甚至将自信从行为模式提升到道德范畴，他曾经言辞犀利地指责道："宁愿相信别人而不相信自己，这无疑是卑鄙的事情。"① 另外，费希特尤其指出，当人类把自己异化为某种"尘世的、转瞬即逝的东西的手段"②——便是真正的自暴自弃，这无异于是对生命的毁灭性打击。

其次，从扎实的理论功底中树立自信心。费希特建议学者应当从三种知识中汲取文化涵养，并依据自身的认识能力和学术水平甄选其中的个别学科，然后充分摄取这一门学科的微观理论精髓，最终完成对理念的分有，这三种知识分别为：由纯粹理性原则提出的哲学、部分地建立在经验基础上的历史哲学以及建立在人类所有经验上的纯粹历史③，它们共同构成了人类命运共同体的选修课体系。费希特认为，学者只需择其一二加以精进终会有所收获，信心大增。

最后，运用科学的方法在实践中拥立自信心。费希特指出，天赋与勤奋必须有机结合，"单有一方而没有另一方将毫无用处"。④ 首先，天赋必须联合勤奋，并根据这种单纯由勤奋所带动的研究氛围，为学者的工作寻求精神支撑和理念保障。倘若没有孜孜不倦的劳作，即使是天才也会在历史的星空中黯然失色，只有持久的勤奋与不懈的科研，才能为理念提供优质的养料。勤奋不仅是获取理念的重要路径，而且是长期持有理念的不二法门。其次，勤奋必须交付于天赋所展现的理念，否则它仅仅是为学科提供了学术环境的和研究要素而已，尚未拥有绝对精神的实在内核，并不能推动正在成长的学者趋于真正的完善，更不能做到对周围世界产生根本性的影响。所以，没有理念的灌输与填充，学者的学术成果将会大打折扣，甚至缺乏灵魂深处的神韵。

由此观之，费希特自信地认定——每一名学者终能成就原应属于他的一切学术成就，即学者因其对理念世界的艰深探索而必然取得的对理念世

---

① 《费希特文集》第四卷，第 391 页。
② 《费希特文集》第四卷，第 379 页。
③ 参见〔德〕费希特《论学者的使命》，第 40 页。
④ 《费希特文集》第四卷，第 368 页。

界的分有。这份自信,是学者在所有的实践活动中应当养成并终将养成的品质。这份自信,是学者的学术活动得以为了梦想而营建并且终将按时完竣的信念支撑;这份自信,是学者的使命和学者的愿望得以向着未来而出发并且终将抵达目的地的精神基础。

(二) 深刻的理性批判力是检验学者品质的试金石

费希特指出,学者应保持清醒的洞察力,以一种"严于律己的态度"① 将感性行为纳入理性的轨道,使自我获取一种回归理性的统摄力。这种理性的力量使学者发起对思想的深化和对理论的积淀,最终淬炼出一种理性的批判力。

1. 理性批判力的具体表现

费希特认为,理性批判力应当表现为以下两个方面。

第一,学者的理性批判力,始于对真理的虔诚和热忱。费希特认为,这种对真理的赤诚,是一种"通过寓于他之内的、构成他的人格的并在他心中萦绕的那种对于理念的热爱"。② 所以,真正的学者应当热爱理念,因为唯有真理是一切思想、努力和行为的根本动力。费希特认为优秀的学者应当具备两种重要的学术品质,即"不愿肤浅草率地对待某种自以为了解得比较透彻的事情,不愿秘密掩盖和默认回避自己明知存在的困难"③,以此深化理性反思的能力,这便是学者的理性批判品质得以启动的第一道阀门。

第二,学者的理性批判力,终于对真理的遵守和依循。人的终极目的,在于使一切非理性的事物调摄于自己的合乎理性的意志,从而按照理性固有的规律去驾驭一切非理性的事物。费希特曾经设想道:"把自己隳于理念,正是求学者所追求的。"④ 所以,学者甚至应当以尽可能的实践方式向年轻人展示一幅道德的图景,表明从事学术职业对于自身生命的重大价值,其中极致的方式便是"完全献身于对他的使命和科学的爱"⑤,并成为这种学术使命的"永久的祭品"⑥。所以,面对科研中的艰险,以不惧困

---

① 《费希特文集》第四卷,第 400 页。
② 《费希特文集》第四卷,第 349 页。
③ 〔德〕费希特:《论学者的使命》,第 14 页。
④ 《费希特文集》第四卷,第 405 页。
⑤ 《费希特文集》第四卷,第 429 页。
⑥ 《费希特文集》第四卷,第 424 页。

难、不怕牺牲的决绝，这便是学者的理性批判力得以发挥作用的重要枢纽。

2. 理性批判力的确证方法

试问，学者应如何检验自身的批判力？费希特如何对学者的批判力加以理论维度的阐释？费希特将这种自我觉察的反思力称为"行己有耻的敏感"①。这具体表现在三个层面。

第一，能否及时地认识到自己的闭塞和落后，将是学者走向进步的标识。费希特认为学者应当不断研究新近发生的事物，并保持这种时刻察觉世事的高度警惕性，并希冀每一位学者保持这种精神活跃的状态，即"不让任何形态在他心中僵化和停滞"②，从而有效地避免因自身闭目塞听而导致的信息偏差，进而影响最终的学术成果的严密性，达到"让每一次日出都给他带来对于他的工作的新的喜悦、新的热爱以及新的视野"③ 的美好愿望。

第二，能否充分地意识到自己的幼稚和鲁莽，将是学者走向成熟的标志。当学者开始为曾经的想法感到愧疚与自责时，恰是引起学者进行内向反思的契机。这便要求每一位学者更加缜密地学习，以精确的辨别力及时看出现有的知识是否对真理有所背离和违逆，尽力避免轻率的想法对历史文化造成的不可估量的折损。当学者深入地反省内心世界，会既耻于"不关心任何同伴而只关心他自己"④，又耻于"完全故意跳入放浪形骸与自我异化的境地"⑤，从而时刻警醒自身的行为，使其始终合乎理性的范畴。

第三，充分意识到自己的粗俗和浅陋，将是学者走向崇高的路标。

首先，学者应竭力回避过分"卑劣和粗俗的东西"⑥，否则便会沉湎于低级的感性趣味中，耽溺于"对神圣事物麻木不仁的东西"⑦，最终失去了他人的信任与尊重。其次，学者应竭尽一切力量追求高尚的东西，找出具有"伟大庄严的风格的东西"。⑧ 因此，费希特表明，要将关于真理的理念

---

① 《费希特文集》第四卷，第400页。
② 《费希特文集》第四卷，第429页。
③ 《费希特文集》第四卷，第429页。
④ 《费希特文集》第四卷，第391页。
⑤ 《费希特文集》第四卷，第391页。
⑥ 《费希特文集》第四卷，第387页。
⑦ 《费希特文集》第四卷，第388页。
⑧ 《费希特文集》第四卷，第388页。

作为一切思想和行为的动力,体认到理念才是"一切的欢乐与享受的源泉"①。

综上所述,费希特对于学者品质的塑造,以文化自信心为定盘星,以理性批判力为试金石,以此形成一种"合乎概念的相互作用"。② 这启示当代学者不要轻易地放过学术成果的瑕疵,不可处处回避生活当中遇到的疑难,不要时时盲从社会舆论的导向;同时,在困难的磨砺中不畏缩,在胜利的喜悦中不骄傲,最终用真理的力量浸透心灵的每一个角落,散发出持久而迷人的道德魅力。

三 学者理想品质的塑造与当代学术伦理反思

历史文化的长河源远流长,每一位学者既是学术成果的接收站,也是学术研究的助跑器,并据此在社会环境的传播中层层递进中形成独特的科研凝聚力。在这种一以贯之的文化合力下,学者将在时间与空间的交互作用中发生耦合反应,促使自身积聚有生力量,更加集中、更加深入地求索关于真理的真谛。因此,费希特对于学者品质的塑造便立足历史学和社会学的范畴而展开。

(一) 将学术伦理置于历史学范畴加以审视

学者承载着人类在历史演变中所流传下来的知识火种,因此学者将有一项特别的历史使命——对知识的传承。这亟待学者做到理论自信与文化自信,觉悟到自身在学术行为当中的历史性意义,有原则、有方法地捍卫自己的尊严与人格。

审视当代学术界的整体发展境况可知,部分学者在学术原创能力方面有待提升。如果从历史维度推究其中缘由,便会发现这一部分学者有待将自身的学术工作上升到道德的高度,因而对于前人的学术成果缺乏温情和敬意,对于自身的学术活动缺少归属感和使命感,继而对后人的学术创造失去信赖和期待,最后造成文化知识在流通传播中的贬值。

---

① 《费希特文集》第四卷,第350页。
② 〔德〕费希特:《论学者的使命》,第17页。

1. 历史学范畴对于学者使命的具体要求

费希特指出:"只有通过时代的学养,达到对理念的认知的人才能被称作学者。"① 学者要把自身理解为存在于时间中的动态生命体,只得在某一个特定的时间点上立足,以此把握自身的发展与流变,这便要求每一位学者有质量地达成对前人理论的接受,有理有力有节地完成对后人思路的启发。

第一,以准确的记忆力完成对知识的保存。费希特声称,作为知识的储备阶段,学者要系统性地掌握"获得的技能",即"从别人对我们的影响中获取最大益处的技能"②。从而使关于神圣理念的知识能够在世间留存,以期在不久的将来被后人发掘并"上升到更高的清晰性和明确性"③。因此,这类学者应当具备一种特别发达的敏感性——"熟悉他自己学科中那些在他之先已经有的知识。"④ 从历史的发展脉络考察学者的时代节点,探索和传播那种对于大多数同时代的人具有理论意义的真理,可以保证真理和知识能够完整无误地流传至后人手中,不至于在岁月的风刀霜剑中销声匿迹,导致后人误以为他们前人的历史文化不过是一片干净的白茫茫大地。

第二,以贴切的理解力实现对知识的演绎。费希特认为,思考的过程是应该是一个环环相扣、绵绵不绝的"推理链条"。⑤ 对知识的保护,绝非对知识的讨好和献媚,亦非是对知识的保密和封锁;否则,便是开历史的倒车,沦为历史文化思潮的一股逆流。费希特又指出,部分学者用静止的、僵化的观点看待知识,会造成对科学征程的停顿或倒退。费希特认为保护知识的理想的方式是:通过人类的努力,相继更新和完善内容,使其拥有"日益光彩照人的形态代代相传"。⑥ 这亟待学者具备深厚的学养,以一定的理解力和鉴赏力完成这场历史的接力赛。

2. 历史学范畴对于学者精神品质的影响

费希特提出,学者的使命在于"高度注视人类一般的实际发展进程,

---

① 《费希特文集》第四卷,第346页。
② [德]费希特:《论学者的使命》,第23页。
③ 《费希特文集》第一卷,第408页。
④ [德]费希特:《论学者的使命》,第43页。
⑤ 《费希特文集》第一卷,第145页。
⑥ 《费希特文集》第一卷,第408页。

并经常促成这种发展进程"①。学者作为文化的人格化载体,使关于神圣理念的知识得以借助物质力量和效用,实现人类精神文明的导师可以源源不断地因此滋生繁衍。在单向度的时间延续中,扩充和升华学者的历史使命,实现对学者品质的建构。

第一,基于归属感而建立的秩序感。费希特强调,学者从历史中汲取知识,从而"享受着他们的劳动成果"。② 这种对于文化知识的运用将会不断地提升"我们的尊严和我们的力量"③。由此,学者应当自觉地把个体的短暂的生命纳入作为历史的漫长的演变历程中,把学术活动归置到"伟大链条中的一个必要环节"④ 之中。所以,通过对前人知识的积极接收,主动担负起这份崇高的使命,有助于学者自身的学术行为享有伦理层面的秩序感,从而提升学者在内心深处的荣誉感,最终增加对科学研究的核心凝聚力。

第二,鉴于需求感而激发的创造力。学者通过对知识的深度研究将会锻造出一种或多种的特定技能,倘若学者的技能够在当代的变革中经受住考验,获得一种来自外界的正面反馈,这将会砥砺学者萌发一种对于真理的向往,促成一种"基于经验需要的愿望"⑤,以此满足学者的学术需求,并以这些特定技能为学者在今后的学术活动中的存在与发展的根据。费希特指出,如果只是对前人思想进行不加思索的复述,甚至仅仅是从事机械式的复制粘贴,则等于"什么也没用做"⑥。故而,费希特尤其建议学者们要本着原创精神,"以一种前所未有的新方式从自身创造出科学"。⑦

第三,鉴于传播力而催化的影响力。学者应凭借社会所能给予的一切已知之数进行相对独立的筹谋规划,得出关于真理的演算结果,确保让人类的智慧源泉得以充分地涌流。所以,学者阶层的真正使命在于——将当代人与后代人的教化工作担当起来。因此,学者应当以优异的学术能力,忠实地献身学术事业的发展,通过对现今已知原理的理解而有效地回答

---

① 〔德〕费希特:《论学者的使命》,第41页。
② 〔德〕费希特:《论学者的使命》,第35页。
③ 〔德〕费希特:《论学者的使命》,第35页。
④ 〔德〕费希特:《论学者的使命》,第35页。
⑤ 《费希特文集》第一卷,第116页。
⑥ 《费希特文集》第一卷,第434页。
⑦ 《费希特文集》第一卷,第434页。

"业已提出的问题"①,以实现文化资源的优化配置,为人类历史做出应有的贡献,终而"产生出未来各代人的道路,产生出各民族的世界史"②,令学者在尘世的生命活动,得以在精神世界的殿堂中矗立一座不朽的丰碑。

由此观之,以历史学范畴思考当代学术问题,这便启示我们:在时间的流动性中,须秉持信念固守情操,以追求不朽为学术使命,以超越自身的局限性为人生的座右铭。在时光的稍纵即逝中,摄取永恒的理念和绝对的真理,从而恰切地衔接前人与后人的学术脉络,并凭借这份强烈的历史使命感,反思学术伦理的应有之义。

(二) 将学术伦理纳入社会学范畴加以考量

费希特指出,从社会学维度下思考学者的道德品质,将促使学者体认到自己之所以能够表现出某种天赋所赖以依存的"一切条件和一切境遇"③,并以此在具体环境中有所突破、有所进步。所以费希特指出,只有当学者的研究和发明是为了社会共同体的发展时,他们的努力方才是"合乎道德的事情"④。

当代中国学术界之所以会发生某些学术不端的案例,其中一个重要的原因则是:个别当事人对于自身的学术活动缺乏广泛而深入的理解,甚至把学术活动误认为是私人领域空间的私人活动,因此毫无顾虑地欺哄自我,进而心存侥幸地蒙蔽众人。倘若当代学者能够自觉主动地将自身的行为纳入公共领域加以考察,这将对一部分学者起到强大的监督作用,并有望初步实现学术伦理在当代的正本清源。

1. 社会学范畴对于学者社会职能的转化

从社会意向的空间维度出发,学者之间将衍生一种互动性的精神交往意向,其目的在于"相互作用、相互影响、相互取予、相互受授"⑤。据此,在这种精神状态中诠释学术活动的"取予"与"受授",可得出两点:一方面是主体对于学术内容的传播,另一方面是传授对象对学术内容的接受和反馈。这便引发了学者在社会空间中的内生变量。

---

① 〔德〕费希特:《论学者的使命》,第16页。
② 〔德〕费希特:《论学者的使命》,第46页。
③ 《费希特文集》第四卷,第373页。
④ 《费希特文集》第三卷,第362页。
⑤ 〔德〕费希特:《论学者的使命》,第20~21页。

第一，在传播关系方面，学者兼具信息传播主体和信息传播客体的双重身份。这种空间传播，即学术主体主动将自身交付于公共领域的空间，而这种空间的植入也将实现社会角色的交叠。在文化的初次传播中，学者作为传授的主体，尚且对于文化传播的内容和方式享有一定的自主权。但是，当学者置身大众传播的环境时，便不可避免地发生二次传播甚至多次传播，学者将不断地接收到关于自身的反馈信息，随即由传授文化的主体转换为接受文化的对象。这将使学者与社会发生"一种牢固联结和得到延伸"①的关系，促使学者与外界之间开始"表示关切，而且将继续表示关切"。②

第二，在供求关系方面，学者兼具文化需求方与文化供应方的双重任务。首先，费希特指出，文化是"社会的产物、社会的所有物"。③ 因为学者对文化的获取源于全社会的共同筹谋，任何学者都没有权利垄断这种系属于全人类的公共文化资源，更没有理由单纯出于个人舒适度的考虑而篡改文化面貌，甚至将某种源于社会的知识作为牟取个人暴利的手段。其次，学者获得知识的初衷便是为社会而服务，所以学者应当把自己为社会而获得的知识用于真正地造福社会，以此使自身的行为符合自身的本质，实现自身的一体性和圆满性。如果学者出于主观目的拒绝为社会服务，便是从社会"攫取了社会的所有物"。④ 费希特认为这将是一种无异于盗窃的可耻行径，在本质上是一种道德层面的不完满，其后果堪忧。

综上所述，基于学者这两种社会职能的转变，这便要求学者以一定的奉献精神，向同胞展现出值得尊重的东西，并努力造福于同胞的文化生活。从而在空间维度下与社会机制建立良好的互助循环模式——"向社会报答社会为我们所做的事情"。⑤

2. 社会学范畴对学者的具体权责划分

费希特提出，学者应具备一种严肃的文化意图，即传授文化的愿景。并指出学者应尽可能地将自身的道德品质与文化知识加以传播和推广，进而促进全社会的整体进步。借此，费希特阐述了学者应具备"给予的技

---

① 〔德〕费希特：《论学者的使命》，第 28 页。
② 〔德〕费希特：《论学者的使命》，第 28 页。
③ 〔德〕费希特：《论学者的使命》，第 34 页。
④ 〔德〕费希特：《论学者的使命》，第 34 页。
⑤ 〔德〕费希特：《论学者的使命》，第 33 页。

能",即"把别人作为自由生物而加以影响的技能"。① 这种技能以两种形式——言教与身教——进行传播。其中,言教的内容包括学者的演讲与学术著作,身教的内容则是学者自身的言行举止。以下,便从空间的维度对学者的学术责任与社会责任加以梳理。

第一,学者的演讲,要对特定场域中的听众负责。演说和学术讲座进行口头交流的形式,通过对知识的直接传达,培养学子对于真理的理解能力和把握能力。费希特称赞这种方式为"具有无限的优越性"②,因为这种交流形式便于学者以"最近的和最直接"③ 的方式接触传授对象,并且获得同步反馈。因此,学者更加要避免自以为是的浮躁和哗众取宠的浮夸,要以出色的学术理念和道德品质促进文化资源的整合,实现信息共享和文化认同的初衷。

第二,学者的著作,要对重点视域下的读者负责。费希特认为,著书立说的重点通过对理念概念进行加工。所以学术著作真正面向的读者,应当具备一定的理解能力和学识基础。这便为学者提出了更严格的要求,即学者的作品应当尽量避免将"具体存在的名称乱加给一种既不存在也不实际存在的东西"④,否则将导致真理的错误倒退。另外,学者还应当把自己关于理念的认识论、方法论借助概念加以精练传达,使之成为有系统的科学最终从偶然性上升到必然性,致力于以完备的文化艺术形式展现出"梦寐以求的纯洁性和圆满性"。⑤

第三,学者的言行举止,要对能涉及的最大畛域内的受众负责。学者是人类精神的教养员,应当以身教的方式传授道德的力量。费希特认为,学者的使命是对于道德的遵守、维护和示范,所以这便要求学者更加严格地检束身心与"有共同接触点的一切人当中促进文化教养"⑥,以此发挥学者的道德模范带头作用。另外,学者应凭借勤奋和诚实的治学态度,把自己提升到一种值得崇敬的精神高度。因此,费希特在空间维度的酌量中,特别指出学者在身教方面所展现的道德力量具有重大的榜样示范作用,而

---

① 〔德〕费希特:《论学者的使命》,第 23 页。
② 《费希特文集》第一卷,第 529 页。
③ 《费希特文集》第四卷,第 420 页。
④ 《费希特文集》第四卷,第 357 页。
⑤ 《费希特文集》第一卷,第 436 页。
⑥ 〔德〕费希特:《论学者的使命》,第 12 页。

且要比言教的"说服力大得多"①。因为身教使学者拥有忠实的师徒关系和坚实的群众基础，身教使万千学子的内心深处油然生起一种无可比拟的崇敬和钦仰。因此，费希特建议学者无论在何等情况下——"都应当无条件地使求学者心中充满对于真正学者职业的敬意和敬重。"②

3. 社会学范畴对当代学者理想人格塑造的启示

学者通过具体的交往模式，在现有关系的基础上陆续创造着更加复杂多变的社会关系，从而真切地感受到一种"通过社会而存在，为社会而存在"③的生命状态。这便要求学者在这自身所创造的关系中能动地直观自身的坐标，并有效地调整自身的路径，从而科学地塑造理想人格，更好地服务于社会大众，最终实现学者在社会学范畴的共振与谐振。

（1）自我约束的能力

由于社会空间具有相对的独立性，这便要求每个学者从具体的生存理念出发，并出于道德完满性的考虑，适当地为自我的发展预留一定的精神空间，于是便构成了学者在精神层面的相对独立性。

首先，学者不应当过度地随波逐流，甚至主动地迎合某些卑劣的风气和庸俗的热潮，将自己置于不合时宜的境地。费希特亦认为——"过分讨好别人实质上是畏葸和怯懦。"④ 虽然，人类在空间中时常受到外界的束缚，但是人类真正的意义在于把"周围的一切弄得合乎道德"⑤。

其次，学者不应当过分地排斥异己，甚至仰仗自身的某种优越性对他人施以压制。费希特认为，所有的骄傲自满大多是源于自以为"了不起和完善无缺"⑥，然而这行为将反噬学者自身的道德价值，所以学者应极力避免这类习性，这便要求每一名学者以坦荡的襟怀迎接时代的新考验新挑战。

（2）相互尊敬的作风

由于社会系统的运行具有一定形式的规律和秩序，这便要求学者在社会空间中对距离感加以尺度界定，并以此设定为所有行动的道德依据："只有所有人都向我承认我的自由行动的一个范围，并且保证这个范围内

---

① 〔德〕费希特：《论学者的使命》，第45页。
② 《费希特文集》第四卷，第423页。
③ 〔德〕费希特：《论学者的使命》，第43页。
④ 《费希特文集》第四卷，第391页。
⑤ 〔德〕费希特：《论学者的使命》，第12页。
⑥ 《费希特文集》第四卷，第379页。

的行动不会妨碍他们的自由,我才能够凭良心去做某种事情。"①

首先,学者贵在自重,以此期待彼此的互敬。学者欲求在重要的人际关系中获得他人的承认与尊重,在空间维度保有对他者的吸引力,须当塑造优良的精神品质,要使自身的言行无可指责,从而避免因琐碎小事"遭到冷酷的人们的蔑视和憎恨,遭到善良的人们的善意讥笑"②,防止由自身的道德疏漏招致社会上的非议,尽力将自身在空间维度所遭遇的排斥力降至最低程度。

其次,学者宜主动敬人,以此享有他人的回敬。费希特指出,学者因为受道德规律的支配,所以只能"用道德手段影响社会"③,而不得以强制手段去强迫他人,这亦是完满性的体现。所以,学者间的相互交往应当出于自愿,这亦是对交往双方的道德情操加以侧面考量。通过对他人积极而主动的礼敬,在空间维度发动吸引力的核心引擎,以此带动相关的传授对象在文化道德方面联动反应。

(3) 对外开放的心态

由于社会发展具有一定的宏观整体性,这便要求学者以全方位的视角审视自身的治学态度和做人格局。由于社会性的交往活动,学者的学术成果得以大面积地传播扩散。促使学者可以相对宏观地统摄到世界的图景,得知自身所归属组织并非"唯一可能有的概念和习俗"。④

首先,避免让思维完全依托于自我的主观感受,学者应当以积极的态度审时度势。费希特的观点是:"人注定是过社会生活的,他应该过社会生活。"⑤他通过观察得知:年轻学子一旦误入"自我玩味和自我欣赏"⑥的歧途,将产生一种自鸣得意的傲慢与虚荣,引致自身在智力与道德方面双双败坏。另外,费希特也不无遗憾地指出,这种"脱离他的时代、退出他的时代、不想与他的时代打什么交道"⑦的闭塞倾向,曾经致使一些卓越的思想家沉湎于个人的主观感受,最终与时代思想脱钩。社会性的交往,使学者的经验与理论引发内在关联,将有效地预防部分学者一

---

① 《费希特文集》第三卷,第 305 页。
② 《费希特文集》第四卷,第 391~392 页。
③ 〔德〕费希特:《论学者的使命》,第 45 页。
④ 《费希特文集》第一卷,第 61 页。
⑤ 〔德〕费希特:《论学者的使命》,第 18 页。
⑥ 《费希特文集》第四卷,第 372 页。
⑦ 《费希特文集》第一卷,第 400 页。

味地自我检视而忽视了对当代现实问题的建设性阐发。

其次，避免把眼野全部局限于当下的环境区域，应当以宏观的角度俯瞰全局，致力于为人类命运共同体的福祉而奋进。费希特认为，社会交往的目的在于"发现我们之外的自由理性的生物"。① 学者的重点并非确立主客体之间的隶属关系，而是建立对话协商的平等关系。在当今的学术环境中，知识呈现几何式的增长，即使是昔日里最优秀成熟的学者，倘若过分地"忽视和小看他所不理解的东西"②，也将有可能在一夕之间跌为初学者。因此，费希特主张，凡是可以称为杰出学者的，在面对未知之物时所应当采取的正确态度为："以庄严高尚的态度理解这种东西。"③ 费希特建议学者要把生活中的未知数与科学中的已知数进行合理联系与有机协调，以保证自身在学术工作中做到与时俱进、开拓创新。

综上所述，基于社会学范畴的审视可知：首先，社会空间的相对独立性，要求当代学者以合理的距离感与合度分寸感，营造人际关系的协调发展。其次，基于社会系统的秩序感，启发当代学者在学术活动的传播中具体问题具体分析，对自身道德品质的塑造也要因地制宜，启示学者在进行学术传播交流活动的过程中，培养揆情审势的洞察能力。最后，社会发展的宏观整体性，构成生命群体的"族群认同"效益。当代学者应发挥精良的学术理念和深厚的道德素养，促成社会共同体的文化认同感，避免由个人的局限性造成集体内部的诋毁倾轧，预防由自身的过失造成社会共同体的"边际爆破"。

---

① 〔德〕费希特：《论学者的使命》，第 21 页。
② 《费希特文集》第四卷，第 381 页。
③ 《费希特文集》第四卷，第 381 页。

应用伦理学

新媒体算法应用的伦理风险及其对策

刘芮彤[*]

摘　要　算法在新媒体的应用实现了信息的个性化推送,减轻了用户面对海量信息过载时的选择压力。一方面,算法的个性化推送有利于信息去中心化的公平分发,提高了信息流动的效率,改善了用户的体验;另一方面,算法对人们信息需求的"了解"却是肤浅的和机械的,它带来了信息推荐的不可靠性和封闭性等问题。算法在新媒体应用过程中显现的弊端和缺陷引发了一定的伦理风险,诸如禁锢个体的信息选择自由、价值观的个性化歧视以及新闻伦理失范难以追责等。化解新媒体算法应用中的伦理风险,需要利益相关方的共同参与,包括培育用户的新媒介素养,提高开发者和媒体从业者的责任意识,建立必要的多元监管机制等。

关键词　算法　个性化推送　伦理风险　过滤气泡

计算机和网络技术的发展要求信息普遍数字化,从而导致数据成几何级数增长。信息因其来源和传播渠道的增多而呈现出更加多样、更易获取,同时也更具碎片化的特点。过载的信息不断地增加着人们的认知成本,人们被海量的数据所包围,淹没于其中而难以做出恰当的选择。数据主义者认为,数据的流动量已经大到非人所能处理的地步,人类无力将数据转化为信息或者知识、智能,数据处理工作应该交由能力远超人类大脑的算法(algorithm)来完成。[①] 算法是一个有限的、定义明确的指令序

---

[*] 刘芮彤,女,中国社会科学院大学(中国社会科学院研究生院)哲学系博士研究生。
[①] 〔以色列〕尤瓦尔·赫拉利:《未来简史》,林俊宏译,中信出版社,2017,第333~334页。

列①,旨在解决某个具体问题。算法能够依据设计的指令代替人类在冗杂的数据流中以客观的"态度"和最快的速度寻求最优的结果。如果将数据比作"米",算法便是"巧妇"。算法与大数据的叠加日益渗透人们的生活,它们正在以显见的和隐秘的方式改变着人类以及整个世界。在新媒体(new media)领域,算法的运用在实现信息的个性化推送方面给人们带来了相当的便利,同时也暴露了其自身的缺陷和弊端,由此引发了一些令人担忧的伦理问题。

一 新媒体算法应用的优势

为了发展自我认知和完善个体的世界观和价值观,人们需要不断地获取新的信息,而新闻媒体是人们获取信息的重要来源。阿兰·德波顿(Alain de Botton)认为,新闻媒体是对现代人最具影响力的教育工具。②如今通过数字技术和网络技术传播信息的新媒体的影响力逐渐超过了以报刊、电视为代表的传统媒体,为各种信息的传播提供了更为多样的平台。在庞杂的信息堆中准确定位自己需要的内容并非易事。人们对于信息的处理能力是有限的,"大多数人类决策基于情绪反应和思维捷径,而非理性分析"③。面对过载的信息,人们虽然手握选择的权力,也难以做出令自己满意的选择。推荐算法的应用使人们面对海量信息时的选择困难有所改善。与传统新闻媒体不同,新媒体平台对内容的生产和分发不再仅依赖采编人员,还可以通过由代码搭建成的算法实现。"推荐算法"④能够基于对用户的"了解",对大数据进行筛选,剔除与用户偏好无关的信息,向用户呈现为其量身定制的内容资讯。与传统信息的被动式传播模式相比,推荐算法的个性化推荐实现了信息去中心化的公平分发,提高了信息流动的效率,改善了受众的体验。这种千人千面的信息"私人定制"似乎帮助人们构建了"个人主义的乌托邦"⑤。用户在持续使用私人定制频道的同时,

---

① Felicitas Kraemer, Kees van Overveld and Martin Peterson, "Is there an ethics of algorithms?" *Ethics and Information Technology*, Vol.13, No.3, 2011, pp.251-260.
② 〔英〕阿兰·德波顿:《新闻的骚动》,丁维译,上海译文出版社,2015,第4页。
③ 〔以色列〕尤瓦尔·赫拉利:《今日简史》,林俊宏译,中信出版社,2018,第209页。
④ 推荐算法是计算机科学中的一种算法,即通过用户的操作行为,经过定义的具体计算步骤推测用户可能的兴趣点。
⑤ 〔英〕阿兰·德波顿:《新闻的骚动》,丁维译,上海译文出版社,2015,第227页。

其个人数据也在后台不断丰富和具体化。在这些数据生成的用户画像的帮助下，算法推荐的内容更加精准可靠。如同医患关系一样，病人之所以需要谨遵医嘱是因为医生能对病情做出最佳判断，而算法能基于用户的偏好和需求推送最适配的信息，因此，用户没有理由不遵从算法的引导。面对纷繁复杂的信息，人们可以不再亲自进行甄别和选择，一切交给算法似乎就会得到最好的安排。

二 新媒体算法应用中存在的主要问题

人们果真可以将筛选信息的决策权交给算法，从此高枕无忧了吗？事实并非如此。算法技术本身十分复杂，有其内在的不确定性。同时，算法仍然处在发展阶段，因开发者的能力受到主客观条件的限制，算法自身存在一定的局限性和缺陷。自算法在新媒体领域应用以来，其存在的问题已经明显地暴露。

（一）信息推荐的不可靠性

第一，推荐算法目前尚无法做到自动纠偏，算法自带的不透明属性增大了人工纠偏的难度。算法可以根据用户的历史浏览记录等数据痕迹对用户的兴趣偏好进行推测后，有针对性地推送与之相似的内容。算法通过不断收集用户的行为数据来推算其背后表达的意图及偏好，举一反三地进行推荐后再收集用户的反馈行为。用户的点击、转发、收藏等行为可视为与算法进行沟通的方式。如此循环往复，算法可加深对用户的"了解"，最终实现精准推荐。这一切的实现需要建立在关于用户的行为数据是充足的、有效的和真实的基础上，但在实际操作过程中，用户的点击或搜索行为可能是任意的、无意识的，甚至是错误的。由于技术的局限性（如无法撤销错误的点击行为），算法会将所有点击行为均视为用户的真实需求的表达。而用户的错误行为数据一旦被捕捉到，算法同样会大量推送同质内容，使用户不堪其扰，又无可奈何。那些"不达标"的点击行为会造成算法对用户需求的"误解"，使个性化推荐变成骚扰性推荐。

第二，推荐算法最终实现的并非个性化，而是去个性化。算法以用户通讯录、订阅频道等个性化标签为依据，将用户划分为不同群体，然后向其推荐该群体内部其他用户关注的与其兴趣相近的信息内容。"标签是我们对多维事物的降维理解，抽象出事物更具有表意性、更为显著的特点。"① 算法的有限性要求标签的数量是有限的，而描述单个个体特征的标签可能是无限多个。不同类型的推荐算法会选取不同类型的有限标签进行计算，而标签的有限意味着对个体"理解"的有限。原本立体的、有温度的自我，经过标签的简化就以一堆代码的形式呈现在算法面前。为用户"贴标签"的过程，实质上是将个体真实的、全面的特征进行简化的过程，其中被省略和被忽视的可能是算法无法识别、无法理解的个体特征。同时，推荐算法通过对群体数据进行计算所得出的结论只表明变量之间的相关性（也可能是虚假相关），而非因果关系，属于统计性质。群体中的不同个体因基因或人生经历而形成的社会性差异可能与群体数据的统计结果相悖同。这种基于协同过滤实现的个性化推荐的算法意在发现人与人之间的共性，而被其过滤掉的可能恰恰是个体所特有的个性。

第三，算法可以决定热搜榜单上出现的内容及顺序，却无力阻止低质、不良内容的生产和传播。算法根据点击率和转发量的多少将内容热度进行排序，再将热点内容推送给用户。比如，微博上有各类热门榜单，百度的搜索页面会显示"搜索热点"列表，今日头条上有"热点"频道。此类"热搜榜"是对搜索量最大的关键词进行的实时排序，反映的是社会生活中正在发生的大事和时下最受关注的话题，标志着各类事物在人们心中的重要程度。然而，长期占据各大榜单前列的通常是明星八卦一类的娱乐新闻，甚至还有导向错误的低质内容（如"紫光阁地沟油"事件）上榜。一些商业自媒体和策划团队意识到"只要抓住了算法的目光，抓住受众的目光就是自然而然的事了"。② 在"流量至上"的思维模式下，这些"注意力商人"（attention merchant）③ 利用推荐算法的运作机制，使用各种手段进行刷榜。热搜榜单的另一大用途是为"做号者"提供内容生产的原材料。"做号者"通过热门关键词找出热门的文章和内容，通过"东拉西扯、东拼西凑、指东骂西"的方式进行洗稿，再配上博人眼球的封面和标题，便可吸引上万的阅读量。④ 注意力意味着流量，流量越大，承接广告的可

---

① 闫泽华：《内容算法》，中信出版社，2018，第31页。
② 〔以色列〕尤瓦尔·赫拉利：《今日简史》，林俊宏译，中信出版社，2018，第34页。
③ 〔以色列〕尤瓦尔·赫拉利：《今日简史》，第73页。
④ 闫泽华：《内容算法》，中信出版社，2018，第204~212页。

能性越大。由此,受众的注意力有了变现的可能。此时,用户不再是内容生产者的用户,而是"注意力商人"向广告主"出售"的商品。[①] 热点内容的排序本该是舆情风向标,却成了商业自媒体和平台赚钱的工具,助长了行业的不良风气。算法将热点新闻推送给用户的运行过程是中立的,但算法推送的内容是可以用道德标准进行衡量的。对于知其然不知其所以然的算法来说,它无法理解各种话题的含义,亦无法判断内容的真假对错,更无法为后续造成的恶劣影响负责。

(二) 信息推荐的封闭性

在信息领域,用户会习惯性地被自己的兴趣所引导,通过不同的信息渠道订阅想要关注的内容。在对用户偏好了解的基础上,推荐算法会代替用户筛选他们希望看到的内容。用户被置于为其量身打造的偏好世界时,不再被其他无趣或者对立的声音打扰。这种被称为"过滤气泡"(filter bubble)[②] 的状态意味着用户被隔离在由其他信息组成的世界之外。在封闭的环境中,信息的出现不再具有偶然性,逐渐窄化和单一化成为必然。当用户无法从多维的视角认识世界时,其世界观和价值观就会变得固化,思想逐渐趋向闭塞,感知力和创造性会随之下降。被屏蔽的信息或许与用户的世界观和价值观不完全相符,但这并不意味着它们无用或无益。兼听则明,偏听则暗。一旦算法开始为用户进行定向的信息筛选,被剔除的信息就失去了发展成用户关注点的可能。当不同观点无法相遇时,个体的思维将不再具有批判性。个性化信息非但不能帮人们开发出丰富而饱满的个性,反而加重了人们的病态,沉淀了人们的平庸。[③]

从社会层面讲,过滤气泡使意识形态分化,人与人之间的共性减少。人类本是群居动物,通过经验分享构建共同联盟,"经验分享提供了一种社会粘性,能让不同的人相信他们拥有共同的文化"[④]。在网络成为人们经验分享的重要平台之后,人们面对面交流的机会逐渐减少,人际关系变得松散,甚至彼此孤立,漠不关心。过滤气泡的出现意味着社会黏性的降

---

① 〔以色列〕尤瓦尔·赫拉利:《今日简史》,林俊宏译,中信出版社,2018,第73页。
② Eli Pariser, *The Filter Bubble: What the Internet Is Hiding from You*, New York: Penguin Press, 2011.
③ 〔英〕阿兰·德波顿:《新闻的骚动》,丁维译,上海译文出版社,2015,第227页。
④ 〔美〕凯斯·桑斯坦:《网络共和国:网络社会中的民主问题》,黄维明译,上海人民出版社,2003,第69页。

低，群体功能的弱化，人类共同联盟离散成单一个体。通常，受众在接触大众媒体信息时会选择性接触（selective exposure）与自己既有立场态度一致或相近的内容，与之形成一种呼应，同时回避与其对立或冲突的观点。① 相似的信念在封闭系统中被不断放大和加强，会形成"回音室"（echo chamber）②。人们会在"回音室"中找到印证自己观点的信息，甚至会误以为自己的观点被大多数人所持有，进而强化了对该观点的坚持。错误的观点也会在"回音室"中得到支持，并可能发展成为偏见，甚至走向极端，这种情况在信息多元化的今天并未得到改善，而"过滤气泡"对"回音室"的形成起到了推波助澜的作用。现实生活中，人们无法回避来自他人的不同意见，在互联网中却可以实现。当某用户通过网络发声，随之而来的是许多支持者或者反对者的声音。推荐算法分辨这些观点的标准不是它们正确与否或者是否有益，而是从个人主义观念出发判定哪些信息迎合该用户，为用户屏蔽对立的声音。"回音室"虽然有助于自我认知的形成，但无益于客观而多元的世界观和价值观的建立。

在人际交往过程中，人们倾向于同思想相近的朋友来往。网络社交平台的兴起使拥有相同爱好、相似观念的用户打破了地域的限制组成了不同的虚拟群体。根据社会心理学的观点，群体决策比个人决策更有极端化倾向，即群体极化（group polarization）现象。③ 网络舆论的形成极易引发网民的"群体极化"。随着某一事件的发生，推荐算法能够根据人们持有的观点和倾向为其迅速匹配相应的群体。在群体内，人们的意见和行为进一步统一，群体内聚力得到提高。群体极化的积极意义在于，它能够形成舆论监督，为民意的实现提供可能，在一定程度上促进社会的公平正义。然而，群体极化也容易引发网络暴力。个体受偏见或者失实甚至不实的信息的影响而持有错误的观念。错误观念在群体中得到支持会走向极端，导致错误决策，促使极端主义群体采取"以暴制暴"等极端方式维护他们心中的所谓"正义"。一旦意见偏执的群体人数超过一定的范围，社会就会发

---

① 〔美〕保罗·拉扎斯菲尔德、伯纳德·贝雷尔森、黑兹尔·高德特：《人民的选择》，唐茜译，中国人民大学出版社，2012，第110页。
② Pablo Barberá, John T. Jost, Jonathan Nagler, Joshua A. Tucker, and Richard Bonneau, "Tweeting From Left to Right: Is Online Political Communication More Than an Echo Chamber?", *Psychological Science*, Vol. 26, Issue 10, 2015, pp. 1531-1542.
③ 〔美〕凯斯·桑斯坦：《网络共和国：网络社会中的民主问题》，黄维明译，上海人民出版社，2003，第41页。

生质变。① 那些不宽容的极端主义者为捍卫内心的信念，很可能会将网络"战场"蔓延到现实生活中，对社会的稳定和谐构成威胁。

三　新媒体算法应用的伦理风险

算法只是一项技术工具，其运算过程是价值无涉的。然而，算法在新媒体应用过程中显现的弊端和缺陷却不能被忽视，这些弊端和缺陷导致新媒体算法的应用存在一定的伦理风险。

（一）禁锢个人的信息选择自由

算法不仅可以定制个性化信息，同时也能够变相地定制个人。算法在大数据基础上进行的个性化推荐，确实缓解了用户在面临海量信息时对信息进行过滤和筛选的压力。随着推荐算法在各类信息传播平台的应用，用户也越来越依赖算法推荐的结果。"如果人们把某种情境定义为真实的，这种情境就会造成真实的影响。"② 当人们认为算法对自己了如指掌并对自己有所帮助时，便会对算法呈现的信息不经审视地加以使用。而人们难以察觉的是，推荐算法对部分信息的屏蔽实质上是对人们可能采取的某些行为的变相禁止，置于隐形过滤气泡之中的人们只能基于过滤后的信息进行有限的思考和行动。由此，算法可以实现对人类行为的调配。个人的自我完善在一定程度上由其接触和吸纳的信息所决定，如果算法向某用户提供的内容大部分与史学相关，该用户虽然不会必然地成为史学家，但其发展成为物理爱好者的可能性与该用户通过传统途径获取信息而成为物理爱好者的可能性相比会有所降低。当人们由信任算法转变为依赖算法，就意味着个人对信息的决策权由个体转移到了算法，算法因此具备了形塑个体的机会和权力。算法在为个人意志服务的同时，逐渐禁锢个人的选择自由，使个人意志盲从于算法的输出结果，进而降低了个人未来发展可能的多样性。这是因为算法阻断了人们与不同甚至是对立信息的"偶遇"，单纯基于个人以往及当下的特点进行预测，其结果必然不会是所有个人发展可能性的集合。很难说那些被逐渐单一同质化，有时甚至偏激扭曲的信息世界

---

① 〔以色列〕尤瓦尔·赫拉利：《今日简史》，林俊宏译，中信出版社，2018，第135页。
② William Isaac Thomas and Dorothy Swaine Thomas, *The Child in America: Behavior Problems and Programs*, New York: Knopf, 1928, pp. 571-572.

影响和塑造的人们,能够在多大程度上为自己的未来负责。

(二) 价值观的个性化歧视

算法技术由代码构建,处理对象是数据,这是一种特殊的信息处理方式。从这个角度讲,它并不产生价值观。然而,"技术既无好坏,亦非中立"。[1] 算法的"价值观"恰恰体现在对信息的"特殊"处理上。试想这样一个情境,用户较为支持 A 观点,与其他主流的推荐算法方式不同,某算法推荐给用户的信息中有较大比例体现的是 A 的对立观点 B。此时该算法是否体现了一种多元主义的价值观?虽然算法并没有创造自己的价值观,但它的特殊处理方式却可以表达某种价值观。从一个宽泛的意义上讲,算法并不是价值无涉的。

一旦算法负载了负面的甚至是扭曲的价值观,其呈现的结果可能会表达对部分用户的歧视。亚马逊的 AI 招聘工具重男轻女,谷歌的广告系统会向男性推送更多高薪职位的招聘信息;黑人上传照片可能会被打上"大猩猩"的标签,也更容易被算法评估为具有高犯罪风险;低收入群体会收到更多有关贷款的信息,苹果产品的用户则会被引导到消费相对高端的场所。如今,原本在现实生活中的群体性歧视借助算法也逐渐实现了千人千面的个体歧视。借助用户画像,算法可以准确地推断出用户的性别、种族、性取向或者消费习惯等信息,进而进行"个性化歧视"。比如,算法会将那些对价格更为敏感的客户定义为"穷人",然后为其推送价格更为低廉的商品;而对那些有急切需求的客户,算法会推测出其有强烈的购物意愿,并将对于商家利润空间较大的商品推荐给此类客户。相较于群体性歧视,这种针对个人的算法歧视更不易被察觉。不同的个体,被歧视的原因、程度可能也不尽相同。如果这些歧视是发生在现实生活中的具体事件,被歧视的群体可以通过抗议示威、建立组织等方式维护权益。当个体遭遇算法歧视时,由于时空等因素易被视为个例,被歧视的个体处于相对孤立的弱势地位,难以维权。同时,个性化算法歧视也增加了消除歧视的成本和难度。

算法歧视并非来自技术本身,其原因可能是输入的数据表达了某种偏

---

[1] Melvin Kranzberg, "Technology and History: 'Kranzberg's Laws' ", *Technology and Culture*, Vol. 27, No. 3, 1986, pp. 544–560.

见,也可能是算法的开发者在设计算法程序或算法目标时有意或无意地将自身持有的偏见写入了算法。"偏见进,则偏见出。"(Bias in, bias out)[1]经过算法的固化和强化,这些偏见输出为有针对性的歧视。长期的算法歧视会导致目标群体或个体的污名化,降低他们的自主性和社会参与度。算法歧视的隐晦性更会带来被歧视群体的扩大,加深歧视对个体及社会带来的不良影响。与现实中的歧视性事件相比,来自算法的歧视更为抽象,甚至可以"隐形",但这不会削弱人们被歧视时的感受,所以同样是不可以接受的。

(三) 新闻伦理失范难以追责

算法在新闻生产及分发过程中发挥着重要作用,它虽然不是完全意义上的新闻工作者,但其应用结果也应该符合新闻伦理的要求。1914年,沃尔特·威廉(Walter Williams)制定了《新闻记者信条》(The Journalist's Creed),认为公共新闻为公众信托,宽容而不苟,自制而忍耐,且应为读者的最高利益服务。[2] 根据美国职业新闻工作者协会的职业道德规范(Society of Professional Journalists Codes of Ethics)[3],不同媒体的新闻工作者应遵循的职业道德准则包括:力求真实报道,减少伤害,独立报道和诚实可信。作为一种技术,算法并非道德主体,无法像人类新闻工作者一样权衡利弊,亦无法承担相应的道德责任。大数据时代,信息来源广泛,算法在新闻及信息传播领域的应用加速了信息的传播,假新闻、偏见歧视等极易泛滥。在这一过程中出现的新闻伦理失范,应由谁来纠正或负责呢?在传统的新闻传播过程中,核实报道内容的真实性以及及时纠正失实报道通常由新闻从业者来完成。算法的参与、网络的开放性和虚拟性导致这项责任在新媒体平台上出现了分散。算法的开发者以及算法新闻(algorithm journalism)的使用者似乎都在信息的来源这一过程中扮演了某种角色,分散的和抽象的责任使人们的责任意识更加淡薄。面对算法推送的信息,人们不认为自己应承担检验信息真实性

---

[1] Editorial, "*More accountability for big-data algorithms*", Nature, September 21, 2016.
[2] Ronald T. Farrar, *A Creed of My Profession: Walter Williams, Journalist to the World*, Missouri: University of Missouri Press, 1998, p. 202.
[3] SPJ Code of Ethics, revised September 6, 2014, from Society of Professional Journalists, https://www.spj.org/ethicscode.asp.

的责任,即使形成了偏见也应归罪于热度极高的偏激言论,自身的思想狭隘则是受同质化内容的引导。在网络世界中,用户可以不经证实地传播不实信息或发表不当言论,很少考虑其所应付出的成本和应履行的道德义务。在算法们打造的楚门的世界中,人们或许认为自己的所作所为都是可以免责的。

四 应对策略

19 世纪八九十年代,美国新闻业繁荣的背后弊病丛生,虚假报道不断,报纸商业化严重。[①] 如今这些问题在算法应用的新媒体平台上以新的形态卷土重来。新媒体算法应用中伦理风险的出现,一方面是由于算法设计或数据使用方面存在缺陷,另一方面是由于人的局限性在相对封闭的算法系统中被放大。当代社会生活中,人们脱离不了网络,亦无法摆脱算法对生活的渗入,算法已然成为人们参与公共生活可以凭借的重要手段,即便算法自身存在诸多问题,也不能因噎废食。虽然随着科技工作者的不懈努力,算法技术及算法应用将会日趋完善,但是,作为使用算法主体的普通大众,应当为化解算法的伦理风险做出相应的努力。在应用算法的过程中,如何做到扬长避短,物尽其用,是需要利益相关方共同参与解决的问题。

(一)提高新媒介素养

用户应如实、准确地描述自身的偏好及需求,以审慎的态度对待每一次的点击、转发、收藏等行为,及时地对有偏差的推荐进行反馈和纠正。"作为成年人,要想在现代民主国家过上良好的生活,就必须习得各种知识,来帮助我们维系道德品行、自知之明和身心安全,并帮助我们有效地履行各项公共和私人义务。"[②] 如今各类知识唾手可得,算法更是为准确获得所需知识提供了便利。能否有效发挥这种信息分发工具的作用,取决于该工具是否被正确使用。个性化推荐就像通往更多选择自由的关口,只会

[①] 邓绍根:《百年回望:美国〈新闻记者信条〉在华传播及其影响研究》,《新闻与传播研究》2015 年第 10 期。

[②] 〔英〕阿兰·德波顿:《新闻的骚动》,丁维译,上海译文出版社,2015,第 227 页。

凸显明智选择的困难。① 要做出明智选择需要人们形成良好的自我认知，清晰地了解自身需求，为算法提供充实而准确的数据以减少可能产生的"误解"。在训练和运用算法的同时，用户要警惕算法的缺陷，加强对精准投放的信息解读，对其来源、真实性等有追问和反思的意识，破除对算法的迷信和盲从。倾听不同的声音，对不同的观点持开放和包容的态度也同样重要。用户一定要保持开阔的思维和多元的视角，防止自己被束缚在过滤气泡或回音室中。未来的个体应该是包含现在的个体和对于现在的个体仍然未知的部分，而未知的事物不一定符合现在的个体的偏好，但一定是现在的个体需要知道的。只有认识到局限，克服偏见，才能塑造健全的价值判断，实现真正的自主选择。

（二）强化责任意识

用户应充分认识到自己在信息的生产和传播中的作用，约束自己的言行。随着社交平台的使用率越来越高，用户在新媒体的信息传播过程中成为重要的一环。在各社交平台上，那些过激的或不实的言论容易迅速扩散，可能产生无法预计的后果。用户在行使言论自由权的同时也有对信息内容及其来源进行核实的责任。对于来源不明、真假难辨的信息，用户应该保持清醒和克制，做到不随意传播扩散。作为舆论的主体，用户应该理性思考、理性发言，以形成更加理性的舆论环境。

开发者应该保证算法的灵活性、透明性，将选择权交给用户。"算法是人理念的产物，服务社会需求是其存在的前提。"② 针对同一个问题的解决方法是多样的，其对应的算法也应该是多样的。虽然开发者无法做到使算法与每种价值观和偏好一一对应，但在合理的范围内，开发者可以尽可能多地为用户提供多版本算法，让用户根据自己的需求进行选择。由于用户时常会基于算法的结果做决定，而算法中暗含的价值判断可能与用户持有的价值判断存在不一致甚至相左的情形，用户在不知情的情况下很可能做出违背其意愿的决定。因此，开发者也有义务打开算法的"黑箱"，适当地提升算法的透明度，满足用户的知情需求。算法应该对用户自主选择提供技术支持，而不是对用户的自由意志实施变相胁迫。

---

① 〔英〕阿兰·德波顿：《新闻的骚动》，丁维译，上海译文出版社，2015，第 228 页。
② 刘海明：《算法技术对传统新闻理念的解构与涵化》，《南京社会科学》2019 年第 1 期。

新媒体应该遵从行业道德规范，纠正"唯流量是从"的倾向，对平台上的信息及其来源保持客观公正的态度，对用户的价值观起到正向的引导作用。平台无法控制算法给每个用户的具体推荐内容，但可以把控平台上可供算法推荐的内容。在传统的新闻生产过程中，记者和编辑等通常会充当"把关人"（gate keeper）角色，负责确保进入传播渠道的信息符合社会公认的价值标准。算法平台也可以设立相关的责任编辑，以履行信息把关人的职能。信息把关人并非要对平台上所有信息进行审查，而是通过技术手段识别同质化信息并进行甄选，对平台上各个信息渠道是否有违规操作进行监督，对用户反馈或举报的低质有害信息及时清除，绝不能为了吸引流量而放任不管。对于用户发表的评论，平台也应尽到监管义务。用户有发表评论的权利，平台无权干涉用户的言论自由，但可以删除有害评论以防止其扩散进而对他人产生不良诱导。对于积极评论和消极评论，平台也应对其进行适当管理。目前各大平台主要是依据发布时间或热度对用户评论进行排序，一些"奇谈怪论"可能会因此高居榜首。对此，平台可以通过算法辅助人工的方式对评论内容进行识别和标记，在合理范围内增加积极评论的权重，使其排序相对提前。

（三）建立多元的监管机制

在大数据时代，算法的应用非常广泛，凭借单一的手段规避算法应用的潜在伦理风险是有难度的，应该通过多种途径来实现有效监管。法律方面，应根据目前暴露的问题完善相关法律法规，明确责任主体，建立相应的问责机制；坚决打击内容生产者、平台、用户等利用算法进行的流量造假行为。行政管理方面，政府有关部门应做好网络舆情预警工作，针对算法可能引发的舆情危机制定解决方案；引入用户协管机制，让用户参与公共舆论秩序的管理和监督，增强人们维护积极正向价值观的意识。

结　语

5G 时代，万物互联，人们需要借助算法确保一切都运转良好；在后真相时代，人们需要借助算法寻找真相。然而，需要指出的是，算法技术不是完美的，其背后的人亦不都是崇高的。算法或许可信，但并不可靠，其种种弊端和缺陷还需要人来修正。对算法问题进行伦理反思，解决算法所带来的问题，是生活在互联网和大数据时代的每一个社会成员的道德责任。算法可以处理描述性问题，但无法解决规范性问题。算法的应用将人从机械的、重复的劳动中解放出来，但其目的并非全面地代替人类。在处理数据的能力上，算法技高一筹，但人的想象力和创造力是算法所不能企及的。人是算法技术使用的能动主体，算法或许可以了解人类的现在，但不能决定人类的未来。

人工智能传播中的伦理风险及其治理[*]

杜盼盼[**]

摘　要　信息作为人类社会发展的一种基本要素，时空性、生产性和流动性是其基本属性，它们构成了信息的存在形态。不同的信息存在形态形塑着不同的人类文明。智能传播是人类运用机器对信息存在形态的一次革命性跃迁，它推动了从信息收集、生产和传递的整个传播链条的结构性转型，这必然对人类既有文明产生重大的冲击。在信息收集上，"无时无处不在"的传感器实现了信息抓取的超时空性、指数级可及性和"记忆"性，这实现了对人类身体"圆形监狱"式的完美监控，导致了个体的隐私权、知情权、被遗忘权等信息之于人的尊严的诸多权利遭受到挑战。在信息生产上，机器学习算法实现了信息生产的自主性和信息传递的精准推送，这实现了对人的精神、思想和偏好的控制，导致了难以追责、价值极化、算法黑箱、"信息茧房"、文明冲突等伦理风险。不仅如此，智能传播技术的发展使信息更容易操纵在极少数资本家、政客和技术专家手中，他们能够运用这些信息实现对大多数人的身体和精神的操控，制造更加严重的两极分化和不平等。面对智能传播所带来的伦理风险，人类应当不断对其进行反思与批判，从信息、算法、平台和受众四个层面建构一套伦理治理体系，以维护人的价值和尊严。

关键词　人工智能传播　伦理风险　伦理治理

人工智能是人类运用机器对信息处理方式的一次革命性跃迁。网络技术为人工智能的发展提供了海量的数据信息，我们称之为大数据。计算机

---

[*] 本文获得江苏省研究生科研与实践创新计划项目（编号：KYCX19_0132）的资助。
[**] 杜盼盼（1991~），女，东南大学人文学院博士研究生。

算法为人工智能提供了基于大数据信息的不断学习而实现自我迭代的规则集，并将这些日益"聪明"的算法模型运用于不同现实情境下的感知与决策。由此可见，大数据和算法构成了人工智能的基础与核心。人工智能的发展使人与信息的关系发生了质的改变。在传统的人类世界中，人生产、收集、加工和传播信息，即使借助媒介技术（印刷、广播、电视、计算机等），但信息依然是主体性的。在人工智能的世界里，机器能够根据算法自主的生产、收集、加工并输出信息，尽管基础的算法代码依然是由人写就的，但在以机器学习为主导的第三次人工智能时代，算法能够自主学习并生产新的算法。当算法获得了自主性，信息就不再完全按照人类的思维规则进行传播和演进，信息的主体性开始丧失。当主体失去了对信息的控制权，从主动的信息制造者变为被动的机器信息的接受者，并依据其所提供的信息进行判断与决策，这样的信息传播方式将给人类的生活世界带来哪些伦理风险？我们该如何去认识和应对这些伦理风险？这是人工智能传播时代所面临的两个重要问题。事实上，在人工智能传播刚刚兴起的今天，它带来的伦理问题已经引起了人们的警觉与反思。国外学者对智能传播所导致的假新闻、"内容农场"、歧视、隐私等问题已经开始了研究。2017年9月，《人民日报》连发三篇文章对算法新闻推荐内容低俗化、"信息茧房"、信息监控等问题进行了批评。由此可见，尽管当前人们对智能传播带来的伦理风险的认知还相对肤浅，但它至少表明人们对这种新型的信息传播方式可能会给人类社会带来的伦理冲击所保持的一种敏感。因此，对智能传播方式所带来的社会伦理风险和治理进行研究，有着重要的理论价值和现实意义。要对这一问题进行研究，我们首先要认识智能传播的基本运行机制。

一　人工智能传播的运行机制

从当前的技术角度来说，智能传播是指机器运用传感器和各种算法模型对人或物的外在特点、行动轨迹以及行为特征等信息进行自主抓取、标注、分析、加工、生产等，然后依据个体或群体的搜索、需求、偏好等进行基于算法的推送，最终实现"信息—智能机器—人"的传播过程。根据人工智能传播是否具有真正的自主性推理、思考和解决问题的能力，可以将其分为强人工智能传播和弱人工智能传播。鉴于当前的人工智能传播并没有完全的自主能力和自我意识,因而还处于弱人工智能传播阶段。① 从形态上来说,当前的弱人工智能传播包括信息自动采集、机器人讯息写作、算法推荐等。从运行过程来看,智能传播可以大致分为三个环节,即信息自发采集、信息自主生产和信息自动推送。

传播的基点在于信源,而信源则是信息的容器。在传统的大众传播中,信源的形成是依靠人工收集而成的。在人工智能传播时代,信源则是经由各种传感器和算法进行自发收集的。传感器是一种高度灵敏的类似于人的感官的监测装置,它能够将被监测者的信息转换成电信号进行收集和贮存。传感器是信息收集的基础性设备,它在今天已经无处不在,例如智能手机、摄像头、GPS、电脑设备、刷卡器、电子芯片等。传感器技术可以说塑造了人工智能的"五官",它与人的五官相比,具有更为强大的功能和能力。首先,传感器技术大大拓展了信息采集的可及性。著名传播学家麦克卢汉提出了一个著名的观点,即任何媒介都不过是人的感官和感觉的延伸,印刷术是人的视觉能力的延伸,广播技术是人的听觉的延伸,电视则是人的听觉、视觉和触觉能力的综合延伸。② 无论是人的感官还是印刷、广播和电视等技术,它们对信息的收集能力都是极其有限的,这种有限性表现在收集信息的种类、贮存的能力和处理的时间等方面。而日益发展的传感器技术则不同,它能够收集并容纳更广域的、更多种类的信息,信息收集的速度也更快。越快的信息收集和储存能力意味着能够捕捉到更细微的、不断变化的信息。其次,传感器技术信息采集的自动性和超时空性。传感器技术能够时时刻刻收集信息,只要有足够的能量,它就可以不间断地对相应的人或事物进行全面监控,这就超越了"精力"和时间的束缚,使信息采集具有高度的自动性。这种不间断收集的信息通过传感器之间所建立的网络能够覆盖所有的空间,形成一个无所不在的"天眼",这就使信息采集具有了超空间性。同时,随着存贮技术的发展,传感器收集的所有信息都可以被长久保留下来,形成超时空的信息"记忆",这种记忆使信息具有了不可遗忘性。由此可见,传感器技术对信息的收集实现了"无所不在和无所不能",这形成了大数据。大数据使传播的内容和方式发生了重要的改变,是智能传播的前提和基础。

---

① 许根宏:《人工智能传播规制基础:伦理依据与伦理主体的确立》,《学术界》2018 年第 12 期。
② 〔加〕马歇尔·麦克卢汉:《理解媒介》,何道宽译,译林出版社,2011,第 15 页。

传感器收集的各类信息汇集为大数据，这些数据只有经过整理、分析、加工和生产出新内容才具有价值。在传统社会，信息的处理主要依靠人，可以称之为信息"把关人"，例如记者、编辑、专家等，他们按照一定的社会规范对相关信息进行分析和加工。在人工智能传播时代，信息的分析和处理主要依靠算法。所谓算法（Algorithm）指的是解题方案的准确而完整的描述，是一系列解决问题的清晰指令，算法代表着用系统的方法描述解决问题的策略机制。① 从原理上来说，当代人工智能传播的算法主要是机器学习算法。机器学习算法不完全依赖于人的理解和分析能力，它能够通过抓取超时空的大数据进行自我训练、自我学习的过程不断地优化和调整模型参数与权重，最终实现自主判断和决策，达到内容生产和有效传播的目的。机器学习算法大致可以分为标注、训练和应用三个阶段。标注是机器学习算法的准备阶段，标注将特定的人类知识与传感器所提供的语音、视频、图像、行为轨迹等信息建立联系，以形成可供算法进行学习和训练的大数据集。训练是根据既定的目标对标注后的大数据进行不同方式的处理，并最终形成基于该大数据集的共性特征所组成的规则集。亦即，如果依据初始的算法工程师所设定的规则无法达到任务目标，那么算法则根据一定的边界条件对规则集进行调整，最终实现既定目标。这样，算法就突破了对算法工程师的依赖而实现了自我进化。随着数据的增多，其共性就日益增多，机器学习所生产的规则集就不断扩大，这些新生产的规则集往往转换成不为人所理解的自然语言，这就导致了机器学习算法的不可解释性，进一步发展就会导致不可控制性。训练后所形成的规则集就成为指导机器在不同场景下进行判断、决策与生产的标准。由此可见，人工智能传播对信息的处理具有了再生产的自主性。② 从当代智能传播的结构上来看，它的算法可以分为两类，一是内容生产的算法，即根据所抓取的信息进行基于一定目的的分析、加工等再生产的各类算法模型，例如机器人写作、定价模型等。二是信息推送的算法，它主要指依据特定的目的对信息接受者进行精准画像和群体分类，例如信息排列的算法、基于人口与统计学的推荐算法、基于内容的推荐算法、基于协同过滤的推荐算法等。这些智能算法实现了"比人更了解人""比你更了解你"的目标，似

---

① 汝绪华：《算法政治：风险、发生逻辑与治理》，《厦门大学学报》2018 年第 6 期。
② 贾开：《人工智能与算法治理研究》，《中国行政管理》2019 年第 1 期。

乎有可能回答千百年来"认识你自己"的哲学诘问。但这种认识却并非你对自己的认识，而是机器以及掌控机器的人对你的认识。

运用传感器进行大数据信息收集，通过算法模型不断地自我优化并进行信息处理和内容生产，再通过算法模型对信息接受者进行精准画像、需求预测、群体分类等，最后实现信息的精准推送，这就形成了当代智能传播的基本运行机制。在这一过程中，信息大数据是基础，算法是"大脑"，人仅仅成为信息的接受者。这样，智能传播就实现了人与信息之间的结构性转型，传统的大众传播是人找信息，而智能传播是信息精准找人。进而言之，机器取代人成为信息收集、生产与传播的主体，而人仅仅成为信息的被动接受者。那么，智能传播所带来的新型信息方式将会对人类社会带来哪些伦理风险或挑战呢？

二　人工智能传播的伦理风险

本质而言，信息的生产与传播形塑了人类的文化与文明。社会伦理作为人类文明的一种形式，它既是由人类生产与传播的信息所塑造的，又对人类的传播方式进行规约。因此，传播方式与社会伦理之间是一种相互建构的辩证发展关系。① 智能传播是对人类信息方式的一次根本性重构，它打破了传统的"人控制媒介"的信息传播过程，实现了"媒介自主化"的超人类传播。这种自主性或自我生产性体现在信息"收集—生产—传递"的整个链条之中，智能媒介通过无所不在的传感器实现了信息收集的指数级可及性、超时空性和不被遗忘性，运用机器学习算法实现了信息内容的自我生产和基于精准画像的"监控"性推送。这样，智能传播就塑造了一种崭新的信息传播方式，这一方式不再是人与人之间的传播，而是机器与人之间的传播。② 这种传播方式必然对既有的社会伦理产生重大冲击。

从智能传播的信息收集来看，依靠传感器对人的特征、行为和行动等信息进行无所不在的抓取，并对这些信息进行长久的保存，这实际上对人本身、人与人、人与物之间的关系进行了全方位的监控，形成了"圆形监狱"，对人的存在和尊严是重大的挑战。"圆形监狱"是英国哲学家边沁所

---

① 蒋艳艳：《"信息方式—伦理方式"诠释框架的道德哲学解读》，《道德与文明》2018年第6期。
② 何怀宏：《人物、人际与人机关系》，《探索与争鸣》2018年第7期。

构想的监狱模式,它的中心是一座中央瞭望塔,四周是围绕瞭望塔的环形囚室,每座囚室的窗户都开向瞭望塔,处在中央瞭望塔的监控者可以随时观察到囚犯的一举一动,而囚犯却看不到监控者。尽管囚犯们不知道何时被监控,但他们在心理上时刻感觉到处在被监视的状态。① 在福柯看来,"圆形监狱"是"完美的规训机构",是一个完美的权力实施机制。如果说"圆形监狱"使"囚禁者"能够时时刻刻感受到被监控的状态而不逾矩,那么传感器则不仅实现了"圆形监狱"的监控机制,而且使被监控者在不知不觉中被监控。② 同时,监控所收集的信息还被长久地"记忆",被监控者甚至丧失了被遗忘的权利。不仅如此,这些信息还被商业资本拿去牟利,被权力机构用来进一步对个体实施标签化"监控"。尽管现在一些装有传感器的设备在使用时,会告知使用者收集信息的具体事项,并让使用者选择是否同意。这种表面看起来尊重使用者的声明,事实上使用者根本无权选择,因为你不同意就无法使用设备,这实际上是信息收集的"霸王条款"。因此,智能传播时代的信息收集,让个体完全暴露在各类传感器的监控之下,失去了自身的隐私权。收集的信息被机器长久保存,人失去了被遗忘的权利。不仅如此,为何收集信息以及如何使用信息等并不为个体所知,人失去了对自身信息的知情权和管理权。这样,人作为信息的一种载体,因为无法掌管自身的信息就丧失了本体性的存在感和应有的尊严。③

在信息的处理上,算法作为智能传播的"大脑",决定着内容生产。当前,运用智能算法进行内容生产已经屡见不鲜,新闻机器人、机器人主播、机器人记者、机器人写作、社交媒体机器人、客服机器人等经常见诸报端,成为人们热议的话题。这些机器人通过算法学习已经能够进行简单的新闻写作、诗歌和广告创作、与人交流等活动。尽管智能机器人提高了内容生产的效率,部分解放了人的脑力劳动,但它也带来了诸多的社会伦理风险。当前的智能机器人还处于初级阶段,算法还不成熟,经常导致虚假或低俗内容的出现,例如假新闻、虚假评论、诽谤等。当算法制造出假新闻,那么谁应该为此负责?机器人是否能够成为责任主体?这就成为算

---

① 周建明、马璇:《个性化服务与圆形监狱:算法推荐的价值理念及伦理抗争》,《社会科学战线》2018年第10期。

② 〔法〕米歇尔·福柯:《规训与惩罚:监狱的诞生》,刘北成、杨远婴译,三联书店,1999,第232页。

③ 〔美〕詹姆斯·巴拉特:《我们最后的发明:人工智能与人类时代的终结》,闾佳译,电子工业出版社,2016,第255~260页。

法所面临的第一个重要的伦理诘问。由于算法本身首先是由算法工程师依据一定的目标进行基础规则设计，然后通过大数据集的持续训练和学习进行自我生产和进化，那么它就内在的蕴含着两大问题。第一，自我强化困境。算法程序在基础规则的设计上必定包含人类的某种价值和目标，所收集的大数据信息由于人类社会的复杂性而不具有完备性，并混合着人类的偏见和价值倾向，在这种特定目标引导、不完备和各种偏见信息的训练学习下，算法必定会进一步强化这种价值或偏见，这就形成了算法的自我强化问题。由于算法本身缺乏多元价值的调和性，这种自我强化会导致内容生产的极端化，例如广为人们诟病的算法歧视等问题。第二，不可理解性困境。由算法工程师所设计的基础算法规则往往"以商业秘密"而不为受众所知，即使这些代码规则被公开，大多数非专业的受众也无法理解，这是算法不可理解的第一个面相。由于算法自身能够通过大数据集的学习而实现自我进化，这些由算法所自主生成的规则集更是难以理解，这是算法不可理解性的第二个面相。算法根据自身所生成的规则集对信息进行处理并自主生产内容，当算法规则足够复杂和发达并脱离人类控制时，那么它所生产的内容就具有了"去人类化"，这些内容也许只有算法自身可以理解，而人类却难以解释，这就是算法不可理解的第三个面相。例如，轰动一时的 Facebook 公司机器人聊天事件，尽管后来证明是工程师忘记设置语法激励条件所致，但这亦反映了人们对算法所生产的内容不可理解性的担忧和恐慌。当算法能够根据自身进化的规则生产脱离人类表达规则的内容时，真正的、独立的机器文明就诞生了，人不再是文明的独一无二的生产者。当机器文明产生以后，人类文明该如何与其相处？这就是算法不可理解性可能给人类带来的最大风险和挑战。责任归属、自我强化和不可理解性构成算法生产内容的三大困境，这给人类带来了不可监督、难以追责、价值极化、算法黑箱、文明冲突等伦理风险。

在信息的推送上，智能传播通过算法对受众进行精准画像，它尽管极大满足了个体的偏好，提高了个体获取信息的效率，但导致了主体性的湮没。算法推荐使受众沉浸在自我偏好的"信息茧房"里难以自拔，逐渐失去了对信息的甄别和选择，不断地在偏狭的信息中自我复制，这与人类所追求的全面发展和多元化相违背，必然导致个体不断强化的证实偏见，即："如果你已经开始相信一个东西了，所以你就会主动寻找能够增强这种相信的信息，乃至不顾现实。一旦我们有了某种偏见，我们就无法改变主意了。"① 不仅如此，算法推荐更具有商业价值，商家通过对消费者行为的画像不断向他们推荐各种广告和商品，静悄悄地控制消费者的行为，这很容易导致欺骗和歧视等问题，例如杀熟现象等。与此同时，一些人利用社交媒体算法的漏洞制造出大量的劣质虚假新闻进行恶意传播，使社交媒体成为劣质内容的集散地，被称为"内容农产"。② 推荐算法通过对人的行为及其各种关系的监控和画像，实现了对个体的精准控制，不仅控制当下，而且能够控制个体的过去和未来。这样，智能算法就从传感器对人身体的控制转变到了对人的行为、思想和精神的控制上，人的主体性地位彻底被湮没了。

从智能传播平台的控制主体来说，资本家、当权者和算法工程师等少数精英是这些平台的幕后操纵者。智能传播技术越发达，这个精英群体对信息的控制能力就越强，形成了信息垄断资本主义。信息垄断实现了少数人对多数人的"圆形监狱"监控。这种监控强化了专制，使人的自由价值受到严重挑战。不仅如此，这种监控剥夺了人们的知情权，进而扼杀了人们的反思和批判精神，使信息资源牢牢控制在极少数人的手中，这必将进一步加剧贫富分化等不平等状态。由此可见，智能传播进一步强化了信息垄断，使少数人对多数人的"全景式"监控和规训成为可能，这极大地挑战了人类所追求的自由和公正的价值信念。

以上分析表明，智能传播尽管极大地提高了信息收集、生产和流动的效率，但也给人类社会的伦理带来了挑战。智能传播的信息传感器实现了对人类身体的"圆形监狱"式监控，机器学习算法的内容生产和精准推送实现了对人类精神、思考和思想的控制，操控智能传播平台的精英群体实现了对信息的全面垄断。这样，人的隐私权、知情权、选择权、责任归属、自由等伦理价值都受到了挑战。

三 人工智能传播的伦理治理

智能传播改变了信息存在和流动的方式，这给人类社会的伦理带来了一定的风险。那么，社会该如何回应智能传播所带来的伦理风险以保护社

---

① 万维钢：《万万没想到：用理工科思维理解世界》，电子工业出版社，2014，第13页。
② 〔美〕凯斯·桑斯坦：《信息乌托邦》，毕竞悦译，法律出版社，2008，第8页。

会,这就是伦理治理,它是社会机制对智能传播机制的一种反向运动。在智能传播过程中,信息是传播的客体,算法是信息的加工过程,平台运营是信息的管理者,受众则是信息的接受者。因此,伦理治理应从信息、算法、平台和受众四个方面展开,建构一套符合智能传播的伦理规范体系。

首先,保护受众的基本信息权利,是智能传播时代伦理治理的前提和基础。信息是塑造人的精神和社会文明的根本性资源,而传播方式又是形塑信息存在和流动的动力机制。智能传播是传播结构的一次重大转型,因而它对信息本身以及信息与人的关系等都进行了重构。在传统的传播过程中,信息是现实的、时空限制的和不易保存的;人获取他人的信息是有限的、主体在场的和知情的。而在智能传播时代,随着计算机技术、传感器技术和存贮技术的迅速发展,信息具有了虚拟性、超时空性和长久"记忆"性等特征,这重新界定了信息的存在形式。人与信息之间的关系也发生了重要的变化,运用传感器获取他人信息的主体可以是不在场的,被收集信息的人很多时候是不知情的(既不知道哪些信息被抓取,也不知道这些信息被如何使用),甚至于那些被收集的信息将被保留多久我们也被"蒙在鼓里"。这样,信息与人之间的权利关系,诸如知情权、隐私权、言论自由等都受到重大的挑战。因此,在智能传播时代,我们应当重新反思和审视信息的内涵以及信息与人之间的关系,重申信息之于人的价值和尊严。在智能机器的信息采集场景中,人应当知道哪些信息将被采集、用于何处和保留多久,并有权选择同意或拒绝。对附着于人的各种信息进行重新分类和界定,并明确其权利归属,尤其是虚拟空间的行为信息。例如,对于互联网上的点击和浏览痕迹,这些每天数以亿计的信息该归谁所有?商业公司运用这些信息对用户进行画像和精准推送广告或产品是否合适?用户所生产的这些信息所获得商业价值该归谁所有?对这些问题进行深入讨论并做出回答,是维护人的信息权的基本保障。[①] 总体而言,智能传播时代的信息伦理应当首先回答"什么是关涉人的信息、为什么要采集这些信息以及如何使用这些信息"这三大问题,然后以维护人在信息海洋中的自由和尊严为伦理基础,坚持以保护人的隐私权、知情权和信息自由权等为基本原则,建构一套适应智能传播时代的信息伦理规范。

其次,算法是智能传播的核心,对算法本身进行基于一定伦理原则的规

[①] 董军、程昊:《大数据技术的伦理风险及其控制》,《自然辩证法研究》2017年第11期。

范,是智能传播时代伦理治理的关键。由于算法本身所具有的责任归属、自我强化和不可解释性等三大困境,因而它带来的伦理风险具有根源性,可以说给人类的存在带来了重大的挑战。正因为如此,对算法的伦理治理正引起世界各国尤其发达国家的重视。2017 年,美国计算机协会公众政策委员会专门发布了《算法透明与追责原则》,提出了算法治理的基本原则,包括利益相关者责任、救济机制、鼓励可解释性算法研发、可审查性、验证和测试等七个方面。同年,电气电子工程师协会正式发布了《人工智能的伦理设计准则》,提出了在在人工智能设计中应优先考虑伦理问题,以保证人工智的发展有利于人类福祉。[①] 总体而言,对算法进行伦理治理,应从以下六个方面入手:第一,算法设计过程中的伦理嵌入,即在算法开发过程中应当首先考虑基本的伦理原则,并将这些伦理原则嵌入算法所设定的目标和流程之中,执行严格的伦理约束。伦理嵌入首先要求算法工程师不仅要具有基本的伦理素养和道德规范,还要具有道德伦理的想象力;既要根据算法所处理的信息领域设定基本的伦理规则,还要考虑可能出现的结果偏差而进行伦理纠正。[②] 其次,在算法设计的过程中,要有相关的伦理专家和公众参与,建立算法设计的多元协商机制,而不能使算法设计仅仅成为商业公司和技术人员的渊薮。第二,建立符合程序正义的算法设计流程,形成算法设计与管理的伦理规范。算法作为一种具有特定目标、参与人员众多、利益复杂的技术工程,符合正义的设计程序和契合社会伦理的制度规范能够有效避免算法被利益集团、权势阶层或别有用心的少数人所控制,降低被植入违背社会伦理程序的风险。第三,建立算法设计的公开透明原则,形成算法的可解释机制,以解决算法黑箱化问题。虽然算法本身是一种自然语言,一般非专业人士难以理解。但是,基础算法所蕴含的基本原理、架构和逻辑是可以转换成普通语言的。因此,应该推进算法工程师与公众之间的转译机制,培养一批能够将算法转译为公众可理解的语言的专业群体,从而使算法本身可以理解,最起码可以部分理解,形成"公众理解算法"的开放式、民主化的运行机制。第四,建立算法结果伦理偏差的责任认定和追究机制。尽管算法具有一定的自主性,但是算法本身并非完全独立,它依然具有一定的主体性,这使算法本身的责任具有了确认的可能性。首先,基

---

① "The IEEE Global Initiative on Ethics of Autonomous and Intelligent Systems", http://standards.ieee.org/develop/indconn/ec/autonomous_systems.html.
② 杨慧民、王前:《道德想象力:含义、价值与培育途径》,《哲学研究》2014 年第 5 期。

础算法的责任问题。基础算法仍旧是由算法工程师所设定的,算法工程师在设计算法时是否遵守基本的制度程序和伦理规范,是否故意漏掉特定算法程序的伦理准则,是否受到资本或权力的诱惑而恶意嵌入不恰当的算法规则等,都是可以通过审查进行追责的。其次,算法通过自我学习形成具有自主性的规则集并输出结果,如果存在违背社会伦理的结果时,相关机构和人员是否及时进行审查和纠正,这亦是可以进行责任确定的。因此,只要算法没有完全进化为一种独立自主的存在,只要没有完全脱离人类,那么它的责任还是可以认定和追究的。第五,建立算法的纠偏和权利救济制度。当算法自主输出的结果违背了相关伦理,却又确实存在责任的模糊性难以认定,应建立规范的纠偏和救济制度,以保护受到伤害的群体。第六,建立算法商讨的伦理共同体。算法尽管深奥复杂而不易理解,但是通过建立算法的转译机制,社会科学家、公众等也能够部分理解其基本运行机制。因此,应当鼓励和推进算法工程师、自然科学、社会科学以及公众等的对话与交流,加强算法伦理的讨论与研究,建立多元化的商讨机制,形成算法伦理共同体,扩大算法的道德想象力。

再次,平台运营管理是智能传播的操控者,建立智能传播行业及其从业者的伦理规范是伦理治理的保障。平台运营管理包括控制者、算法工程师和管理层等人员,他们的价值理念能够对智能传播产生重要的影响。尽管智能传播过程中的信息收集、加工和推送主要依赖于机器,但是掌控、设计和管理智能传播平台的人却是它们的塑造者,在各个环节上都渗透着这些人员的主观意志和倾向。正如麻省理工媒体实验室专家拉胡尔·巴尔加瓦所言:"算法没有偏见,我们有。"[1] 如果在算法设计中暗藏某种利益、偏见或者不公,那么经过机器学习所得出的结论将会把这种偏见成倍扩大。例如,近年来广为人们诟病的搜索引擎的竞价排名问题等。因此,加强智能传播平台行业和从业者的伦理规范至关重要。具体来说,应从三个方面入手:第一,建立智能传播平台的行业规范,形成从信息收集、算法设计和信息推送的正义程序和伦理规范。第二,建立智能传播平台从业人员的道德伦理规范,并通过学习不断强化,使其成为行为准则。第三,建立智能传播平台从业人员的道德监督、伦理审查和惩罚机制。

---

[1] Rahul Bhargava, "*The Algorithms Aren't Biased, We Are*", Jan. 3, 2018, https://medium.com/mit-media-lab/the-algorithms-arent-biased-we-are-a691f5f6f6f2.

最后，受众是智能传播的接受主体，提高他们自身在智能传播时代的权利意识和敏感性，推动他们的反思和批判，形成一种"倒逼"机制，这是伦理治理的自觉性推动力量。具体来说，应从两个层面入手：第一，加快普及人工智能传播的认知教育，推进"公众理解智能传播"，不断提高公众对人工智能传播潜在风险的识别能力，使他们能够自觉维护自身的信息权益。第二，建立智能传播的公众社区和商谈机制，设置热门话题，助推公众对智能传播的讨论热情，不断提高公众对智能传播的反思能力。通过公众的教育和反思，形成对智能传播的社会性监督，使智能传播向提高人类福祉的目标不断迈进。

智能传播从根本上改变了人类信息的存在和流动方式，这尽管提高了人类获取、分析和传递信息的能力与效率，但亦对人类文明带来了一定的挑战和风险。传感器无处不在的抓取人的各种生物信息和行为信息，使人类置于一个无时无刻不被监视的"圆形监狱"，人的隐私权、知情权和被遗忘权等都面临风险。当人失去对附着于自身信息的控制权，那么人的尊严和存在感就面临挑战。能够自我生产和进化的算法，使基于一定信息的内容生产不再是人类的专利。由机器自主生产的内容传播给人类，那么人类的精神和文明必将面临风险。正如以色列历史学家尤瓦尔·赫拉利在《未来简史》中曾不无忧虑地认为，人类的进程其实是由算法来决定的，在未来，人类的生化算法将被外部算法超越。[①] 当智能算法所生产的内容替代了人类的精神产品，人类的价值、偏好、思考和思想都将被机器所控制，人之为人的存在感就湮没了。不仅如此，随着智能传播技术的发展，信息将被控制在极少数资本家、政客和技术人员手中，他们能够运用这些信息实现对大多数人的身体和精神操控，制造更加严重的两极分化和不平等。因此，我们在欢呼智能传播时代给我们带来无穷无尽的信息，满足我们的好奇心的同时，必须保持冷静的头脑，对这场翻天覆地的技术变革进行反思与批判，从信息本身、机器算法、平台管理和受众群体等多方面的变革出发，设计新的道德伦理原则、权利体系和制度规范，对智能传播进行伦理治理，以使我们能够应对这场史无前例的信息传播技术变革，维护人之为人的价值和尊严。

---

① 〔以色列〕尤瓦尔·赫拉利：《未来简史》，林俊宏译，中信出版社，2017，第137~145页。

隐私伦理的技术维度

焦 阳[*]

摘　要　隐私伦理是保护隐私得到尊重的伦理规范。隐私伦理的两条基本原则是尊重任何人主张隐私的正当性，以及外界不得随意干涉隐私。当今时代，技术的发展和应用存在违背隐私伦理之处。技术带来的任意性的行为自由意味着人们拥有更多的方式侵犯隐私，同时也为对人的全景式监控提供了可行性。技术的发展也影响了人们对于"私密空间"的掌控，加大了保护隐私的难度。因此，有必要提出一种关于技术的隐私伦理。一方面，关涉隐私的技术活动需要遵循知情同意原则，以保证涉及隐私的技术活动在当事人的许可下进行；另一方面，技术活动需要遵循保密性原则，防止隐私遭到泄露或随意传播。

关键词　隐私　隐私伦理　技术活动

一　从隐私到隐私伦理

隐私是源自西方的一种以个人价值为基本指向的概念。沃伦（Samuel D. Warren）和布兰代斯（Louis D. Brandeis）将隐私视为一种独处的、免于受伤害的权利。[①] 帕恩特（W. A. Parent）认为隐私意味着"非正式记录的个人信息不得为他人知晓"。[②] 秉持这样一种隐私概念，隐私的具体内容通

---

[*] 焦阳（1991~），男，中国社会科学院研究生院博士研究生。
[①] L. Brandeis & S. Warren, "The Right to Privacy," *Harvard Law Review*, Vol. 4, No. 5, December 1890, p. 205.
[②] W. A. Parent, "A New Definition of Privacy for the Law," *Law and Philosophy*, Vol. 2, Issue 3, p. 306.

常无涉公共利益的私人事务。格里芬（James Griffin）通过对美国历史上涉及隐私的司法案件的考察，将隐私归为三种形式：关于信息的隐私、关于生活空间的隐私和关于自由的隐私。① 沙勒夫（Daniel J. Solove）则归纳了普遍被认定是隐私的几个具体方面：家庭关系、身体、性行为、家庭居所以及个人交往。② 隐私对个体价值的保护，又是通过对媒体、政府这样的公共机构的规约来实现的。怀特曼（James Q. Whitman）认为西方隐私文化彰显的是对基于人格（personhood）的尊严和自由的保护。其中，"'尊严'和'荣誉'是欧陆隐私概念所关切的政治和社会价值"③，而美国的隐私观念则体现了在国家权力面前对自由的捍卫："对国家的怀疑常常成为美国隐私思想的始基，美国的学术作品和法学学说一直理所应当地将国家视为隐私的首要敌人。"④ 综上所述，拥有隐私意味着个人在于无涉公共利益的私人事务方面拥有一种自主决断的能力，是人的自由的一种具体体现。正如科亨（Elliot D. Cohen）所言："隐私权产生于一种更为普遍的自决权利，即在与自己有关的事情上为自己选择的自由。"⑤

隐私之所以是人类所拥有的一种正当的诉求，是因为隐私背后所体现的个体自主性与人的最根本的存在方式存在耦合。换句话说，隐私的正当性可以从人在根本上是一种具有个体自主性的存在上推导出来。人作为个体，不仅仅是指生物学意义上独立存活的个体，同时也是指拥有行为和思想自主性的个体。前者是任何生物都拥有的共同特征，后者则是人所独有的特征。个体自主性是人存在于世的最基本状态，离开对个体自主性的承认，就没有在完整的意义上承认一个人作为人而存在，而只是把人当作与其他动植物甚至物件无异的存在物。承认了人的个体自主性，就等于承认人是拥有"自我"的人，任何人都是"自己的自己"，每一个人都是自己的主管，而非他人的附庸。既然人是独立的自我，每一个人的存在便不是

---

① 〔英〕詹姆斯·格里芬：《论人权》，徐向东等译，译林出版社，2015，第282页。
② Daniel J. Solove, *Understanding Privacy*, Cambridge & London: Harvard University Press, 2008, pp. 50-61.
③ James Q. Whitman, "The Two Western Cultures of Privacy: Dignity Versus Liberty," *Yale Law Journal*, Vol. 113: 1151, p. 1164.
④ James Q. Whitman, "The Two Western Cultures of Privacy: Dignity Versus Liberty," *Yale Law Journal*, Vol. 113: 1151, p. 1219.
⑤ Elliot D. Cohen, *Technology of Oppression: Preserving Freedom and Dignity in an Age of Mass*, New York: Palgrave Macmillan, 2014, p. 3.

"以他人为目的"的存在，个人的事务便不必然始终要与他人利益或者公共利益挂钩，也就是某些事务具有"私"的属性。既然如此，对于"私"的"隐"就是一种可欲又正当的选择——既然无关于他人或公共利益，又为何一定需要示众，为公众所知？既然是我的私事，我自然可以按照自身的意愿选择将其公开与否。总而言之，正是因为人的个体自主性，故每一个人都拥有主张隐私的正当性。

个体对于隐私主张的正当性为每个人拒斥他人的接近提供了一个道义上的根基。由于主张隐私合乎每一个人根本的正当利益，是每一个人保护自己个体自主性的根本表现，故主张隐私所带来的人与人之间的"距离感"并不意味着孤僻、冷漠这一类主观情感上对于他人的疏离，而是一种出于理性考量，为了保护自身独立自主性而与他人保持一定距离的理性选择。在隐私能够得到充分保护的情况下，人与人之间的那种"距离感"意味着每一个人对每一个人独立自主性的尊重，是在人与人的交往中对彼此所保留的那片名为"自我"的自留地的承认与尊重。这样的一种人与人之间的关系，同样合乎每一个人的根本利益，经得起普遍理性的考量，所形成的是一种合乎理性的社会关系样态。当然，这并不是说主张隐私就意味着完全不需要人与人之间的关怀，只是若以隐私的理由拒绝某些他人关心是一种完全合理的选择。一个社会充满温情，自然离不开人与人之间关怀的存在，但是关怀同样需要以尊重每个人的隐私为前提。如果连每一个人的个体自主性都得不到承认和尊重，那么再多的关怀也是无意义的。总而言之，由于隐私是个体自主性的体现，保护隐私就是对于每一个人个体自主性的尊重，尽管它会造成人与人之间的距离感，但这是一种能够保障每一个人根本利益的、合乎理性考量的社会关系样态。

综上所述，保护隐私不仅承认并巩固了人的个体自主性，每一个个体都能够享有表达和行为上的自由，而且塑造了一种人与人之间相互尊重、彼此自由的社会关系样态。隐私保护行为的指向与人的根本存在方式之间的耦合确立了隐私保护在道义上的正当性。这种正当性的行为确立了一种合乎人们普遍理性的关系样态。这种人际关系样态反过来又对于人的行为在普遍性的意义上提出了要求，使保护隐私成为一种具有普遍性的行为规范。由是，保护隐私作为一种伦理规范得以确立。

根据上述论证，隐私伦理包含两条基本原则：其一，由人是一种个体自主性的存在推导出任何人都拥有一种合理的理由来主张隐私。只要某一项事务与他人利益或公共利益并无关联,那么这项事务就可以被主张为隐私。其二,根据前一条原则,由于每一个人有着正当性的理由主张自己的隐私,那么外界对于当事人所主张的隐私在没有当事人许可的前提下不存在探听或干预的合理性。即便当事人并未对于何种事务是隐私做出明确的主张,但是由于隐私在内容上涵盖一切与他人及公共利益无关的私人事务,对于那些私人事务,即便当事人并未明确主张为隐私,在取得当事人许可之前,外界也没有探听、干预的合理性。一旦某种行为突破了这样一种规范,那么这种行为就是对隐私伦理的违背。

就两条原则而言,前者是积极的支持性原则,即隐私是基于一种主张,且这种主张在道义上完全具有正当性。正是因为人们能够自主地主张隐私,隐私才可能存在。而后者是一项兜底性原则。在难以确定当事人是否明确将某事主张为隐私时,只要一项事务被认定为是纯粹私人的事务,那么外界的任何干预都不具有正当性。总而言之,隐私伦理的根本指向在于保护无关他人或公共利益的事务免受他人或公众的干涉。前者是在道义上对隐私主张提供积极性的支持,后者是在实践上对隐私主张提供消极性的保护。

需要说明的是,尽管隐私伦理将保护人的隐私视为一种道义上的正当,同时根据人的个体自主性,在隐私具体内容的设置上也要尊重主观性原则,即一个人可以任意将其认为不宜公之于众的个人事务设置为隐私;但是隐私伦理所倡导保护的隐私,指的是那些将其隐瞒不会直接或间接危及他人或公众利益的事务。换句话说,只有不涉及他人利益和公众利益的个人事务,才能够进入隐私的范畴。同样的事务,如果关系他人或公众利益,或者违背基本的法律和道德,就不能被视为隐私。对这类事务的探听和公开,并不违背隐私伦理。例如,对于普通公民来说,其工资收入、财产状况可以进入隐私的范畴,当事人不必主动将其公开,甚至他人随意探听有关信息也会被视为一种不礼貌的行为。但是对于手握公权力的官员来说,其却有义务向主管部门或社会公众主动汇报或公开其收入和财产状况,对于一些超出其收入状况的巨额财产,必须能够说明其具体来源。这是因为,官员通常要处理涉及公众利益的事务,如果官员仍然以保护隐私为借口对自身财产状况进行隐瞒,这将会为官员收受贿赂提供空间,从而滋生公权私用等伤害公共利益的事情。又如一个人的生日、年龄、身高、体重等身份信息自然可以作为隐私不对他人透露,但是如果一个人具有确定的犯罪事实,且仍然具有继续犯罪的可能,那么警方完全可以将犯罪嫌疑人的有关信息向社会公众公示,以提醒人们注意防范。总而言之,隐私在具体内容上的设置自然可以遵从一种主观性原则,但是一种个人事务作为隐私的前提一定是对它的隐瞒并不会对他人利益或公共利益造成损害。因此,隐私伦理的适用范围仅仅在于保护将无关于他人利益或公共利益的私人事务主张为隐私的正当性。

二 技术语境中的隐私忧虑

斯特劳斯(Stefan Strauß)认为,"在一般意义上,隐私被侵犯是监控活动收集和分析个人信息所导致的结果"。[①] 当今时代,由技术活动所带来的隐私侵犯事件并不鲜见。"棱镜门"事件一度引起人们对于自身信息保密性的忧虑;智能手机中某些应用程序在安装时会索取通信记录的调用权限,用户在使用这种应用程序时有泄露自己的私人通信信息的隐患;通过 EarthCam 网站就能够坐在家里获得世界主要城市街头监视器的画面,通过该网站,全世界的用户都可以通过监视器来实现对城市的监控。"譬如在纽约市,你可以看到摄影机捕捉一个在时代广场的四十七街道上行走的人。"[②] 以上事例说明,技术在隐私领域的介入,对隐私保护提出了挑战。

(一)技术为侵犯隐私提供多种可行性

技术威胁隐私安全,并不是说技术是侵犯隐私的主体。且不说技术自身能否作为一个独立的行动主体尚且存在争议,一个人的隐私对于技术本身来说并没有任何意义。窥探、窃取隐私的始终是人。之所以说技术对于隐私安全构成了威胁,是因为技术为侵犯隐私的种种活动提供了可行性的支持。

随着技术的发展,技术种类的增多以及技术功能的扩展升级不仅扩展了人们的行为空间,同时也提高了人们进行某种行为的效率。简而言之,

---

[①] Stefan Strauß, "Privacy Analysis—Privacy Impact Assessment," in *Sven Ove Hanson*, eds., *The Ethics of Technology: Methods and Approach*, New York / London: Rowman & Littlefield International, Ltd, 2017, p. 145.

[②] 〔美〕丹尼尔·沙勒夫:《隐私不保的年代》,林铮顗译,江苏人民出版社,2011,第176页。

技术扩展了人们"能做什么"的范围。同时，技术对人类行为在广度和效率上的增强是工具性的，并不涉及价值取向，任何行为意图都可以通过技术实现。技术的这种工具性的特性，增强了人类的行为自由程度。由于这种行为自由并不存在明确的价值倾向，仅仅意味着人们有更强的能力做到想做的事情，故技术所带来的这种自由可以称为一阶自由。

两种方式增进了人的一阶自由。其一，技术种类的扩展能够增加人的一阶自由。掌握的技术种类越多，人的一阶自由也越得到扩展。技术作为人类实现自身意愿的工具性手段，人类所掌握的技术种类越多，人类在实现自身意图的手段上拥有更多的选择余地，就能够拥有更多的手段实现自身的意愿。新技术种类的出现是技术种类增加的一种现实体现。按照对于技术的基本理解，新技术种类首先意味着实现目的的全新路径。故掌握和应用新技术种类扩大了行为选择的范围，增加了人的一阶自由。其二，技术功能的扩展和增强同样能够增进人的一阶自由。新技术不仅意味着实现目的的全新路径，同时也意味着对原有技术在功能上的扩展和增强。技术功能意味着技术能够实现一种什么样的目的。单一功能的技术仅仅能够实现单一的目的，一种技术拥有多种功能则意味着它能够满足人类的多种需求，实现人类的多种目的。而通过技术融合等方式实现的功能增强则意味着技术不仅能够以更高的效率实现人类的意图，同时也能够实现原有功能无法实现的目的。在这个意义上来说，技术功能的增强可以在质变的意义上提升人类通过行动实现自身目的的可行性。总而言之，技术的种类和功能扩展着人类实现自身意图的可行性。从理论上来说，借助多种类的技术，以及功能更为丰富、强大的技术，人类便可以为所欲为。

如果人类借助技术对于一阶自由的增进可以为所欲为，那么毫无疑问，技术对于隐私安全构成了威胁。其一，技术种类的多样化为人们窥探、侵犯隐私提供了更多现实上的路径。例如，一个人身在何处，意欲何往可以被视为一个人的隐私。要确定一个人的具体位置，在技术单一的时代可能需要通过人对人的搜索和跟踪才能实现。但是随着技术种类的增多，产生了多种定位一个人位置的方式。通过通信基站的配合，持续追踪一个人的手机信号就可以定位一个人的位置；通过获取智能手机中使用定位功能的权限，同样可以得知一个人所处的位置；借助人工智能和大数据技术，根据一个人的行动规律，也可能推算出一个人可能的方位。此外，技术种类多样化带来的另一个后果，就是从多个角度对于人的监控和跟踪能够成为现实,人们容易陷入福柯意义上的"全景监狱"之中。通过定位技术可以得知一个人的位置和出行规律;通过网络社交平台可以得知一个人的社交状况以及个人信息;通过大数据进行信息收集,完全可以知道一个人在网络购物时候的偏好;通过连接网络的摄像头可以得知一个人的住所情况;通过基因检测,可以从一个人的头发丝中提取基因样本,检测出一个人的身体的基本性状。总而言之,技术种类的增加,意味着人们以更多的方式对于他人活动的监控和信息收集,增大了隐私受到的威胁。

其二,技术功能的多样化也会增大对隐私安全的威胁。当今时代,技术融合作为技术发展的一种趋势,极大地扩展和丰富了技术的功能。尤其是在信息技术与图像、声音技术相结合的情况下,传统的用于收集和展示图像与声音的相关技术便有可能侵犯隐私。闭路电视技术是一种图像传输技术,它将摄像头、监视器等设备采集到的图像信号通过固定线路传输到特定的终端设备上。当这一技术与人脸识别技术相结合,再将其连接到安全部门的数据库,那么借助监视器或摄像头采集到的图像,就不仅能够对一个人进行精确定位,同时还能够通过识别技术和信息技术获知被采集对象的身高、年龄、家庭住址甚至银行账户等涉及隐私范畴的个人信息。总而言之,技术融合同样为侵犯隐私的行为提供了行为的可能性,对隐私安全构成了威胁。

总而言之,技术作为一种实现人们意图的工具,不论是人们掌握了更新的技术还是功能更为多样的技术,都意味着技术带来了行为可能性上的扩展;但是这并不意味着,这些技术本身就是错误的。如果技术不是道德主体,我们就很难说技术是"正确的"还是"错误的"。问题在于,使用技术的人是有着自由意志的,这种自由意志本来就包含"善"和"恶"两方面的内容。人们对技术在隐私方面的深深忧虑,是因为技术不加辨别地将人类的意愿转化为现实的结果。尽管并非所有技术使用者都会出于一种主观的意愿去侵犯他人隐私,但隐私是否遭到侵犯与是否出于主观并无关联。毕竟,隐私伦理注重的是隐私是否得到有效保护这一事实。技术所提供的种种可能性,都有可能成为隐私侵犯的事实。所以,在技术面前,隐私必然会面临威胁。

(二)技术增加了保护隐私的难度

从隐私主张当事人的角度来看,技术的发展和应用意味着人们越来越难以保护自己的隐私。对于隐私的保护，人们往往会诉诸构建"私密空间"的方式。"私密空间"指的并非现实中"空无一物"的空间，而是当事人的隐私与公众视野之间遮蔽关系的功能设计。在具体形态上，"私密空间"可以表现为具有明确边界的物理空间，例如当事人的居所、装有私人信件的信封、写有个人日记的日记本等，因为这样一种物理上的空间分割能够有效地防止他人窥探。当一个人锁好自家房门，遮挡好窗帘，那么居所就成为一个脱离公众视野的私密空间。当事人不愿为他人所知的行为和言语在这之中都能够成为隐私。另一种"私密空间"的建构则依托于人的精神世界。人的个体性决定了每一个人的精神意识世界都是与他人相隔绝，具有遮蔽他人窥探的功能。尽管他人完全可以通过一个人的外部表现来推断一个人精神意识世界中的成分，但是作为一个有着能动意识的人，完全可以将一些不愿意示人的事情，例如个人的一些私密信息、某些不愿再度被提起的记忆或者某些不希望被他人干涉的思想观点锁在自己的精神意识世界当中，借由个体性所构成的天然边界遮蔽于他人。只要当事人不主动将这样的隐私说与他人知晓，那么这种隐私就可以永远得到保护。

当事人对于自身隐私进行保护就体现在当事人设定"私密空间"的边界。尽管隐私意味着那些当事人不愿为他人所知的事务，但是在一些必要的情况下，当事人需要将自己的隐私告知特定对象，以获取某一方面的帮助。例如，一个人在私密部位出现病痛，自然会被当作隐私而不愿为他人所知。但是在就医的时候，当事人处于治愈疾病的需求，会将这种病情告知医护人员。尽管医护人员会得知"隐私"，但是出于职业道德，医护人员一般不会将患者隐私散播。如此，患者实际上控制了"私密空间"的边界，隐私依然得到了很好的保护。

然而，技术的发展削弱了隐私当事人对于"私密空间"边界的掌控，使依托"私密空间"保护隐私越来越困难。技术对于"私密空间"的解构体现在三个方面。其一，在技术的作用下，"私密空间"的边界可能会失去阻挡外界探知隐私的功能，人们所构建的"私密空间"，在技术的作用下可能会变为"透明空间"，隐私难以得到有效保护。借助网络摄像头这一类技术，物理空间的阻隔就不再是保护隐私的有效手段。只要将网络摄像头安装在居所内隐蔽的角落，那么居所内发生的一切事情都可以为监控者所知，居所内的人们再无隐私可言。

其二，技术介入隐私领域，可能使"私密空间"的构建本身成为难题,其后果表现为隐私无边际地扩散。在互联网并不发达的时代,即便隐私信息泄露,由于传统媒体受到空间的局限性,传播的范围仍然有限。但是在互联网和物联网技术迅速发展的今天,"触网留痕"已经是一种普遍的现象。人们的隐私一旦进入网络空间,不论是有意或是无意,隐私信息不仅可能通过网络迅速传播,同时也有可能难以消除,在时间尺度上永远留存。如此,隐私便不再是处于一种私密空间之中,也可能无法再将其纳入"私密空间"之中,自然谈不上什么隐私安全。

其三,技术可能导致"非接触式"的隐私侵犯。就前两点来看,只要隐私当事人避免接触有可能带来隐私威胁的技术,那么"私密空间"就能够处于自身的掌控之下。然而,伴随着基因测序技术的出现,一种非接触式的隐私侵犯成为可能。2016年和2018年,中国警方和美国警方分别通过基因测序技术,抓获了在逃多年的"白银案"凶手和"金州案"凶手。尽管两起案件的凶手十分注意个人信息保护,警方多年的侦查并未获得任何有价值信息,但是得益于技术的发展,警方通过对基因相似性的测序,确认了两起案件凶手的身份,最终将其抓获。这表明,借助基因测序技术,获得一个人确切的信息不需要接触,通过丰富的基因数据库就可以获知一个人的个人信息。更为令人担忧的是,当前,这样一种技术的成本越来越低,已经开始了商业化运作。一旦这样的技术在社会得到推广,这对于隐私安全来说必然是一种隐患。

总而言之,技术对于"私密空间"的干涉实际上削弱了隐私当事人对于隐私的掌控能力,仅加大了保护隐私的难度,甚至可以认为,一旦当事人无法有效掌控"私密空间"的边界,当事人对于隐私的主张在实质上失效。因为一旦"私密空间"不存在,隐私主张也无从谈起。根据隐私伦理的第一条原则,尽管技术对于"私密空间"的干预没有在形式上强迫当事人放弃隐私的主张,但是在实质上已经取消了当事人对于隐私的主张。由是,技术损害了隐私安全。

三 关于技术的隐私伦理

任何一种伦理都意味着对人们行为的规范。关于技术的隐私伦理实际上约束的并不是技术本身,而是为人们使用技术进行关涉隐私的活动提供一种行为规范。但这并不意味着全面批判、否定技术。一方面,技术在隐私之外的领域仍然展现了许多积极的效用，推动者人类文明的进步；另一方面，技术在保护隐私方面也能够发挥巨大的作用。如果因为保护隐私而对技术我那全否定，那么就是本末倒置。提出此类伦理规范的目的在于，既能够在技术面前保护隐私安全，又能够使技术发挥在其他领域的积极作用，也就是使技术所带来的行为自由从任意而为的一阶自由转向"有所为，有所不为"的二阶自由。如此，在技术面前，人们的隐私忧虑就会减少几分。

一种关于技术的隐私伦理有两条基本原则：知情同意原则和保密性原则。若技术活动涉及收集隐私信息，应该遵循知情同意原则。尽管一个人可能并不会明确主张某事为自己的隐私，但拥有隐私是正当的。即便没有做出明确的主张，那些不涉及他人利益或公共利益的事务他人自然也不具有在未经同意干预或过问的正当性。当确有需要使用隐私信息时，使用者需要在当事人充分理解使用的缘由的前提下征得当事人的同意。如此才在当事人自主决定自身事务的意义上取得了一种获知隐私的正当性。尽管当今技术完全可以越过当事人的许可而取得隐私，但"能做"和"应做"是两个完全不同的范畴，仅仅关注技术"能做"而忽视"应做"无疑违背了隐私伦理。当一种技术活动可能涉及人们的隐私时，技术使用者需要将此项技术关涉哪些方面隐私、使用隐私的目的明确告知使用者，在当事人同意的前提下才可以进行相关的技术活动。而且，对于隐私信息的使用程度，也必须在当事人授权的范围之内。当前，在基因检测领域，检测单位会给被检测对象出具一份知情同意书，明确标明进行检测所涉及的项目和信息。只有在被检测对象签署这一份知情同意书之后，基因检测才可能进行。总而言之，要求技术活动遵循知情同意原则保障技术活动不会越过隐私当事人获取隐私，保障了当事人对于隐私的自主决断。

涉及隐私的技术活动需要遵循保密性原则。随着现代数字技术的发展，信息的复制传播并非难事。为了保证隐私始终处于一个有明确边界的"私密空间"当中，任何涉及隐私的技术活动都必须遵循保密性原则。这一原则基于知情同意原则，要求技术活动对隐私的处理必须在当事人许可授权的范围内进行，而不得未经允许将隐私信息复制传播。如果说隐私当事人的授权范围构成了一种"私密空间"，那么对于隐私信息的复制传播就意味着隐私超出"私密空间"，或者"私密空间"失效，当事人失去了对隐私的主动掌控。这自然是违背隐私伦理的。同时，保密性原则还意味着在使用完毕隐私信息后需要对隐私信息进行删除或销毁,以避免隐私的复制传播。当今时代,"触网留痕"是一个不争的事实。一旦隐私在使用完毕后未得到妥善处理,很有可能会进入网络空间,损害隐私当事人的利益。当今在隐私保护领域主张的"被遗忘权"就提出公民有权利要求网络媒体删除涉及其个人信息的公开内容。欧盟通用数据保护法(General Data Protection Regulation)第 17 条规定:"数据主体有权要求信息控制者立刻删除与数据主体有关的个人信息,并且信息控制者在以下几种情况有义务执行此项诉求……"总而言之,在技术活动当中遵循保密性原则保障了隐私当事人对于自身隐私的掌控。

基于生命伦理原则对"基因编辑婴儿"的审视与反思

吴兆梅[*]

摘　要　基因编辑技术是当下预防和治疗重大疾病的有效实施途径之一，基因编辑主要是编辑和改良人体的 DNA，让人的发展从未经基因编辑的"自然人"转变为"技术人"，目前，由于基因编辑技术的未成熟性和未可控性，基因编辑技术改造的婴儿会导致人的人权与尊严受到威胁，人类发展的安全性会也受到极大的影响，从而使社会的公平受到破坏，违背了生命伦理学的基本原则。基因编辑技术不能逾越伦理和道德边界，应该为了增进人类公共福利，促进社会的发展而服务，并且要在完善的伦理规制和法律法规约束的情况下进行研究和应用，才能够真正造福于人。

关键词　伦理原则　基因编辑　伦理反思

基因编辑技术是利用生物学、医学技术对人类的基因组进行修复和编辑，从而改变人类现有的 DNA 序列。基因编辑技术在医学上可以有效预防和治疗部分重大疾病，对推动生物医学的发展有重要的影响意义。CRISPR-Cas9 目前作为一种用于基因编辑中的前沿治疗法，在一系列基因治疗的应用领域都展现出极大的应用前景，例如血液病、肿瘤和其他遗传疾病等。因此，CRISPR-Cas9 基因编辑技术在根治人类遗传性疾病和预防传染性疾病等方面相较于其他基因编辑技术具有更为广阔的前景和研究价值。但是，目前基因编辑技术尚未具备成熟的应用条件，其安全性、有效

---

[*]　吴兆梅，女，西南大学政治与公共管理学院 2018 级伦理学专业硕士研究生，研究方向为应用伦理学。

性和适用性推广暂未得到有效的确认，利用 CRISPR-Cas9 基因编辑技术修饰人体胚胎，诞生出基因编辑的婴儿，存在很大的科学风险和伦理问题。因此，本文基于生命伦理原则的视角，对基因编辑婴儿造成的伦理问题进行简明的分析与阐述。

一 基因编辑婴儿对人的人权和尊严的挑战

人权和人的尊严两个概念于 20 世纪中叶被同时写进《联合国宪章》和《世界人权宣言》以来，就开始成为两项普世性的法律原则和伦理准则。[①] 美国著名法学家、哲学家罗纳德·德沃金将人权看作尊严的基础，尊严也是人权的一部分，即人免受到侮辱的权利。基因编辑技术本质是对人类基因进行不可逆的编辑和修饰，这对人的人性、人权和尊严都造成了极大的威胁和挑战。人类既是大自然的产物，也是社会化的产物，这是人类千百年来社会发展所产生的共识。如果基因编辑婴儿这项技术广泛地应用于人类，人类的自然属性将会发生巨大的变化，人类群体的社会结构也会为此面临严重的挑战。基因编辑婴儿能够改变人类内在的基因组成，使人类基因的组成在某种程度上脱离了"自然创造"[②]的过程，"人造"的属性凸显，自然创造的属性减少，人由"自然人"发展成为"技术人"，人类由自然孕育的生命创造，变成了由技术手段干预的人造过程。利用基因编辑技术改造人这无疑是违背了人类自然进化的规律，也改变了人类正常的社会属性，但由于基金编辑的技术对改良人的生理结构具有极高的应用价值，基因编辑的人是"自然人"还是"技术人"的问题引起了巨大的争议。一些观点认为经过基因编辑的人并非大自然原本创造的人，由于基因的改变失去了其人内在的自然属性，因此不属于自然的人；另外，还有一些观念则认为即使是自然创造的人，人类也在历史的发展过程中不断地进行自我基因的改造和优胜劣汰，基因编辑技术只不过是加快了人类基因改良的进程，并没有彻底地改造人类内在的自然属性。然而，从更大的一个视角来看，通过基因编辑技术诞生的人类，虽然有利于人类的基因优化和自我创造，但是基因编辑的人类会使进行基因编辑过后的人类与未进行

---

① 任丑：《人权应用伦理学》，中国发展出版社，2014，第 5 页。
② 此处是指自然孕育生命的过程，而非通过基因改造。

基因编辑人类造成生理构成上的不平等，除此之外，也会使人类与大自然的自然平衡被打破，给其他生物种群带来了严重威胁。通过基因编辑技术让人类的自然属性发生巨大的改变，大自然的地位将会受到严重威胁，自然界对人类社会的规制将会大大减少。人与自然本来就是生命共同体，利于基因技术诞生婴儿，人类自行创生"新型人种"，这从无疑从根本上违背了人类自然发展的规律。从人类发展的历程来看，人在大自然面前是脆弱的、有限的、易受伤害的，但人正是在有限性的低微中知道自己是某种无限的、普遍的、自由的东西这也是它的高贵之处，也表征着人的无限性、坚韧性和自我完善能力。而人的脆弱性具有普遍性，每个人都是脆弱性的存在，人自身的脆弱性是自然实体（身体）的脆弱性和主体性的脆弱性的综合体。如果将基因编辑技术广泛地应用于创生"新型人类"，改变人类自然发展的规律，那么自然与人类的角色将可能在基因编辑技术发展成熟之际发生根本性的转换，人与自然的和谐相处会受到极大的冲击，因为通过基因改良后的人类，大自然对其的约束和规制会越来越小，人的脆弱性也会发生改变，由脆弱变为增强，从而会导致人的欲望不断滋生，这种不断滋生的欲望诉求将会对人性产生巨大的改变，让人与自然的相处成为一对尖锐的矛盾。

在人权的视域中，尊严作为人人不受侮辱的权利，人的尊严是明确、固化为法律的尊严，用以保障每个人平等尊严的权利。尊严出自人权，是以免受侮辱权利为底线的完善自我的权利和义务。利用基因编辑技术诞生的人类将会严重损害人类的尊严，人类的被尊重属性将受到巨大的影响。被基因编辑的群体现今属于特殊的"改良人种"，暂未被融入人类的社会群体当中，还未得到平等尊严的权利，作为特殊的"改良人种"，关于其人应当享有的尊严权利，反而在基因编辑技术发展的情况下受到了严重的损害，"改良人种"目前是否享有与其他人正常的尊严权利，还有待商榷。此外，基因编辑技术由于具有十分广阔的应用前景、研究和实践的价值，如今成为一个新兴的科研和市场的增长点。大量的科研机构、医药企业和资本市场等纷纷迈向和投入关于基因编辑的研究。这一方面使基因编辑技术在医疗技术、生物制药和农业应用等领域成果丰硕；另一方面也导致基因编辑研究的恶性竞争。为了规范基因编辑的研究，国内外科技界、伦理界和管理层进行了高密度研讨，并于2015年前后达成了伦理共识。《人类胚胎基因组编辑委员会大会组委会声明》提出："从事人类基因编辑研究必须出于医学目的,将CRISPR-Cas9技术应用于基因治疗的研究以及为预防重大疾病而采取的某些基因增强研究可以获得伦理辩护。但非医学目的的基因增强(如为了改变皮肤和头发颜色)由于风险大于受益,且被认为会引起新的社会不公,不能得到伦理辩护。"① 贺建奎本人为追逐个人名利,自筹资金,蓄意逃避监管,私自组织有关人员,实施国家明令禁止的以生殖为目的的人类胚胎基因编辑活动已经严重违背了《人类胚胎基因组编辑委员会大会组委会声明》,不仅不能够得到伦理辩护,而且必须承担相应的伦理与法律责任。通过CRISPR-Cas9技术所诞生的"娜娜"和"露露",她们无法能够自行选择是否接受基因编辑和改良,这已经违背了当事人的自愿原则;除此之外,她们也无法能够自行选择承担通过基因编辑所带来的风险,因为这一切对于她们来说都是未知的、不可确定的。曲彬、张映等指出:"没有选择权力的基因编辑婴儿的出生,无法得到足够的尊重和公正对待,他们的人权和尊严也无法得到应有的保障,在其生长的过程中将会面临巨大的来自社会质疑与人性的挑战。当人类的尊严受到挑战,人类的社会属性也将会受到挑战,人类的社会地位也会发生改变,尊严的缺失和地位的变更,使得人性的'恶'表现得尤为突出,或许今后的世界全部充斥着人类的'恶'而并非善。"② 由此可知,通过基因编辑技术诞生人类,当事人无法能够得到充分的人权和尊严的保障,并且当事人在以后的社会生活当中所面临的社会问题也会十分突出,具有众多不可控的因素和影响。基因编辑婴儿不仅对当事人,而且对人类自然和社会属性以及人类的社会地位都有诸多影响,这不但是一个伦理问题,而且是一个内容复杂、影响面极大的社会问题。

二 基因编辑婴儿安全性问题的威胁

遗传基因学家担心未来基因治疗的方法被用于获得非治疗性特性:强壮、高智商、美貌等,甚至会创造出新的人类种族,很容易产生基因决定论。基因决定论认为人类的疾病、特性和行为是由基因线性决定的,基因

---

① 莫莉·高尔文:《人类胚胎基因组编辑委员会大会组委会声明》,(2018-11-30) [2018-12-21], https://mp.weixin.qq.com/s/MtmRddb-scN1jG1Ya1Fn-Fw.
② 曲彬、张映、周琪等:《人类胚胎基因编辑——科学与伦理》,《科学与社会》2016年第3期。

不仅决定了我们的体型外貌，而且决定了我们是同性恋者还是异性恋者，我们的侵略性有多少，甚至我们会不会信教等。目前由于基因编辑技术的可靠性和长期有效性还有待证实，进行基因编辑技术应用的过程当中，脱靶的风险性大。王翠平认为："在当前的动物实验数据中显示基因编辑的脱靶率高达 50%，如此高的脱靶率表明基因编辑技术依然处于不稳定和不成熟的阶段，对其技术的运用应该更加关注其安全问题，在没有达到安全可靠之前技术应当被禁止用于临床试验，而基因编辑婴儿的诞生正是在如此高脱靶率的情况下用于人类的临床试验，因而会面临巨大的风险。"① 对于基因编辑的婴儿，她们可能会因为在手术的过程当中面临手术失败的风险，即采用的基因编辑没有在制定基因上成功，也可能会在今后的生活中面临诸多风险，即基因编辑发生脱靶的情况并在其他未知基因身上发生其他的效应等。此外，基因编辑脱靶所带来的安全风险目前也无法进行有效的预估。人类由上万个基因组成，目前被认识的仅有 100 多种，而能够了解的只有不到 20 种，在基因编辑和应用过程当中一旦发生脱靶效应，在很大程度上无法准确预估其可能带来的风险会是什么，或者其影响程度大小如何等，基因编辑的婴儿安全问题还需等待验证。科学家们表示，当前基因编辑脱靶效应所带来的风险是无法进行预估的，当前并不能证明脱靶到其他基因会带来何种程度的风险，以及风险大小、程度如何，这需要时间来验证，即需要人类在不断的生存和发展中发现，当然，基因编辑脱靶效应这种无法预估的风险是基因编辑技术面临的安全性问题的重要构成之一，也是暂时不考虑更深入临床试验的理由之一。基因编辑的脱靶效应发生率高，表明其存在较大的安全问题，并且安全性的问题无法预估，这也表明此项技术不稳定和不成熟性。

不伤害和有益原则是生命伦理学中的重要原则，"不伤害"是指任何治疗和试验都要尽量避免对患者和受试者本人造成伤害。一旦在治疗和试验的过程当中有伤害性的行为和情况发生，就要立刻停止治疗和试验。如果当科学研究与当事人本人的利益发生冲突时，也要以当事人的利益为重。为了保证和充分尊重当事人的生命安全和个人利益，这就要求医生或研究者在进行医疗决策、制定研究方案时必须进行受益和风险评估，而且

---

① 王翠平：《人胚胎基因编辑治疗的伦理分析——以 CRISPR-Cas9 技术为例》，《自然辩证法通讯》2018 年第 11 期。

要将当事人的生命和健康权益放在首位。只有在当事人得到治疗和试验的益处明显大于伤害及风险的时候，这样的医疗诊疗手段或进行临床试验才具有道德合理性。由此可知，医疗诊治和试验道德的合理性必须建立在不伤害和有益原则的基础之上。除此之外，前文已明确指出目前由于基因编辑的脱靶效应具有严重的不安全性和不可预估性，这就极有可能给当事人带来一系列无法预知、无法解决和不可逆的安全问题。

三 基因编辑婴儿加剧了社会不平等

生命伦理学的核心理念之一即公正问题。公正指的是生命伦理要遵循人类社会的正义、公平的信念，包括三个方面，即资源分配、利益分享和风险承担。要努力实现公平、公正就不能只向少数人或者利益集团进行倾斜。人类基因组经过了漫长的历史时期的发展变迁，随着自然和社会环境的变化以及人类科学技术的不断发展，人类通过科学研究发现，人类的一些重大疾病或遗传性疾病是由自身基因所引起的。为了治疗和预防重大或遗传性疾病，科学家们利用基因编辑技术，在安全的前提下对人类自身相应的基因（主要是重大疾病或遗传性疾病方面）进行修饰和编辑，以期减少人类痛苦和提高人类的生命生存能力，这是一项良好的增进人类福祉的行为。但是，如果把基因编辑技术用于诞生"新型人类"，势必会带来严重的社会公正问题：一方面是通过基因编辑所诞生的"新型人类"群体与未进行基因编辑的人类群体，会存在不平等和相互歧视的问题，会导致这"两种人类"之间发生明显的矛盾冲突，不利于社会稳定；另一方面，基因编辑婴儿就是诞生"新型人类"，通过基因编辑的"新型人类"其自身基因的改良会减少疾病的发生，而且对自然和社会的生存能力会越来越强，自然也就享有了特殊的一些权利，比如生命权和生存权等，但"新型人类"的诞生，会引发众多人的关注，许多人会趋之若鹜地追逐"新型人类"而带来的特权，从而不惜利用一些不正当手段而获取此项技术的成果，进而会更加引发社会的不平等。

基因编辑技术会带来"新型人类"和人类之间的社会歧视，主要表现为接受过基因编辑的群体受到没有基因编辑群体的歧视。作为由基因编辑技术所诞生的"新型人类"，其能否享有与其他婴儿一样的、合法的社会权利，比如人类自身的歧视、享受教育资源的歧视、公共交通资源的歧视等,现在还没有明确的解释。此外,由基因编辑技术所诞生的婴儿,在以后的社会生活当中也无法像其他孩子一样享受公平正当的权利,比如当基因编辑的婴儿接受教育和医疗方案时,有可能会需要特殊的治疗方案或者教育方案,因为他们的基因与其他人不同,需要特殊对待。不仅如此,基因编辑技术还会带来社会资源分配不公问题。就基因编辑技术的经济价值来说,此项技术是一项高昂的医学治疗和预防方案,目前只有少部分的人能够支付得起此项技术的昂贵费用,如果基因编辑技术应用于人类,没有严格的试验应用监管体制和相关的法律法规进行约束,一旦基因编辑技术被资本市场所垄断,那么,人们将无法平等地享受到基因编辑技术带来的利益。例如,当富人和穷人同时患有重大疾病,都可以利用基因编辑技术进行治疗的时候,富人可以较为容易地拥有基因编辑技术进行治疗的权利,而穷人可能会因为无法支付高额的治疗费用而无法进行有效的治疗。在享有公共医疗服务的时候,明显的贫富差距将会引发巨大的社会矛盾。与此同时,也要考虑基因编辑技术目前的不安全性和不成熟性。是否现在可以进行安全性的验证,会不会有人因为想享有基因编辑技术所带来的好处而铤而走险等,这都需要不断论证和研究。如果基因编辑技术大范围应用到市场,会存在极大的伦理困境,也会带来无法预知的社会公正问题。

四 基因编辑婴儿让人类扮演了"上帝的角色"

基因编辑婴儿将改写人类的进化方式,使人类由"自然人"演化为"技术人",这是一种不道德的行为。对于此种行为,宗教团体会认为人类对生命体的技术干预是在"扮演上帝"的角色,因为 DNA 包含上帝创造生命(人类)的某种"密码",是极其神圣的和不可修改的,修改它意味着对上帝的反叛。① 人类的胚胎基因编辑会极大地改变人类身体、心理等遗传性状,超越人类进化所需的自然进程,从而将人塑造成具有新的 DNA 组成的"技术人"。这会使人类形成两个人种:一是未被编辑过基因的"自然人";二是经过基因编辑的"技术人"。两种群体在未来社会生活当

---

① Ted Howard, Jeremy Rifkin. Who Should Play God?: *The Artificial Creation of Life and What It Means for the Future of the Human Race*. New York:Dell Publishing Company, 1977:132.

中的变化我们可以预见,即两个群体之间会因为生存、生活利益或者是关于尊严的问题而产生恶性竞争,而且在这种竞争中,由于进行基因编辑的"技术人"会在生命力和生存能力方面具有先天性的优势,而"自然人"无法有足够的能力与之匹敌,将有可能逐渐被边缘化,甚至最终会被淘汰等。如果是这样,那么整个人类图景就会发生彻底的改变,人的自然属性和社会属性也会发生根本性的变化,人类历史将会被重新书写,这对于"自然人"是极其不公平的。

关于基因治疗的问题,道义论者认为基因治疗本身是错误的,因为这是人类企图"扮演上帝的角色"。与其他的生物一样,人类的生老病死是自然规律,基因治疗也无法改变这一规则。因此对自身遗传信息的改变是违背自然法则的鲁莽之举。基因治疗可以人为地对人类基因进行修饰,好像使人类扮演"上帝"和"家长"的角色。在当事人不知情的情况下,有目的地改变他们的基因,由人类去创造人类。这样一来,"我是谁?我究竟从何而来?我们将何去何从?"这些问题将会使人类陷入混乱。从生命的进化论的角度来看,基因治疗引起人们片面追求生物学意义上的优化。基因治疗对生物的进化产生一定的影响,自然选择几百上千年引起的基因突变或许不如一次基因治疗时导致的基因变异多,我们应当尽量预防和降低基因治疗对生物自然进化带来的潜在影响。《关于基因编辑婴儿事件的声明:科研伦理的高压线不容碰触》表示:"对生殖系的基因编辑(即可遗传的基因编辑),作为解决人类健康和疾病问题的有益探索,一般限于符合伦理及国家地区法律的临床前研究。以生殖为目的的临床研究和临床应用通常是被禁止的。这是因为 CRISPR 技术在人类生殖系(包括精子、卵子、受精卵、胚胎)中的操作安全性还有待于全面深入探讨,目前脱靶和基因型嵌合等技术障碍依然无法避免。在此情况下从事人类可遗传的基因编辑存在许多无法预估的生命健康风险,可能造成医源性疾病,而且基因损害可以遗传给后代。"[①] 由此可见,以生殖为目的的临床研究和临床应用是被禁止的,人类自己扮演了上帝的角色,严重违背了人类社会发展的普遍规律,与此同时,也将导致众多复杂的社会问题和伦理问题。

---

① 中国细胞生物学会干细胞生物学分会、中国遗传学会基因编辑研究分会:《关于基因编辑婴儿事件的声明:科研伦理的高压线不容碰触》,(2018-11-26)[2018-12-21],www.cscb.org.cn/news/20181127/2986.html。

结　论

　　基因编辑技术是目前人类治疗和预防重大疾病的有效途径之一，在攻克医学难题和促进人类社会进步发展方面具有重要的影响力。但是，由于当前基因编辑技术的发展不成熟，具有众多安全性隐患和不可控的因素，我们应当更加注重增强伦理与法律约束，加强科研伦理的治理。基因编辑婴儿事件所暴露的科学和伦理问题值得人类社会进行深刻反思，只有在严格的伦理约束和法律管控的前提之下对基因编辑技术进行研究和应用，才能够既满足人类社会发展的需要，符合人类共同的根本利益，促进人与社会、人与自然的和谐发展。研究和应用基因编辑技术不能逾越伦理和道德边界，其本身应该为了增进人类公共福利，促进社会的发展而服务。如今，只有确保基因编辑技术的安全问题得到有效解决，才能够提高其推动社会发展的效率，与此同时，也需要完善相关的伦理规制并制定相应的法律法规，对基因编辑技术的研究和应用进行规范化和法制化管理，才能推动基因编辑技术有效发展，才能够真正造福于人。

书 评

处境伦理是一种人性的关怀

——评成海鹰著《处境伦理研究》

罗彦毅[*]

摘　要　成海鹰教授的新作《处境伦理研究》首先以广阔的视野对"处境"进行伦理研究,对西方伦理史涉及"处境"方面的文献研究做了大量的梳理归纳。其次,从以人为本的立场出发,以弗莱彻、弗洛姆、阿伦特、萨特的理论为主要基础,又不仅限于此,而是敏锐地把握时代的大环境,将中西方各种理论与人的现实处境相结合,揭示资本时代人类的现实生存状况,提出了改善人类处境的路径。作者提供了丰富的论证材料,从西方到东方,从哲学到文学,既具有理论广度与深度,又与人类现实社会紧密联系,呈现了极具说服力的分析,展现了关乎世人命运的人文情怀,发人深省。

关键词　处境伦理　资本时代　道德冲突

作为对处境进行伦理学研究的一项成果,本书的作者提出了处境伦理这一概念。作者主要出于实践考量,探究认识或试图解决人类当前生存困境的可能。哲学的传统要求伦理学的研究具有普遍性,因而伦理学的理论原则总是以具有普遍解释力为价值前提,但问题在于具有伦理学价值的伦理原则却不能充分解决现实中的道德冲突,妥善处理现实中的伦理问题。因为在道德冲突中,矛盾的普遍性并不代表矛盾的性质是普遍的,恰恰相反,每一个矛盾的性质都视矛盾的当事人而定,它具有特殊性。因此,伦理学原则的普遍性与矛盾性质的特殊性之间的矛盾决定了一个伦理学原则它越是具有普遍性便越是在解决矛盾方面、处理道德冲突中感到乏力。德

---

[*] 罗彦毅,长沙理工大学马克思主义学院硕士研究生。

国哲学家汉斯-格奥尔格·伽达默尔这样表述:"从处境的概念出发也就是从哲学方面把伦理学的理念推向了最可疑的顶峰。"① 研究"处境"这一词必然默认"处境"存在一个主语,做伦理研究就必须先回答这个问题,也就是谁的"处境"?回答这个问题,就首先肯定了人的价值,贴近人类的现实,直接面对人类群体中的每一个人,承认每一个人的特殊性。因此,它正是为了面对现实中的矛盾,解决实践中的问题而在伦理学研究中具有独特的意义。作者此著的意义主要在以下三个方面。

一 梳理、综述、分析:处境伦理的建构何以可能

处境这个概念是一个可以容纳变化的内容,目前国内对处境伦理的相关研究甚少,在伦理思想史上对这个问题进行专门研究的思想家也不多。作者以此为切入点,深入伦理思想史中挖掘文献,为处境伦理的建构做了大量的扎实而深厚的基础工作。经过梳理,整理出了比较有说服力的四种理论作为前提支撑,它们分别是基督教神学家弗莱彻的"境遇伦理学",法兰克福学派代表弗洛姆的"情境说",阿伦特在其书中提到的"境况说",存在主义哲学家萨特的"处境说"。这四种理论互有差异,但都承认"处境"是人的基本存在。每个人都会因自己的"处境"既自我区别,又与别人区分,并时时处于不同的状态中。因而人事的对错、善恶的标准也应当是区别的,有时是不能仅凭一个简单的伦理原则而定,应始终与他的"处境"密切相关。处境构成了道德权衡的基础,全面认识这个基础将更利于我们在道德冲突中发挥伦理智慧。因而处境伦理的建构,使人更需要从历史的角度向内浏览自己,向外寻求了解自己,使道德的判断视角更趋向综合化、过程化而非教条化、公式化。正如书中所言:"处境这个概念是包罗万象的。就像阿伦特所想的那样,人作为处境的存在者,处境决定我们的道德立场、选择、行为,决定了人在世界上的位置。"②

从"处境伦理"的理论前提开始铺垫,关键是要找到一条适宜的路径关注个人的现实生活,指导人类走出生存困境,因此本著继而转向对人类

---

① 〔德〕伽达默尔:《论一门哲学伦理的可能性》,邓安庆译,《世界哲学》2007 年第 3 期。
② 成海鹰:《处境伦理研究》,中国人民大学出版社,2018,第 14 页。

整体处境的分析思考。作者从资本、技术、全球化等关键词开始，深刻地剖析了时代的现状，指出马克思及其理论正是我们理解时代的关键。马克思梳理出资本的逻辑有：流动性、扩张性、交换价值、物化、异化、世俗化，还有人与人之间冷酷无情的现金交易，除此之外再无别的联系。诚然，现代人无时无刻不受到时代这个大处境无形的影响，这样的影响塑造了整个人类的命运。如果说时代具有自己的特质，会形成一种模式，那么这种模式便是人类处境的重要内容，在对应的模式下生存的人类也将对应形成一种被模式化的心理。作者独具慧眼地把握了这种普遍的心理与虚无紧密相关，进而讨论了虚无主义与当下处境的关系。从尼采、加缪、萨特、歌德、波德里亚对时代的描述与思考中，勾勒出现代人的处境——在资本的逻辑下浑浑噩噩、纵情贪欲、随波逐流，渐渐丧失了表达自己意愿、坚定自我选择的能力。在这样处境中的人几乎总落得不满意的结果，却最终把导致结果的责任推给他人，拒绝改变而变得虚无缥缈。因此，作者郑重指出："人的处境本身的确蕴含虚无的因子，它会在技术的推波助澜下导致人的处境陷入前所未有的困难，所以要改善人类的处境就应当遏制虚无主义。"①

但改善处境，遏制虚无主义的方法只存在于人类自己身上，那就需要认识到自己的处境与责任。人与处境之间构成的是自我的历史循环，处境成就了人，人又造就处境。处境的维度只是从过去到现在，从过去到现在所存在的事实无论是个人意志所及的还是预料之外的都将成为个人的历史集合。因此面对过去，无论个人主动还是被动，选择或不选择，历史总是以此人来命名这段历史集合，而这段历史集合值不值得被人记住，是受人敬仰还是任人唾骂也终归由此人来负责。存在于这世上，不由我们意志决定，先于存在的规则也不由我们定，但这规则决定了人终究要为自己的历史承担责任，组成历史每一个片段的毁誉都将加诸于己。本著通过陈列众多哲人观点意图告诉读者：既然如此，人生即便没能求得一个好结果，也至少不能过得不如意。与其消极接受困境止步于过去，为何不遵循自己的意志去创造好的处境？历史需要人背负的那些过去只在拥有未来的人身上才具有意义。只要人们能意识到，自由其实就在那里，它属于有责任积极改变的人，从现在到未来的维度一直就是人类自由选择的空间。

---

① 成海鹰：《处境伦理研究》，中国人民大学出版社，2018，第76页。

二 对处境伦理范式的归纳与探讨

处境伦理是自省的哲学，它的建构自始至终都展现着人性的光芒，它能否对人类改善自身生存困境具有积极意义的关键就在于人们是否能从处境中认识并改变自身的人性。作者从中西方思想史中挖掘了大量的材料，以人的感受性为基本价值取向，总结出两种处境的基本范式供读者审视自身——乐处境与忧处境。首先，从感受性切入来展现对人的全面关怀。人每一刻的内心感受总是由过去到现在的处境累加所综合而成的，这种感受既是感觉经验，也是个人对处境的回应。它蕴含过去，也彰显未来的转机，既属于个人具有私人性，也属于个人的处境具有历史的整体性。因而对于个人而言，将感受性作为个人历史集合中承前启后的中介，具有风向标意义。其次，两种对立处境的划分为人们留下了自我判断的依据。前一种是积极、值得追求的生活，后一种是消极、不值得过的生活。这意味着人的处境必居其一，每一个人都需要审视自己，如果处于好的处境中则需要继续保持，如果处于不好的处境中则需积极改变。

该书在两种处境中重新探讨了尊严、自由、幸福、异化、孤独等众多关键词，每一个关键词都与这个时代人的感受性息息相关。作者通过哲学的、文学的、历史的、哲学家的、文学家的众多材料的铺陈从多角度来阐释这些概念，但并不限于这些概念规定的定义。在处境伦理看来，正是不同的人对概念的思考赋予了这个概念动态的定义域；一个概念是什么意思远没有谁在什么处境下认为这个概念是什么意思重要；这个概念有多少种含义并也没有将它作为概念使用的人所立于何种处境重要。一旦进入生活领域，概念只有用与谁用的区别，它的语言价值在于它的所指能被众多的人认同，而它的未来价值在于使用之人能领悟它的所指而迈向好的处境。传统哲学模式下的伦理学只是一部分人空洞地俯瞰并意图去解释所有人的一切，正如马克思所言："哲学家们只是用不同的方式解释世界，而问题在于改变世界。"[①] 改变世界的哲学需要一种深入人性打动世人的立场，而不是脱离人群的俯视。我们能看到的囊括经济基础与上层建筑的既有生存模式，都不外乎停留在一个历史时期、一个特定空间的产物，产生它们的

---

① 《马克思恩格斯文集》第 1 卷，人民出版社，2009，第 506 页。

条件和它们所改变的条件都可以被称作它们的处境。当处境随时间改变，它们若存留在书本上就具有了历史性，它们若能为人所用便具备了未来性，它们能进一步使人具有未来价值。世界为不同的人准备了不同的处境，人也为自己创造了处境。亦如面对幸福，自律自得的康德说："需要和爱好的全部满足，则被总括读称为幸福。"① 历经战乱的阿伦特说："幸福首先是一种依赖于财富和健康的客观状态。"② 孤独的叔本华说："从愿望到满足又到新的愿望这一不停的过程，如果辗转快，就叫做幸福，慢，就叫做痛苦，如果陷于停顿，那就表现为可怕，使生命僵化的空虚无聊。"③《周易》云："同声相应，同气相求，水流湿，火就燥。"世界让人类历史集合中的不同处境相似、相呼应，使未来的"康德""阿伦特""叔本华"们能以过去的康德、过去的阿伦特、过去的叔本华为阶梯，继续追寻幸福。

三 现代人的处境与改善处境的可能方式

作者开门见山地指出人类目前所处的时代实质上是资本的时代，资本时代的特质总是围绕着资本。资本催动着工业与技术的进步，给人类带来前所未有的生产力与财富，但也使文明远离人类，无情地浇筑冷漠压制人性。塞缪尔·亨廷顿说："在西方，比经济和人口远为重要的问题是道德衰落、文化自绝和政治分裂。"④ 西方社会所发生的一切，马克思早已有了深刻的洞见，称之为"异化"并予以批判。实际上，"资本"的本质仍旧是人，是异化了的人。"资本"是没有生命的，它并没有资格成为主体去影响这个时代，它被一部分人炮制为一种符号来麻痹另一部分人。该书将此作为重要的内容进行了阐释，人的异化，即人的非人化，表现在人将人类自身外的物质、财富作为存在的价值追求，即人不再为自我的存在本身而自豪，而反以身外之有来肯定存在。这样的观念将导致人类产生恶性竞争、厌烦、焦虑等心理，最终将恶化人的处境，威胁人类生存。虽然马克思曾经批判黑格尔在异化概念中将人的本质与自我意识等同起来，但意识

---

① 〔德〕康德：《道德形而上学原理》，苗力田译，上海世纪出版集团，2005，第15页。
② 〔德〕阿伦特：《人的境况》，王寅丽译，上海世纪出版集团，2009，第33页。
③ 〔德〕叔本华：《作为意志和表象的世界》，石冲白译，商务印书馆，1982，第236页。
④ 〔美〕亨廷顿：《文明的冲突与世界秩序的重建》，新华出版社，2018，第280页。

的历史勾勒出的图画似乎向我们展示了：引导人类意识集合的价值追求指向哪里，人类就将走向哪里。正如当下的时代处境，大众以物质为价值追求，于是，一切关于物质产品创造的速度开始加快，一切关于人性的道德和文化都有被破坏的可能。物质的产品随着工业竞争大幅增加，如果人们缺乏道德和文化的丰富与进步，则后果堪忧。人类生理与心理变化和容纳变化的速度是有限的，但生活的节奏和周遭变化的速度却越发将人推临极限，科技的爆炸发展加速了这样的变化，加速时代的困境值得深思。

如果有什么力量能让人回归根本，那力量只能来自人自身，人需要靠自己从非人化的处境中反向再次人化。人化的路径就需要反思，反思是与曾经一切非人化的处境相对立的过程。这样的反思既是意识的，也是生活的，也是自我的扬弃。作者由此从三方面探讨了何以使人反思以改善处境：第一，提出以劳动的方式来实现自我与改造生活；第二，指出了回归人群的价值意义；第三，用无怨与爱来发挥自己的力量。此三点为沉寂于资本时代的深刻之论，也是即将暴露在下个技术时代——人工智能时代台面接受验证的焦点。它们分别对应着三个问题：在物质充裕生产力极大发展的未来人工智能世界，人类改造世界的劳动是否可以全由机器替代？人类生命的意义是否可以仅由单个人与机器就能完成而不必要在人与人联结的人群当中实现？人性所具有的爱的情感能否由人工智能的电气物理性产生？如果答案是肯定的，那么那个时代将成功地完成去人化，这将是人类的灾难；如果答案是否定的，那我们又有什么理由不从现在开始回应作者所带来的反思去切身改变我们的处境呢？

该书对于处境伦理研究的角度大部分基于现实经验与人类发展的需要。人与人性是本著通过处境的矛盾所呈现的核心，也是处境伦理的主题。围绕人与人性，处境伦理可以拓展为一种综合伦理学、历史学、文学、社会学、心理学等方面的应用框架。更重要的是，它展现了普通大众的生活，试图拉近学术与大众的距离。在理论纷繁的资本时代，从力图解决人的问题出发，《处境伦理研究》流露出对人命运的终极关怀，其作为伦理学研究成果在国内学术界具有一定的创新性，也必将产生一定的影响。

图书在版编目（CIP）数据

应用伦理研究.第4辑/崔延强，甘绍平主编.--北京：社会科学文献出版社，2021.1
ISBN 978-7-5201-7780-1

Ⅰ.①应… Ⅱ.①崔… ②甘… Ⅲ.①伦理学-研究 Ⅳ.①B82

中国版本图书馆CIP数据核字（2021）第016276号

应用伦理研究（第4辑）

主　　编／崔延强　甘绍平

出 版 人／王利民
责任编辑／卫　羚

出　　版／社会科学文献出版社·人文分社（010）59367215
　　　　　地址：北京市北三环中路甲29号院华龙大厦　邮编：100029
　　　　　网址：www.ssap.com.cn
发　　行／市场营销中心（010）59367081　59367083
印　　装／三河市尚艺印装有限公司

规　　格／开　本：787mm×1092mm　1/16
　　　　　印　张：13.75　字　数：230千字
版　　次／2021年1月第1版　2021年1月第1次印刷
书　　号／ISBN 978-7-5201-7780-1
定　　价／89.00元

本书如有印装质量问题，请与读者服务中心（010-59367028）联系

▲ 版权所有 翻印必究